WISSENSCHAFTLICHE BEITRÄGE AUS DEM TECTUM VERLAG

Reihe Sozialwissenschaften

Band 5

"Schwein oder Mensch"

Die Männer der RAF aus Sicht einer "Kritischen Männerforschung"

von

Harald Uetz

Tectum Verlag
Marburg 1999

Die Deutsche Bibliothek - CIP-Einheitsaufnahme

Uetz, Harald:
"Schwein oder Mensch".
Die Männer der RAF aus Sicht einer "Kritischen Männerforschung".
/ von Harald Uetz
- Marburg : Tectum Verlag, 1999
ISBN 3-8288- 8045-2

Tectum Verlag
Marburg 1999

„Schwein oder Mensch" -
Die Männer der RAF aus Sicht einer Kritischen Männerforschung

Danke...

Ali, Brigitte, Liese, Michel, Nadim und Uli......................................für eine WG, die mir gut getan hat

Christine...für´s Korrekturlesen und für Freundschaft auch in miesen Zeiten

Eberhard Bolay..für die kritische Betreuung dieser Arbeit

Elli...für Wein und Wärme

meinen Eltern.........................für die finanzielle und moralische Unterstützung in den letzten Jahren

den Menschen in der Fachschaft Pädagogik.., die ich ziemlich klasse finde

Joschi...für Freundschaft und für die Hilfe beim Abschluß-Layout

Michael...für technische Hilfe zu später Stunde

Michel...für eine außergewöhnliche Männerfreundschaft

Peter......................., der mich mit seinem effizienten Arbeitsstil unter den nötigen Druck gesetzt hat

Sabine.. für die Anregung, eine politische Arbeit zu schreiben

Sanne...für Tübinger Nachtphilosophien

Stefan...für Freundschaft und gemeinsame politische Arbeit

Tina..für ein wahnsinnig schnelles Korrektur-Lesen

.....sowie allen anderen Menschen, die mich im letzten Jahr unterstützt haben, mir in Gesprächen
neue Anregungen für diese Arbeit gaben, mir Kontakte zu möglichen InterviewpartnerInnen ver-
schafften und..und..und.....

"Es war wie eine Talfahrt, wenn du rausspringst, gehst du kaputt, wenn du weiterfährst, gehst du auch kaputt."

Klaus Jünschke

Das Bild auf dem Titelblatt zeigt eine bemalte Hauswand in dem sardischen Bergdörfchen Orgoso-lo. Es nimmt Bezug auf die "Tode von Stammheim" am 17.10.1977. Über den toten RAF-Mitgliedern Jan-Carl Raspe, Andreas Baader, Gudrun Ensslin und Ulrike Meinhof thront der deut-sche Bundeskanzler, Helmut Schmidt.

Inhaltsverzeichnis

Einleitung

Sie waren in den Augen eines Großteils der Öffentlichkeit "Verbrecher, moralisch Schwachsinnige, Geistesgestörte oder Sadisten"[1] - die Männer und Frauen der "Roten Armee Fraktion" (RAF). Ihr Versuch, die gesellschaftlichen Verhältnisse in der Bundesrepublik Deutschland gewaltsam zu verändern, kostete 17 ihrer Mitglieder und vermutlich 32 Menschen auf der "Gegenseite" das Leben. Heute muß dieser Versuch als gescheitert angesehen werden.

Weshalb eine Arbeit über die Männer der RAF? Nach einer Lesung aus einem Roman über zwei Frauen aus dem Umfeld der RAF[2] bin ich in der anschließenden nächtlichen Diskussion mit FreundInnen darauf gestoßen, daß uns keinerlei geschlechtsspezifische Forschungen über die Männer und Frauen aus der RAF bekannt waren. Eine erste Literaturrecherche bestätigte dann diese Vermutung; in der RAF scheint es lediglich "Menschen" gegeben zu haben, die wahlweise als "Speerspitze der Revolution" gefeiert und vereinnahmt oder als "Staatsfeinde Nummer 1" bzw. als Personen mit pathologischer Persönlichkeitsstruktur ausgegrenzt und denunziert wurden. Aus meiner Verärgerung über diesen Umstand ist diese Arbeit entstanden. Begonnen habe ich diese Arbeit als Experiment. Ich wollte etwas erfahren über die Lebenswege der Männer aus der RAF, ihre Motivation zum bewaffneten Kampf, ihre Zeit in der RAF, ihr Leben heute. Ein Experiment deshalb, weil ich zu Beginn nicht wußte, ob ich überhaupt ausreichend Material zu diesem Thema finden würde. Heute, am Schluß dieses fast einjährigen Experimentes, glaube ich, daß mir dieses Experiment nur teilweise geglückt ist.

Manche Texte, die Aufschluß über Gedanken und Ziele der RAF-Mitglieder hätten geben können, sind in Deutschland bis heute entweder verboten oder kaum erhältlich. Meine Interviewanfragen an Männer, die ehemals in der RAF tätig waren, verliefen ergebnislos im Sande oder wurden abgelehnt. Ein mögliches Interview mit einem Mann aus der RAF, der zu einem Gespräch bereit gewesen wäre, wurde mir schließlich von der Gefängnisleitung untersagt.

So mußte ich mich großteils auf Sekundärliteratur über die RAF und auf das wenige autobiographische Material von Männern und Frauen aus der RAF stützen, um zu Ergebnissen zu kommen. Diese Ergebnisse, glaube ich heute, sind brüchig, angreifbar und beruhen aufgrund der geschilderten schwierigen Datenlage zum Teil auf meinen eigenen Interpretationen. Ich denke aber, daß sie als Thesen ein Anstoß sein können zur Thematisierung der Geschlechterfrage in der RAF und, darüber hinausgehend, zum Nachdenken über das Handeln von Männern in politischen Organisationen.

---

[1] Laqueur: "Interpretationen des Terrorismus: Fakten, Fiktionen und politische Wissenschaft", in: Funke: "Terrorismus/Untersuchungen zur Struktur und Strategie revolutionärer Gewaltpolitik", S.37
[2] Es handelt sich hierbei um das Buch von Ulrike Edschmid: "Frau mit Waffe"

An dieser Stelle will ich auch meinen eigenen Bezug zum Thema erwähnen. Ich war bzw. bin selbst seit mehreren Jahren in politischen Organisationen tätig, die im allgemeinen im "linken" politischen Spektrum verortet werden. Die lustvollen Momente, Freuden und Erfolge in diesen Organisationen waren und sind ebenso ein Teil meiner Identität wie die internen Spannungen, Kämpfe und Niederlagen, sie haben mich mitgeprägt. Ein nicht geringer Teil dieser Spannungen und Kämpfe entzündete sich immer wieder auch an der Geschlechterthematik. Wer nimmt wieviel Raum in der Gruppe ein, wer bestimmt das Diskussionsverhalten in der Gruppe, weshalb sind es immer wieder die Männer, die die Außenorientierung der Gruppe übernehmen, warum ist der Männeranteil in der Gruppe trotz allen Anspruchs auf Gleichberechtigung überproportional hoch, wie "männlich" sind Struktur, Arbeitsweise und Ziele der Gruppe?

Diese Fragen waren und sind für mich wichtig, ohne sie wäre diese Arbeit nicht zustande gekommen. Gleichzeitig weiß ich auch, daß solche Fragen - gerade auch in "linken" Gruppen - immer wieder milde belächelt und die Geschlechterthematik zwar als zwischenmenschlich wichtig, aber nicht als relevanter politischer Faktor angesehen wird. Ich selbst bin im Gegensatz dazu davon überzeugt, daß die "Kategorie Geschlecht" die Struktur, die Arbeits- und Handlungsweise, die Programmatik und die Ziele einer Organisation durchzieht und diese Organisation dadurch entscheidend gestaltet. Insofern war diese Arbeit, auch wenn ich dies nicht explizit benennen werde, auch eine Auseinandersetzung mit meinem eigenen Handeln und mit dem, was ich in der politischen Arbeit erlebt habe.

In Kapitel 1 dieser Arbeit soll in kompakter (und verkürzter Form) dargelegt werden, welche Ereignisse vor der Gründung der RAF standen, wie es zu ihrem Aufbau kam, welche Ziele die Gruppe verfolgte und welche Entwicklung sie nahm - die Geschichte der RAF.
In Kapitel 2, "Männlichkeiten", will ich, neben eigenen Erläuterungen zur Geschlechterthematik, Grundbegriffe aus der "Kritischen Männerforschung" einführen, auf die ich bei der Betrachtung der Struktur, der Ziele und des Kampfes der RAF zurückgreifen werde.
Kapitel 3 handelt von den Wegen der Männer zur RAF. In ihm soll deutlich werden, daß die Motivation zum bewaffneten Kampf nicht eindimensional gesehen werden kann, sondern daß vielmehr erst ein ineinander verstricktes Gemenge aus biographischen, politischen, soziologischen und psychologischen Hintergründen einen Zugang zur Erklärung der Wege in die RAF eröffnet. Zusammenfassend werde ich diese Wege mit einem Begriff des Sozialphilosophen Axel Honneth als "Kämpfe um Anerkennung" charakterisieren.
Kapitel 4 will als Hauptkapitel dieser Arbeit die Struktur der Arbeits-, Denk- und Handlungsweisen innerhalb der RAF darlegen und erläutern, wie diese die Binnenbeziehungen innerhalb der RAF prägten. Zu einer allgemeinen Kennzeichnung dieser Struktur führe ich den Begriff der "Verdeckten Männlichkeit" ein. Meine These ist, daß das Strukturprinzip "Verdeckte Männlichkeit" das ursprüngliche Kollektivitätspostulat in der RAF zerstörte und mitverantwortlich war für den Aufbau einer infor-

mellen Hierarchie in der RAF. Diese Hierarchie wiederum prägte die Beziehungen innerhalb der Gruppe, ihre Mittel und Ziele entscheidend und trug, so eine weitere These, zur Selbstisolation und letztendlich zum Scheitern der RAF bei.

In Kapitel 5 soll dieses Strukturprinzip, das Macht- und Konkurrenzdenken innerhalb der RAF beförderte, am Beispiel der Auseinandersetzung zwischen zwei Männern in der Gruppe, Andreas Baader und Horst Mahler, verdeutlicht werden. Hier will ich zeigen, daß bestimmte "Qualifikationen" zum Aufstieg innerhalb der RAF nötig waren ("Kontrollstelle Männlichkeit") und Personen mit entsprechenden Qualifikationsmerkmalen die Politik der RAF entscheidend beeinflußten.

In Kapitel 6 will ich zeigen, daß die zunehmende Brutalisierung des Kampfes zwischen der RAF und dem bundesdeutschen Staat nicht nur eine Folge der Ideologie der RAF war, sondern daß auch der Staat mit seiner ihm immanenten Denk- und Handlungslogik immer wieder zu Eskalationen beitrug. Die Wechselwirkungen eines "im Prinzip männlichen" Handelns von RAF und Staat führten meinem Eindruck nach zur Verunmöglichung eines Diskurses über unterschiedliche Vorstellungen von Politik und Gesellschaftsorganisation.

Kapitel 7 handelt vom Verhältnis der legalen Linken zu RAF und Staat. In der polarisierten Zuspitzung des Kampfes zwischen RAF und Staat blieb, wie ich zeigen will, für die legale Linke in Deutschland kaum noch Platz. Personen aus diesem Spektrum hätten wohl noch als einzige als Vermittlungsinstanzen in dieser Auseinandersetzung fungieren können. Gleichzeitig soll aber auch darauf hingewiesen werden, wie sich die legale Linke selbst eventuell noch vorhandene Handlungsräume in diesem Konflikt verbaute.

In Schlußkapitel 8 schließlich versuche ich einen Rückbezug der patriarchalen Struktur der RAF auf die heutigen Dimensionen politischen Handelns von Männern. Dabei soll es zentral um den Begriff der Macht in politischen Organisationen gehen, um die Frage, ob und wie Männer Machtverzicht leisten sollten, wie Männer "Macht" anders definieren können und wie meines Erachtens politische Organisationen von ihrer "Entmännlichung" profitieren können.

Im Zuge dieser Arbeit bin ich auch desöfteren an eigene Grenzen gestoßen. Die Verrohung der Kultur des Politischen, wie sie im Handeln der RAF ebenso wie im Handeln des Staates deutlich wird, hat mich immer wieder wütend und nachdenklich zurückgelassen. Die gegenseitige "Entmenschlichung" ist nach wie vor eine Strategie politischen Handelns. So spricht der konservative Autor Rabert in seinem 1995 erschienen Werk "Links- und Rechtsterrorismus in der BRD von 1970 bis heute" von der RAF und ihrem Umfeld als "ständig präsente Krankheit, die ähnlich wie die Pest in Indien jederzeit wieder ausbrechen kann, wenn die potentiellen Krankheitsherde nicht permanent beobachtet und unschädlich gemacht werden."[3] Solange aber Menschen mit Krankheiten, welche unschädlich gemacht werden sollen, assoziiert werden, solange eine Naziterminologie die Diskussion um die RAF mitbestimmt, solange, glaube ich, wird es auch noch wichtig sein, die Geschichten von den Lebenswegen der Menschen aus der RAF, ihren Träumen, Zielen, ihren Verletzungen, ihren Taten und ihren Opfern zu erzählen.

---

[3] Rabert, S. 337

Zum Schluß dieser Einleitung möchte ich noch darauf hinweisen, daß ich mit dieser Arbeit keine Arbeit für die Wissenschaft schreiben wollte, sondern eine Arbeit, die auch und gerade für Menschen aus dem nicht-akademischen Milieu verständlich ist. Dieses Bemühen gehört für mich zur Verantwortung der Wissenschaft. Ob dies immer gelungen ist, bezweifle ich. Aber man/frau kann ja nachfragen!

1 Die Geschichte der RAF

In der Nacht vom 2. auf den 3.April 1968 brennt es in Frankfurt/Main in den Kaufhäusern "Schneider" und "Kaufhof". Der Feuerwehr gelingt es nach anderthalb Stunden, die Flammen unter Kontrolle zu bringen. Die größten Verwüstungen können so verhindert werden, dennoch beläuft sich der Sachschaden auf insgesamt über zwei Millionen Mark. Rasch stellen die Feuersachverständigen auch die aufgrund des zeitgleichen Ausbruchs der Brände bereits vermutete Ursache fest: Brandstiftung. Insgesamt vier Brandbomben, die mit Hilfe eines Zeitzünders um Punkt Mitternacht zur Explosion gebracht wurden, waren in jeweils zwei Abteilungen der beiden Kaufhäuser versteckt worden.

Während über TäterInnen und Motive noch gerätselt wird, erhält die Polizei einen konkreten Hinweis auf die möglichen BrandstifterInnen. So werden am Vormittag des 4.April in einer Frankfurter Wohnung Andreas Baader (24), nach eigenen Angaben Journalist, die Studentin Gudrun Ensslin (28), der Gelegenheitsarbeiter Thorwald Proll (26) sowie Horst Söhnlein (25), Schauspieler und Besitzer des Münchner "Action-Theaters", festgenommen. Der Frankfurter Kaufhausbrand ist die erste Straftat, die von zwei Personen, die später zum Kern der "Roten Armee Fraktion" (RAF) zählen werden (Andreas Baader und Gudrun Ensslin), gemeinsam begangen wurde. Ausgangspunkt der Geschichte der RAF, stellt er aber doch nur ein (und in seiner Außenwirkung das damals längst nicht spektakulärste) Ereignis in einer Kette der Eskalation von Gewalt und Gegengewalt dar. Ein Rückblick:

1.1 Die 50er Jahre: Die "Ära Adenauer" und das deutsche Vergessen

1.1.1 Die deutsche Teilung

Nach der vollständigen Niederlage des faschistischen Deutschlands im Zweiten Weltkrieg kommt es im Zuge des Potsdamer Abkommens (Juli/August 1945) zur Aufteilung Deutschlands in vier Besatzungszonen. Aufgrund der politischen Spannungen zwischen den westlichen Siegermächten (USA, Großbritannien, Frankreich) und der Sowjetunion (West-Ost-Konflikt) wird eine gemeinsame Lösung der "deutschen Frage" verhindert, es folgt 1949 die Teilung Deutschlands in zwei Staaten, die "Bundesrepublik Deutschland" (BRD) als Zusammenschluß der drei Westzonen sowie die "Deutsche Demokratische Republik" (DDR), die aus der sowjetischen Zone hervorgeht. Im Mai 1949 wird das Grundgesetz der BRD verkündet, im August 1949 finden Wahlen zum 1.Bundestag in der BRD statt, aus denen die "Christlich-Demokratische Union" (CDU) als stärkste Partei und ihr Vorsitzender Konrad Adenauer als erster Bundeskanzler hervorgehen.

16

In den schärfer werdenden politischen Konflikten - insbesondere zwischen den USA und der Sowjetunion (Palästina-Frage, Koreakrieg, Berlinkrise...) - orientiert sich die Regierung Adenauer zunehmend an den Westmächten und deren politischem und wirtschaftlichem System (parlamentarische Demokratie, kapitalistische Marktwirtschaft). Nach scharfen innenpolitischen Debatten um eine Remilitarisierung der BRD beschließt die Regierung gegen die Stimmen der Opposition, welche die endgültige Spaltung der beiden deutschen Staaten befürchtet, 1954 in den "Pariser Verträgen" den Beitritt der Bundesrepublik zum westlichen Militärbündnis, der NATO. Die als Reaktion hierauf 1955 erfolgte Gründung des "Warschauer Paktes" als östliches Militärbündnis, der Aufbau der Bundeswehr in der BRD sowie der Nationalen Volksarmee in der DDR 1956 machen die deutsche Teilung perfekt. Deutschland ist zu einem Zentrum des "Kalten Krieges", der immer am Rande der Eskalation stehenden politischen Spannungen zwischen den Staaten der NATO und des Warschauer Paktes, geworden.

1.1.2 Das "Schweigen über Auschwitz"

An der Grenze zweier konträrer Gesellschaftssysteme stehend, ist die Politik der BRD von Anfang an auf politische Stabilität und raschen wirtschaftlichen Wiederaufbau mit Unterstützung der USA ("Marshallplan") gerichtet. Der Vorrang, welcher der Stabilisierung der Verhältnisse vor einer konsequenten Aufarbeitung der Ursachen und Folgen des Nationalsozialismus und der Suche nach Verantwortlichen gegeben wird, führt zu dem Umstand, daß nur wenige für die Verbrechen des Nationalsozialismus verantwortlich gemacht und verurteilt werden (z.B. in den 24 Urteilen der "Nürnberger Prozesse" 1945/46), der Großteil derer jedoch, die sich schuldig gemacht hatten, straffrei ausgeht. Zahlreiche ehemalige NSDAP-Mitglieder bekleiden auch in der BRD wieder hohe Ämter[4]. Deshalb resümiert Thomas Mayer: "Die Töchter und Söhne fragten nach dieser Geschichte und ihren möglichen Fortwirkungen, aber die Väter schwiegen. Wohl hatten die Deutschen der Bundesrepublik das Wort 'Vergangenheitsbewältigung` als Schlagwort auf den Lippen, doch damit war in Wahrheit vorwiegend die Vergangenheit des anderen gemeint (...) Die juristisch feststellbare Schuld der vergleichsweise wenigen befreite die vielen vom Makel der Mitverantwortung. (...) Im aufblühenden Wirtschaftswunder, dem Boom der fünfziger und frühen sechziger Jahre, erteilte die Mehrheit der erwachsenen Westdeutschen sich selbst die Generalamnestie."[5]

Auf diese weitgehende Verdrängung der Greuel des Nationalsozialismus werden sich die Mitglieder der RAF später beziehen, wenn sie die Bundesrepublik argumentativ in die direkte Tradition des nationalsozialistischen Deutschland stellen werden. An-

---

[4] so standen z.B. im Jahr 1959 von 33 Polizeipräsidenten in Nordrhein-Westfalen 20 unter der Leitung ehemaliger SS-Hauptsturmführer, in: Bakker-Schut: "Stammheim", S.14
[5] Mayer: "Am Ende der Gewalt?", S.26

stelle zumindest des Versuchs, die eigene Geschichte zu begreifen, herrschen in der Bundesrepublik der 50er Jahre das "Schweigen über Auschwitz" und die "Unfähigkeit zu trauern" (Mitscherlich) vor. Die ganz überwiegende Mehrheit der Deutschen, welche die Verbrechen des Nationalsozialismus zu verantworten haben, ist nicht gewillt oder nicht fähig, sich selbst und der nachfolgenden Generation das Geschehene zu erklären. Plötzlich ist niemand mehr dabei gewesen, und die dabei waren, hatten nur unter Zwang mitgemacht. Allgemein scheint die Einstellung vorzuherrschen, Hitler sei wie ein böser Fluch über das deutsche Volk gekommen, man/frau solle doch froh sein, daß das alles jetzt vorbei sei. Jetzt gelte es, nach vorne zu blicken und das Land mit Hilfe der Westmächte wirtschaftlich wiederaufzubauen.

1.1.3 Erster Widerstand gegen Westintegration und Remilitarisierung in der Bundesrepublik

In der zweiten Hälfte der fünfziger Jahre beginnt sich in der Bundesrepublik eine breiter werdende Opposition gegen die politische und kulturelle Ausrichtung des Landes an westlich-kapitalistischen Wertesystemen zu formieren. Verfolgte des Naziregimes, SchriftstellerInnen (z.B. die "Gruppe 47"), aber auch junge StudentInnen fordern die politische und militärische Neutralität Deutschlands, insbesondere im Zeichen der atomaren Aufrüstung der NATO und des Warschauer Paktes, ein. Liberale und linke Kräfte schließen sich in der Anti-Atom-Bewegung zusammen. Nie wieder, so ihre Forderung, dürfe von Deutschland ein Krieg ausgehen; vielmehr sollte das Land eine Vermittlungsfunktion zwischen westlicher und östlicher Welt übernehmen.

Widerspruch gegen den Konsens der bundesrepublikanischen Nachkriegsgesellschaft regt sich aber auch in der alltäglichen Lebenseinstellung mancher Jugendlicher. "Mit dem ´American Way of Life`", so Stefan Aust, "war auch sein Widerspruch in Westeuropa angekommen: der Protest gegen Wohlstand, Überfluß und Konformismus. (...) Die wesentlichen Grundzüge der späteren Jugendrevolte (...) klangen in den Manifesten der Beat-Generation an. Im Mittelpunkt der Ablehnung stand die bedrohliche Möglichkeit der atomaren Selbstzerstörung, die anti-kommunistische Hetzjagd der Mc Carthy-Ära, die Konsumideologie, Profitgier und Eigennutz. (...) Anfang der sechziger Jahre empörte sich die deutsche Öffentlichkeit über die Nachfolger der amerikanischen Beatniks, die sichtbar und provozierend in den Cities der Großstädte auftauchten. Langhaarig, mit ungewaschenen und angefetzten Klamotten."[6]

---

[6] Aust: "Der Baader-Meinhof-Komplex", S.37/38

18

1.2 Die bundesrepublikanische Gesellschaft und ihre KritikerInnen in den 60er Jahren

1.2.1 "...alles tun, um dieses Unwesen zu zerstören"

Der Protest gegen Remilitarisierung und Konsumismus trifft die bundesrepublikanische Gesellschaft unvorbereitet, dementsprechend sind auch die Reaktionen. Nach dem großen StudentInnenkongreß gegen Atomrüstung in West-Berlin im Januar 1959 ist die bundesdeutsche Presse schockiert: "Überrollte Idealisten", "Gefährliche Dummheit", "Ein Kongreß der politischen Scharlatane",[7] so beurteilen westdeutsche Zeitungen diese Veranstaltung, in der Adenauer zu Verhandlungen mit der DDR aufgefordert wird. Eine der InitiatorInnen dieses Kongresses: Ulrike Meinhof, zu dieser Zeit Mitarbeiterin der Zeitschrift "Konkret".

Im Laufe des Jahres 1959 wird der SDS ("Sozialistischer Deutscher Studentenbund"), die Nachwuchsorganisation der SPD an den westdeutschen Hochschulen, zum Anlaufpunkt der noch wenigen Protestierenden. Die SPD erklärt, durch provozierende Äußerungen des SDS aufgescheucht, nach ihrem Godesberger Parteitag (November 1959), ihrem Kurswechsel von der Arbeiter- zur Volkspartei und ihrer endgültigen Absage an den Marxismus, die Unvereinbarkeit der Mitgliedschaft in SPD und SDS.

Ebenso wie der schmalen Opposition linker StudentInnen wird aber auch den "unpolitischen" Jugendlichen, den "Beatniks" und "Halbstarken" kaum Verständnis entgegengebracht. Als Jugendliche im Sommer 1962 auf der Münchner Leopoldstraße versuchen, die Festnahme zweier Gitarrenspieler wegen ruhestörenden Lärms zu verhindern, rückt die Polizei mit einer Hundertschaft an und prügelt los. Immer mehr Jugendliche werden von dem Geschehen angezogen, neue Hundertschaften von Polizisten werden nach Schwabing abkommandiert. Die viertägigen, immer wieder auflodernden Auseinandersetzungen, gehen als "Schwabinger Krawalle" in die Geschichte ein. Einer der Beteiligten an den Prügeleien in München: Andreas Baader.[8] Ludwig Erhard, 1963 zum zweiten deutschen Bundeskanzler gewählt, gibt kurz nach seiner Wahl seine Einschätzung zu den "nörgelnden, langhaarigen und arbeitsscheuen" Jugendlichen ab: "Solange ich regiere, werde ich alles tun, um dieses Unwesen zu zerstören."[9]

---

[7] Aust, S.30
[8] a.a.O., S.38
[9] Aust, S.38

1.2.2 Vietnam als Fanal

Kritisiert die Protestbewegung innenpolitisch insbesondere den in ihren Augen nicht erfolgten Bruch mit dem Nationalsozialismus (Faschismusvorwurf), so ist außenpolitisch ihr Ansatzpunkt die, zumindest moralische, Unterstützung der US-amerikanischen Militärpolitik durch die Bundesrepublik (Imperialismusvorwurf). Der Versuch der USA, kommunistische Kräfte in allen Teilen der Welt zurückzudrängen (Ost-West-Konflikt, Kubakrise...), kulminiert in der US-amerikanischen Militärintervention in Vietnam ab 1963. Die Luftwaffe der USA beginnt, von der prowestlichen Regierung Südvietnams um Hilfe gebeten, mit Flächenbombardements der ländlichen Gebiete Südvietnams, in denen aufständische Vietcong-Mitglieder vermutet werden. Tausende VietnamesInnen, in der Mehrzahl ZivilistInnen, verlieren dabei ihr Leben. Der Terror gegen die Zivilbevölkerung löst in den USA und zahlreichen anderen Ländern eine Welle der Empörung aus.

Ab 1965 wird der Vietnamkrieg auch in der BRD zum Politikum. Mitglieder des SDS kleben Plakate: "Erhard und die Bonner Parteien unterstützen Mord. Mord durch Napalmbomben. Mord durch Giftgas. Wie lange noch lassen wir zu, daß in unserem Namen gemordet wird?"[10] Thomas Mayer merkt zum Entsetzen über Vietnam an: "Vielen der jungen Leute blieb es unbegreiflich, wie vor allem das Beispiel Vietnam zeigte, daß jene Weltmacht, die uns gegenüber einem möglichen Zugriff aus dem Osten Freiheit garantierte, zugleich Bombenteppiche auf Vietnam legte."[11]

Vietnam wird zum Kristallisationspunkt für die Protestierenden, an deren Spitze jetzt endgültig der SDS vorneweg marschiert. Vietnam als das markanteste Symbol für eine Politik, die in den Augen der GegnerInnen lediglich noch der Durchsetzung kapitalistischer Interessen, frei jeglicher Moralvorstellungen, dient und dabei auch vor der Unterstützung diktatorischer Regime nicht Halt macht. So demonstrieren 600 Berliner StudentInnen im Dezember 1964 gegen den kongolesischen Regierungschef Tschombé, den "Mörder Lumumbas"[12], Eier und Tomaten fliegen.

Das Wintersemester 65/66 erklären die StudentInnen der FU Berlin zum "Vietnam-Semester", Demonstrationen unter dem Motto "Amis raus aus Vietnam" zählen aber noch kaum mehr als 2000 TeilnehmerInnen. Im Dezember 1966 setzt die Polizei erstmals Schlagstöcke gegen Vietnam-Demonstrierende ein, welche die genehmigte Demonstrationsroute verlassen und verhaftet 74 Personen. Weitere Schritte zur Eskalation folgen: Im Januar 1967 durchsucht die Polizei die Räume des SDS und beschlagnahmt dessen Mitgliederkartei. Im April 1967 planen Mitglieder der "Kommu-

[10] a.a.O., S.41
[11] Mayer, S.35
[12] Lumumba war 1960 zum ersten Ministerpräsidenten Kongos gewählt und bereits im darauffolgenden Jahr ermordet worden

20

ne I", den amerikanischen Vizepräsidenten Humphrey bei dessen Berlinbesuch mit in Tüten gefülltem Pudding zu bewerfen. Der Plan fliegt auf, die Bild-Zeitung titelt am darauffolgenden Tag: "Geplant: Berlin - Bombenanschlag auf US-Vizepräsidenten" und weiter: "Mit diesen Bombenlegern werden wir fertig! Die Mehrheit der Deutschen hat Verständnis für den Kampf der Amerikaner in Asien..."[13].

Schließlich kommt der 2.Juni 1967, der Tod Benno Ohnesorgs, der "erste politische Mord" der Bundesrepublik (Günter Grass)[14], der den eigentlichen Beginn der StudentInnenbewegung markiert.

1.3 Aufstieg und Zerfall der StudentInnenbewegung

1.3.1 Der Schock des 2.Juni

Am 2.Juni 1967 erwartet Berlin Schah Reza Pahlevi, jenen persischen Diktator, der in seinem Land Oppositionelle zu Tausenden verhaften und ermorden läßt, mit dem der Westen aber profitable Ölgeschäfte abwickelt. Am Abend begrüßen DemonstrantInnen den Schah und dessen Frau vor der Deutschen Oper mit den Sprechchören "Schah, Schah, Scharlatan" und "Mörder, Mörder". Tomaten, Farbeier und einige Steine verfehlen ihr Ziel. Als der Schah und sein Gefolge in der Oper bereits der "Zauberflöte" lauschen, setzt draußen die brutalste Knüppelei ein, die das Nachkriegs-Berlin bis dahin erlebt hat.

Sogenannte "Jubelperser", großteils Mitglieder des persischen Geheimdienstes, schlagen auf die Demonstrierenden mit Latten und Stangen ein, die Berliner Polizei bildet Greiftrupps und versucht gezielt, einzelne Protestierende zu verhaften. Einer dieser Greiftrupps verfolgt eine Gruppe von DemonstrantInnen in die Krumme Straße, wo ein Verdächtiger gestellt und zu Boden gerissen wird. Als dieser versucht, sich loszureißen, traktieren ihn Schutzpolizisten mit Knüppeln, plötzlich löst sich ein Schuß. Der Kriminalobermeister Karl-Heinz Kurras hat den 26-jährigen Studenten der Romanistik, Benno Ohnesorg, Mitglied der evangelischen StudentInnengemeinde erschossen. Wenige Monate später wird Kurras von der Anklage wegen Totschlags freigesprochen.

Der 2.Juni ´67 markiert den Wendepunkt in der Geschichte der studentischen Opposition. Von diesem Tag an wächst sie, von Berlin ausgehend, zu einer Bewegung in

---

[13] in: Aust, S.42
[14] in: Mayer, S.45. Inwieweit der Tod Ohnesorgs als "politischer Mord" deklariert werden kann, ist sicher eine Frage des Blickwinkels und der Auslegung. Den Täter Kurras dürften wohl kaum politische Motive bewogen haben, wohl aber fand der Tod Ohnesorgs in einem politisch bewußt aufgeheizten Klima statt.

zahlreichen Universitätsstädten der Bundesrepublik an. Gleichzeitig beginnt man/frau aber auch, über die Wahl der Mittel zu diskutieren, über die Frage der Legitimation zu direkter (Gegen-) Gewalt. Peter Mosler, SDS-Mitglied und Chronist der StudentInnenrevolte schreibt: "Die Situation hat sich schlagartig geändert. Es gab plötzlich eine für alle überraschende Kraft zu Begegnungen und Diskussionen, Studenten, die sich nicht kannten, richteten ohne Zögern das Wort aneinander, in allen die glühende Wut gegen die Lügen der Zeitungen und die Verdrehungen des Senats. Die ganze Universität stand voll von diskutierenden Gruppen..."[15]
15000 Menschen begleiten den Sarg des erschossenen Benno Ohnesorg am 8.Juni an die Stadtgrenze Berlins, wo er nach Hannover überführt wird.

In der Nacht nach dem Tod Ohnesorgs spricht die Studentin Gudrun Ensslin im Berliner SDS-Zentrum aus, was viele unter dem Eindruck der Ereignisse denken: "Dieser faschistische Staat ist darauf aus, uns alle zu töten. Wir müssen Widerstand organisieren. Gewalt kann nur mit Gewalt beantwortet werden. Dies ist die Generation von Auschwitz - mit denen kann man nicht argumentieren!"[16]

Noch aber kommt es zu keinen größeren Gewaltakten, was insbesondere der besonnenen Haltung der SDS-Führung um Rudi Dutschke zuzuschreiben sein dürfte, die die "Taktik der begrenzten Regelverletzung" ausgibt.[17] In kleinen Zirkeln aber wird 1967 über die Legitimität der Gewalt diskutiert. Ihren theoretischen Unterbau glauben diese Grüppchen vor allem bei dem Philosophen Herbert Marcuse zu finden, der "hinsichtlich der geschichtlichen Funktion (...) einen Unterschied zwischen revolutionärer und reaktionärer Gewalt"[18] sieht. Sich auf Marcuse berufend, glauben diese Studierenden, daß Gewalt zur Überwindung des Systems kein geächtetes Mittel sein könne.[19]

---

[15] in: Peters: "RAF-Terrorismus in Deutschland", S. 50
[16] in: Aust, S.54
[17] Die "Taktik der begrenzten Regelverletzung" meint, daß die Angreifenden sich selbst eine Grenze ihrer Eskalationsmöglichkeiten geben. Sie unterscheidet u.a. zwischen indirekter Gewalt (Sit-Ins, Go-Ins...) und direkter Gewalt gegen Objekte und gegen Personen. Mit der direkten physischen Gewalt gegen Personen sah der SDS die Grenze der Regelverletzungen überschritten.
[18] in: Mayer, S.47
[19] Mit der Frage, ob Marcuse oder andere Vertreter der "Kritischen Theorie" mit Teilen ihrer Werke für die späteren Gewalttaten mitverantwortlich gemacht werden können, beschäftigten sich zahlreiche, v.a. konservative TerrorismusforscherInnen. Meinem Eindruck nach geht es hierbei aber eher um die Diskreditierung der "Kritischen Theorie" als solcher und weniger um die Frage, inwieweit die Theorie für die Praxis verantwortlich sein kann. Die meisten der späteren RAF-Mitglieder kannten von der "Kritischen Theorie" kaum mehr als ein paar Schlagworte, die sie für ihre Zwecke interpretierten. Marcuse selbst hat einmal gesagt, er könne in seinem Werk keine Anleitung zum Bombenbasteln erkennen.

1.3.2 Die 68er Unruhen

Nach den Frankfurter Kaufhausbränden Anfang April '68 verschärft sich die Diskussion über die Gewalt sowohl innerhalb wie außerhalb der Linken. Bommi Baumann, Kommunarde und späteres Mitglied der "Bewegung 2.Juni", beschreibt die Reaktionen in der Szene: "Da fing auch schon so eine Spaltungstendenz an, daß die gesamte Linke gesagt hat, mit denen haben wir nichts zu schaffen...Mit Brandstiftung haben wir nichts zu tun..."[20]. Obwohl sich also die Mehrzahl der protestierenden StudentInnen gegen den Anschlag stellt (Ausnahme sind z.B. die Mitglieder der Berliner Kommunen), wird in der bürgerlichen Presse, insbesondere der "Springer-Presse", eine Art Pogromstimmung gegen die Rebellierenden entfacht. Die "Bild-Zeitung" vergleicht die Methoden der Studierenden mit denen der SA des Nazi-Regimes und titelt unter einer Zeichnung, in der ein SA-Mann sowie ein SDS-Student jeweils eine Fensterscheibe einwerfen: "Wie sich die Bilder gleichen".[21]

Am 11. April '68 schießt der durch die Presseberichte aufgehetzte Anstreicher Josef Bachmann in Berlin auf die Kultfigur des SDS, Rudi Dutschke. Dutschke wird lebensgefährlich verletzt, noch am Abend setzt sich ein Demonstrationszug vom Zentrum des SDS in Richtung Kochstraße, dem Pressehaus Springers, in Bewegung. "Bild hat mitgeschossen", ist die Überzeugung der Demonstrierenden, die einige Auslieferungsfahrzeuge des Springer-Verlages in Brand stecken, die Auslieferung der Zeitung aber schließlich nicht verhindern können. Fotos der brennenden Lastwagen gehen als Beweis für die Gewalttätigkeit der Studierenden durch die Zeitungen. Über 20 Städte in der Bundesrepublik erleben daraufhin die "Osterunruhen '68" mit 45000 TeilnehmerInnen, sichtbarer Ausdruck des größer werdenden Protests gegen den Vietnamkrieg.

Die StudentInnenbewegung ist auf ihrem Höhepunkt - und gleichzeitig am Beginn ihres Niedergangs. Ohne die Integrationsfigur Dutschke spaltet sich die Bewegung allmählich. Der ewigen Theoriediskussionen müde, sollen nach Meinung einer Minderheit der Studierenden nach der "Radikalisierung in den Köpfen" nun auch Taten folgen. "Wer die knallhärtesten Taten bringt, der gibt die Richtung an"[22], so ist die Überzeugung der Radikalen. Nach Meinung eines der damals wichtigsten SDS-Mitglieder, Bernd Rabehl, habe die Linke "sich ab Ostern 1968 in einer Situation der Defensive empfunden, so daß das Gefühl der Ohnmacht bei vielen eine politische Klärung der Gewaltfrage beiseite gedrängt habe."[23]
Spätestens die Verabschiedung der "Notstandsgesetze" am 30.5.1968 im Deutschen Bundestag, denen weit mehr als die benötigte Zweidrittelmehrheit der Abgeordneten

---

[20] in: Mayer, S.58
[21] Mündemann: "Die 68er...", S.111
[22] Bommi Baumann, in: Mayer, S.58
[23] in: Krebs: "Ulrike Meinhof", S.207

aus der Großen Koalition (CDU/SPD) zustimmt, bestätigt die Einschätzung der Protestierenden, daß es in der BRD keine parlamentarische Opposition mehr gebe und nun auch noch die Außerparlamentarische Opposition (APO) zerschlagen werden soll. "Von nun an", so schreibt der Jurist Bakker Schut, "war es der Regierung nach freiem Ermessen möglich, unter bestimmten Umständen u.a. Streitkräfte zur Unterstützung von Polizei und Bundesgrenzschutz bei der Bekämpfung von organisierten (...) Aufständischen einzusetzen; grundgesetzlich verankerte Rechte konnten dafür zeitweilig außer Kraft gesetzt werden..."[24].

Verstärkt scheinen Teile der APO ab diesem Zeitpunkt bereit zu sein, den Konflikt mit der Polizei weiter eskalieren zu lassen. Ermutigt werden sie in ihrer Haltung durch die "Schlacht am Tegeler Weg" am 4.10.68 anläßlich des Ehrengerichtsverfahrens gegen den APO-Anwalt Horst Mahler.[25] In der bis dahin schwersten Straßenschlacht kämpfen über tausend StudentInnen, unterstützt von Jugendlichen und Rokkern, gegen starke Polizeieinheiten, die von der neuen Dimension der Gewalt überrascht werden. 130 PolizeibeamtInnen und 22 DemonstrantInnen werden zum Teil schwer verletzt, die Polizei muß sich schließlich zurückziehen, die Radikalen feiern die Straßenschlacht als ihren ersten Sieg über den Staatsapparat. Mario Krebs stellt hierzu fest: "Der Grad der Regelverletzung und des Gesetzesbruchs bemißt sich nicht mehr am Bewußtseinsstand einer Massenbewegung (...), sondern kleine Grüppchen liefern sich nun Scharmützel mit Polizei und Staatsapparat, verwechseln brennende Polizeiwagen und durch Sprengstoff angesengte Hausfassaden mit politischen Erfolgen."[26]

1.4 Die RAF als Zerfallsprodukt der StudentInnenbewegung

1.4.1 Urteil und Revision im Kaufhausbrandprozeß

Am 31.10.1968 wird nach zweiwöchiger Verhandlung vor dem Landgericht Frankfurt das Urteil gegen die KaufhausbrandstifterIn verkündet: Je drei Jahre Zuchthaus bedeuten mehr als die meisten ProzeßbeobachterInnen erwartet hätten. Der Vorsitzende Richter billigt den/der Angeklagten nicht die vorgebrachten politischen Motive zu, sondern hält sie für gewöhnliche Kriminelle. Gudrun Ensslin bezeichnet die Kaufhausbrandstiftung in diesem Prozeß als eine zwar taktisch falsche, aber dennoch befreiende Tat: "Es gibt inzwischen eine ganze Menge Leute, die wirklich das tun,

---

[24] Bakker Schut: "Stammheim", S.15
[25] Mahler wurde der Vorwurf gemacht, an den Osterunruhen vor dem Berliner Springer-Haus maßgeblich beteiligt gewesen zu sein. Deshalb sollte gegen ihn, den Mitbegründer des ersten "sozialistischen Anwaltskollektivs" und Verteidiger zahlreicher linker StudentInnen, ein Berufsverbot verhängt werden. Das Verfahren wurde schließlich eingestellt, dennoch mußte Mahler in einem späteren Prozeß Schadensersatz an den Springer-Konzern zahlen.
[26] Krebs, S.207

24

was sie denken, und das denken, was sie tun. Diese bürgerliche Schizophrenie, dauernd zu tun, was man nicht meint, geht so weit, daß man eine demokratische Gesellschaft will und gleichzeitig eine faschistische Gesellschaft zimmert."[27]

Die Verteidiger der Angeklagten, darunter Otto Schily und Horst Mahler, beantragen eine Revision des Verfahrens. Am 13.Juni 1969 werden die vier Verurteilten vorläufig aus dem Gefängnis entlassen, bis zur Entscheidung über die Revision des Urteils im November dürfen sie auf freiem Fuß bleiben.

Während des Jahres 1969 hat es zwar vermehrt Anschläge insbesondere auf amerikanische Einrichtungen in Berlin gegeben, dabei sind aber keine Personen zu Schaden gekommen. Auch der Verfassungsschutzbericht des Bundesinnenministeriums registriert für 1969: "Eine ernsthafte Gefährdung der Sicherheit der Bundesrepublik Deutschland ist aus der Betätigung linksradikaler Kräfte und Organisationen bisher nicht erwachsen."[28]

Als im Oktober 1969 erstmals eine sozialliberale Koalition in der BRD die Regierungsverantwortung übernimmt, und der neugewählte Bundeskanzler Willy Brandt eine neue Politik mit dem Satz: "Wir wollen mehr Demokratie wagen" einzuleiten verspricht, scheint es nochmals eine Chance zur Beendigung der Gewaltspirale zu geben.

1.4.2 Baader und Ensslin gehen in den Untergrund

Vorläufig aus der Haft entlassen, beteiligen sich Gudrun Ensslin und Andreas Baader an der Gründung eines Erziehungsheimes für entlaufene Heimjugendliche. Das Frankfurter Sozialamt hatte einigen Frankfurter StudentInnen eine Wohnung in der Staffelberger Straße für das Erziehungsexperiment zur Verfügung gestellt. Baader und Ensslin treiben Geld für das Vorhaben auf, die "Staffelberger" machen von sich reden und bekommen bald immer mehr Zulauf von Jugendlichen, die aus staatlichen Erziehungsheimen entlaufen sind. Ihr Ziel ist es, Alternativen zur staatlichen Heimerziehung zu entwickeln und die Unterschichtsjugendlichen zu politisieren. Nach der Besetzung des Büros des Frankfurter Jugendamtleiters bekommt die Gruppe mehrere Wohnungen, die inzwischen 38 Jugendlichen erhalten ein Dach über dem Kopf, manche auch einen Ausbildungsplatz. Besonders Ensslin macht auf den Leiter des Frankfurter Jugendamtes einen sehr engagierten Eindruck, während er bei Baader eher den Eindruck verspürt, die Jugendlichen zu Abenteuerspielchen am Rande der Legalität zu animieren.[29]

---

[27] in Aust, S.75
[28] Verfassungsschutzbericht 1969/70, S.24
[29] nach: Peters, S.59

Im November 1969 verwirft der BGH die Revision des Brandstifterurteils, Baader und Ensslin beschließen, zusammen unterzutauchen. Über Paris geht die Flucht nach Italien, wo sie im Februar 1970 von der Ablehnung ihres Gnadengesuchs erfahren. Nach einem Gespräch mit ihrem Anwalt Horst Mahler entscheiden sie sich zur Rückkehr nach Berlin, da Mahler dort Kontakt zu verschiedenen Gruppen hat, die über militante Aktionen nachdenken.

Daß Baader und Ensslin nicht in den Genuß der von der neuen Regierung verkündeten Teilamnestie kamen, sieht Mario Krebs als Folge einer "Zuckerbrot- und Peitschenpolitik" der Brandt-Regierung: "Mahlers Verurteilung[30] und die Ablehnung des Gnadengesuchs für Ensslin und Baader erfolgt zum selben Zeitpunkt, als die Bundesregierung eine Amnestie für 'Demonstrationsstraftäter' ankündigt, die zu weniger als acht Monaten Haft verurteilt sind. Während man einerseits glaubt, auf diese Weise einige Tausend Söhne und Töchter wieder auf den bürgerlichen Pfad zurückholen zu können, soll andererseits an anderen ´bekannten` Fällen ein politisches Exempel statuiert werden. Horst Mahler, Gudrun Ensslin und Andreas Baader ist der Weg in eine bürgerliche Existenz faktisch abgeschnitten. Das wirkt sich auf ihre politischen Überlegungen aus. Ihre Gespräche drehen sich, noch recht vage, um die Möglichkeiten einer militanten, sozialrevolutionären Strategie."[31]
Unterschlupf finden die Gesuchten zunächst bei Ulrike Meinhof, die gerade die Dreharbeiten zu ihrem Fernsehfilm "Bambule" beendet hat.

1.5 Gründung und Aufbau der RAF

1.5.1 Verhaftung und Befreiung Baaders

Am 3.April 1970 wird Baader nach einem Verrat des in die Szene eingeschmuggelten Verfassungsschutzagenten Urbach bei einer Verkehrskontrolle wieder festgenommen und in die Strafanstalt Tegel gebracht, wo er seine Reststrafe absitzen soll. Unter dem Vorwand, daß sein Mandant zusammen mit der Journalistin Meinhof ein Buch über Heimerziehung schreiben wolle, erreicht Anwalt Mahler, daß Baader am 14.Mai unter Bewachung in das "Institut für Soziale Fragen" in Berlin-Dahlem geführt wird, wo er zusammen mit Meinhof Literaturrecherche betreiben soll. Nach etwas über eine Stunde öffnen zwei in den Befreiungsplan eingeweihte Frauen (Irene Goergens, Ingrid Schubert) zwei Maskierten die Haustür des Instituts. Der Institutsangestellte Georg Linke wird durch einen Schuß schwer verletzt, die beiden verdutzten Justizbe-

---

[30] Mahler wurde im März 1970 wegen seiner angeblichen Beteiligung bei militanten Aktionen während der Springer-Blockade zu einer zehnmonatigen Bewährungsstrafe wegen Land- und Hausfriedensbruchs verurteilt.
[31] Krebs, S.204

26

amten können nicht mehr nach ihren Waffen greifen, Baader, Meinhof und die vier BefreierInnen können entkommen.

Butz Peters sieht diesen 14.Mai als die eigentliche Geburtsstunde der RAF: "Das bedeutete zweierlei: Zum einen teilen von nun an alle Mitglieder dasselbe Schicksal, die Verfolgung führt zu einem starken Identifikationsgefühl beim einzelnen; zum zweiten ist von nun an jedem klar, der sich mit diesem Personenkreis einläßt, daß er es mit Straftätern zu tun hat. Das Leben der Gruppenmitglieder ist bestimmt durch die Existenz in der Illegalität. Von nun an agiert sie als 'Rote Armee Fraktion`, 'entstanden aus der Konkursmasse der Studentenbewegung`, wie Ulrike Meinhof später einmal formuliert."[32]
Der Generalstaatsanwalt erläßt den ersten Steckbrief in der Bundesrepublik gegen die prominente Journalistin Ulrike Meinhof, die "Baader-Meinhof-Bande" ist schnell weit über die Grenzen Berlins hinaus in aller Munde.

Drei Wochen später melden sich die Gesuchten, die sich in Berlin versteckt halten, in Form einer Tonbandaufnahme, die, von Ulrike Meinhof besprochen, an den "Spiegel" weitergeleitet wird, der sie in Auszügen druckt. Darin heißt es unter anderem, jegliche politische Arbeit, ob Kinderladen, Mieterstreik, Aufklärung in den Betrieben usw. sei "ein Popanz..., wenn man nicht gleichzeitig anfängt, das zu machen, was wir jetzt tun, nämlich die Rote Armee aufzubauen." Und weiter: "Wir sagen natürlich, die Bullen sind Schweine, wir sagen, der Typ in Uniform ist ein Schwein, das ist kein Mensch, und so haben wir uns mit ihm auseinanderzusetzen. Das heißt, wir haben nicht mit ihm zu reden, und es ist falsch, überhaupt mit diesen Leuten zu reden, und natürlich kann geschossen werden."[33]

Mit der Baader-Befreiung und der ersten Erklärung der Gruppe ist eine Grenze überschritten. Die Gesuchten sind untergetaucht und bereiten sich auf einen militanten Kampf aus dem Untergrund vor, der die bundesdeutsche Gesellschaft in den nächsten Jahren wie kaum ein anderes Phänomen beschäftigen wird.

1.5.2 Militärische Ausbildung, Aufbau der Logistik, erste Verhaftungen

In zwei Gruppen fliegen im Juni 1970 die Gesuchten und fünfzehn weitere junge Leute aus ihrem Umkreis von Ost-Berlin nach Beirut und Damaskus, um schließlich in einem palästinensischen Ausbildungslager in Jordanien für den Untergrundkampf ausgebildet zu werden. Dort kommt es bereits zu ersten Meinungsverschiedenheiten innerhalb der Gruppe, insbesondere zwischen Baader und Mahler um deren Führungsanspruch. Peter Homann, dem das Schießtraining in der Wüste von Anfang an

---
[32] Peters, S.81
[33] Peters, S.83

suspekt erscheint, wendet sich von der Gruppe ab und soll als Verräter erschossen werden, was die PalästinenserInnen verhindern können.[34]
Im August 1970 nach Berlin zurückgekehrt, beginnt die Gruppe damit, die Logistik aufzubauen. Geld, konspirative Wohnungen, Fahrzeuge und Waffen müssen beschafft werden. Am 29.September 1970 überfallen 16 Mitglieder der Gruppe zur gleichen Zeit drei Banken in Berlin und erbeuten über 200000 Mark, der Coup geht unter dem Begriff "Dreierschlag" in die Kriminalgeschichte ein.

Am 8.Oktober 1970 gelingt der Polizei der erste Schlag gegen die Gruppe. In einer Berliner Wohnung werden fünf Mitglieder der RAF, darunter ihr "Kopf", Horst Mahler, verhaftet. Die übrigen Gruppenmitglieder versuchen daraufhin, sich dem Fahndungsdruck in Berlin zu entziehen und weichen im Dezember ins Bundesgebiet aus, nach Frankfurt, Hamburg und Stuttgart.

1.5.3 Fahndungshysterie und die ersten Toten

Nach einer Schießerei im Frankfurter Westend im Februar 1971, an der die Gruppenmitglieder Manfred Grashof und Astrid Proll beteiligt sind, läuft die erste große bundesweite Fahndungsaktion an. Die Sonderkommission B/M wird gegründet, die Bevölkerung gebeten, alles Verdächtige der Polizei zu melden. Die "Welt am Sonntag" bringt es auf den Punkt: "Bonner Geheimpolizei jagt Staatsfeind Nr.1: Die Baader-Bande."[35] Die Hamburger Morgenpost berichtet: "Inzwischen scheint sich die Fahndung nach den Bandenmitgliedern zu einer Art Hysterie zu entwickeln. Rund ein Dutzend falscher Meldungen lösten in den letzten Tagen bei der Polizei Alarm aus und hielten die Beamten im ganzen Bundesgebiet in Atem."[36] Zehntausende BürgerInnen werden peinlich genau überprüft, unzählige Wohnungen durchsucht. Makabrerweise wird ein völlig Unbeteiligter das erste Opfer im Kampf zwischen RAF und Staat; der Brite Ian Mc Leod wird in seiner Stuttgarter Wohnung getötet, als er bei der Durchsuchung seiner Wohnung seine Schlafzimmertür von innen verschließt und ein Beamter ihn durch die geschlossene Tür hindurch erschießt.

Bald aber sind auch sowohl auf seiten der RAF wie der Polizei die ersten Toten zu beklagen. Bei einer Großfahndungsaktion wird am 15.Juli 1971 die erst zwanzigjährige Friseurin und RAF-Angehörige Petra Schelm erschossen, im Oktober wird der Polizist Norbert Schmidt vermutlich von dem RAF-Mitglied Gerhard Müller getötet.

---

[34] Um die genauen Zusammenhänge der scheinbar geplanten Ermordung Homanns gibt es zahlreiche Ungereimtheiten. Wurde bisher (insbesondere aufgrund der Aussagen Mahlers) davon ausgegangen, daß hauptverantwortlich Baader diesen Plan vorantrieb, so stellt Peter Homann selbst, der sich kürzlich erstmals dazu in einem Interview äußerte, den Ablauf der Dinge anders dar. Ihm zufolge soll Mahler selbst für einen "Volksgerichtsprozeß" plädiert und als selbsternannter Richter in diesem Prozeß seine Verurteilung herbeigeführt haben (in: Spiegel Nr.21/1997, S.54).
[35] in: Aust, S.159
[36] a.a.O., S.158

Zwei weitere Männer aus dem Umfeld der RAF werden in den folgenden Monaten erschossen (Georg von Rauch, Thomas Weissbecker), ebenso verlieren zwei Polizeibeamte bei Schußwechseln ihr Leben. Die Konfrontation zwischen RAF und Polizei spitzt sich immer mehr zu auf die Frage: Wer zieht zuerst?

Obwohl der Polizei in den Großfahndungen dieser Monate einige Verhaftungen von RAF-Mitgliedern gelingen (Astrid Proll, Werner Hoppe, Margrit Schiller, Carmen Roll, Manfred Grashof, Wolfgang Grundmann...), bleibt die Führungsriege der RAF um Baader, Ensslin, Meinhof und mittlerweile auch Jan-Carl Raspe und Holger Meins unentdeckt.

1.6 Was will die RAF?

1.6.1 "Das Konzept Stadtguerilla" - die erste Schrift der RAF

Im April 1971 erscheint die erste Kampfschrift der RAF, verfaßt von der "Theoretikerin" der Gruppe, Ulrike Meinhof. Knapp ein Jahr nach der Baader-Befreiung begründet die RAF erstmals ihr Vorgehen und erläutert ihre Ziele. Sie bezeichnet selbst die StudentInnenbewegung als ihre Vorgeschichte, die jedoch gescheitert sei, da sie es nicht geschafft hätte, sich aus Diskussionszirkeln in verqualmten Seminarräumen zu lösen. Die AktivistInnen der Bewegung seien inzwischen an ihre Schreibtische zurückgekehrt, der sozialliberalen Koalition sei es gelungen, den Protest gegen den bundesdeutschen "Imperialismus" weitgehend zu absorbieren.

Deshalb spreche die RAF jetzt vom "Primat der Praxis", in der sie sich selbst in der Rolle einer Avantgarde für die kommenden Auseinandersetzungen sieht[37]: "Eine Führungsrolle der Marxisten-Leninisten in zukünftigen Klassenkämpfen wird es nicht geben, wenn die Avantgarde selbst nicht das Rote Banner des Proletarischen Internationalismus hochhält und wenn die Avantgarde selbst nicht die Frage beantwortet, wie die Diktatur des Proletariats zu errichten sein wird (...), und durch keine Praxis darauf vorbereitet ist, sie zu beantworten...".[38]
Deshalb habe die RAF das Konzept Stadtguerilla aus Lateinamerika übernommen, "als revolutionäre Interventionsmethode von insgesamt schwachen revolutionären Kräften (...). Stadtguerilla heißt, sich von der Gewalt des Systems nicht demoralisieren lassen."[39] Die Stadtguerilla ziele darauf, den staatlichen Herrschaftsapparat punktuell zu treffen, um den Mythos von der Unangreifbarkeit des Systems zu zerstö-

---

[37] In Schriften von RAF-Mitgliedern finden sich immer wieder Stellen, aus denen der Avantgardegedanke explizit oder implizit formuliert wird, z.B. in Ulrike Meinhofs "Lob des antiimperialistischen Kampfes": "Die RAF ist der Vortrupp der Massen - sie führt ihren Kampf...", in: Aust, S.263
[38] in: Peters, S.130
[39] Peters, S.130

ren und dadurch andere zu ermutigen, ebenfalls den Kampf gegen ein System, das sich demokratischen Veränderungen widersetze, aufzunehmen.

1.6.2 "Stadtguerilla und Klassenkampf" - die zweite Schrift der RAF

Als die zweite Schrift der RAF im April 1972 erscheint, ist bereits über die Hälfte der ursprünglichen Gruppenmitglieder verhaftet, drei sind getötet, zwei haben ausgepackt (Karl-Heinz Ruhland, Peter Homann). Durch den enormen Fahndungsdruck fällt es der Gruppe immer schwerer, Unterschlupf zu finden, die RAF befindet sich in der Defensive. Mit der wiederum von Meinhof verfaßten Schrift will sie zweierlei erreichen: Zum einen soll der SympathisantInnenszene erklärt werden, warum sich die RAF bisher ausschließlich um den Aufbau ihrer Logistik gekümmert habe, zum anderen sollen mit dem Appell zur Solidarität UnterstützerInnen bei der Stange gehalten werden. In Abgrenzung zu den populären Aktionen der "Tupamaros"[40] brauche revolutionäre Politik eine Strategie und exakte Vorbereitung von Aktionen, um aus dem Stadium eines Räuber- und Gendarmespiels herauszukommen: "Ohne die logistischen Probleme teilweise gelöst zu haben (...) wird der Ausgang von Aktionen technisch, psychisch und politisch dem Zufall überlassen." Und weiter: "Alle Menschen in den Reihen der Revolution müssen füreinander sorgen, müssen sich liebevoll zueinander verhalten, einander helfen."[41]

Die zweite Schrift der RAF zeigt vor allem, daß die RAF um ihre eigene Glaubwürdigkeit kämpft. Beinahe zwei Jahre nach ihrer "Gründung" stehen gerade einmal einige geglückte Banküberfälle sowie mehrere Feuergefechte mit der Polizei auf der Liste ihrer Aktionen. Dem "Primat der Praxis" scheint allmählich die Praxis abhanden zu kommen.

1.7 Das Ende der 1.Generation

1.7.1 Die "Mai-Offensive" 1972

Anfang Mai 1972 fühlt sich die Kerngruppe der RAF darauf vorbereitet, zu größeren Aktionen überzugehen. Unmittelbar zuvor hat die amerikanische Luftwaffe Häfen in Nordvietnam vermint, der Vietnamkrieg damit ein neues Stadium des Schreckens erreicht. Als Racheakt zündet ein Kommando der RAF am 11.Mai drei Rohrbomben im Offizierskasino des V. US-Korps im IG-Farben-Haus in Frankfurt, 13 Personen

---

[40] Die Tupamaros waren kleine Gruppen, die in den Jahren 1971/72 v.a. in München und Berlin zahlreiche Anschläge auf "Objekte des Herrschaftsapparates" (Polizeifahrzeuge, Gerichtsgebäude, Geldinstitute...) verübten.
[41] in: Peters, S.136

werden verletzt, der amerikanische Offizier Bloomquist stirbt. Am darauffolgenden Tag zünden vermutlich Baader, Ensslin und Meins Sprengkörper in der Augsburger Polizeidirektion und auf dem Parkhof des Münchener LKA als Vergeltung für den Tod ihres Mitglieds Thomas Weissbecker. 15.Mai: In Karlsruhe sprengt die RAF das Auto des Bundesrichters Buddenberg in die Luft, seine Frau wird schwer verletzt. 19.Mai: Im Hamburger Springer-Hochhaus detonieren drei Bomben, 17 Verletzte, davon zwei schwer. Schließlich erfolgt am 24.Mai der Höhepunkt der Anschlagserie: Ein Bombenanschlag der RAF auf das Europahauptquartier der US-Armee in Heidelberg fordert drei Tote.

Vier Tote und über 40 Verletzte in nur zwei Wochen - die RAF hat es geschafft, die staatlichen Stellen in Angst und Schrecken zu versetzen. Die Republik wird quasi in einen Ausnahmezustand versetzt.

1.7.2 Die Verhaftung der Kerngruppe

Der Staat rüstet sich im Kampf gegen die RAF. Nach einer deutlichen Aufstockung der Ausgaben für Polizei, Verfassungsschutz und Bundesgrenzschutz Anfang 1972 kann die Polizei am 31.Mai '72 130000 PolizistInnen für die größte Fahndungsaktion in der Geschichte der Bundesrepublik aufbieten. Heinrich Böll hatte bereits wenige Monate zuvor vom "Krieg der sechs gegen die sechzig Millionen"[42] gesprochen - und war deshalb als "Terroristensympathisant" diffamiert worden.

Einen Tag später hat die Polizei Erfolg. Nach einem Hinweis aus der Bevölkerung kann sie in Frankfurt drei der wichtigsten RAF-Mitglieder, Raspe, Meins und Baader nach einer Schießerei festnehmen. In den folgenden Wochen gelingt es den Polizeibehörden, weitere zum Teil wichtige Köpfe der RAF zu verhaften. Am 7.Juni wird Gudrun Ensslin in einer Hamburger Boutique festgenommen, am 9.Juni Brigitte Mohnhaupt in Berlin, am 15.Juni in Hannover Ulrike Meinhof und Gerhard Müller. Schließlich werden am 7.Juli in Tübingen Hans Peter Konieczny sowie zwei Tage später in Offenbach Irmgard Möller und Klaus Jünschke verhaftet. Der Kern der RAF ist damit im Sommer 1972 in unterschiedlichen Haftanstalten quer über die Republik inhaftiert, der Staat scheint die Auseinandersetzung mit der RAF gewonnen zu haben.

1.8 Die zweite Generation

Bald wird deutlich, daß sowohl die meisten der inhaftierten RAF-Mitglieder als auch die noch Gesuchten keineswegs zur Einstellung des Kampfes bereit sind. Ende 1972 beginnen RAF-Häftlinge mit einem ersten Hungerstreik, dem in den folgenden Jahren zahlreiche weitere folgen werden. Die Häftlinge fordern darin immer wieder die

---

[42] Peters, S.113

Aufhebung verschärfter Haftbedingungen (Isolationshaft, "Isolationsfolter") und die Zusammenlegung aller RAF-Gefangenen. Den wenigen außerhalb der Gefängnisse verbliebenen RAF-Mitgliedern gelingt es, aus bestehenden Untergrundgruppen ("Bewegung 2.Juni", "Revolutionäre Zellen") oder legalen SympathisantInnengruppen ("Sozialistisches Patientenkollektiv Heidelberg", "Rote Hilfe", "Komitees gegen Folterhaft") neue Kräfte für ihren Kampf zu rekrutieren.

Mit der weitgehenden Verhaftung der ersten Generation verändert sich auch das Ziel der RAF. Es geht jetzt nicht mehr um Vietnam, Ausbeutung der Dritten Welt und amerikanischen Imperialismus. Nahziel der RAF wird nun die Befreiung ihrer gefangenen GenossInnen aus den Gefängnissen.

1.8.1 Isolierung der RAF von der legalen Linken

Hatte im Sommer 1971 noch jede/r vierte BundesbürgerIn unter dreißig Jahren "gewisse Sympathien" für die RAF eingestanden[43], so ist die RAF und deren Umfeld nach der "Mai-Offensive" jeglicher Popularität beraubt. Selbst große Teile der linken Szene wenden sich nun, erschrocken über die Brutalität der Aktionen, von der RAF ab. Diejenigen, die noch Verständnis für die Gruppe hegen, wagen dies kaum noch öffentlich zu äußern, um nicht auch in die staatliche Terrorfahndung zu geraten. Bei der RAF habe sich, so der Autor Stefan Aust, in dieser Zeit das Gefühl verbreitet, von den früheren GenossInnen im Stich gelassen worden zu sein: "Als sie ernst machten, wich bei den anderen der theoretische Flirt mit dem bewaffneten Kampf rasch einer hastigen Abgrenzung. Fortan nannte man sich nicht mehr Marxist, sondern links, nicht mehr revolutionär, sondern radikal."[44]

Nur noch wenige haben in dem FreundIn-FeindIn-Ordnungsschema, das RAF und Staat aufgebaut haben, den Mut, sich argumentativ zwischen die Fronten zu stellen. Der RAF-Anwalt Klaus Croissant, der "Anspruch auf Achtung für die Mitglieder der Baader-Meinhof-Gruppe"[45] fordert, erhält Drohanrufe und Drohbriefe, der Soziologe Oskar Negt, der die Aktionen der RAF als "unpolitisch" kritisiert, wird in der dritten Schrift der RAF, wiederum von Ulrike Meinhof im November '72 im Gefängnis verfaßt, heftig angegriffen. Meinhof zählt ihn unter der Überschrift "Negt-das Schwein" zu den "Opportunisten" und "Marx-Bibelforschern".[46]

Die folgenden Jahre werden zeigen, daß sich die Sprache der RAF weiter verhärtet und ihre Aktionen zunehmend auf die Tötung von Einzelpersonen gerichtet sind, je mehr sich die RAF im gesellschaftlichen Spektrum isoliert sieht.

---

[43] Allensbach-Umfrage, in: Peters, S.137
[44] Aust, S.180
[45] a.a.O., S.230
[46] in: Peters, S.137/138

1.8.2 Der Tod von Holger Meins

Auch die staatlichen Organe tragen dazu bei, daß es der RAF gelingt, neue KämpferInnen zu rekrutieren. Eine spezielle Sicherungsverwahrung für viele Gefangene aus der RAF macht deutlich, daß es sich für den Staat bei den RAF-Häftlingen eben nicht, wie immer behauptet wird, um gewöhnliche Kriminelle handelt. Innerhalb der Gefängnisse werden Kontakte zu anderen Gefangenen unterbunden, Kontakte nach draußen unterliegen einer peinlich genauen Kontrolle. Seine Haftbedingungen kommentiert Klaus Jünschke: "Während der Untersuchungshaft (...) hatte ich im Verlauf der ersten drei Jahre eine halbe Stunde täglich allein Hofgang, war also 23 1/2 Stunden allein auf der Zelle. Die Zellen um mich herum waren geräumt worden. Abgesehen von zwei halbstündigen Angehörigenbesuchen im Monat und den Besuchen der Anwälte hatte ich nur 'Kontakt' zum Knastpersonal."[47]

Familienbesuche werden immer mindestens von zwei BeamtInnen überwacht, Besuche von FreundInnen und Bekannten werden untersagt, auch deren Post wird zumeist nicht ausgehändigt. Diese verschärften Haftbedingungen werden von der RAF und ihrem Umfeld als "Isolationsfolter" und "sensorische Deprivation" bezeichnet, die darauf aus seien, die Identität der Gefangenen zu zerstören. Der Staat lasse den Gefangenen nur die Möglichkeit eines völligen Abschwörens oder des Verbleibs in Sicherungsverwahrung.
Gegen diese Haftbedingungen organisieren die Gefangenen kollektive Hungerstreiks, um ihre Zusammenlegung in "interaktionsfähigen Gruppen" zu erreichen. Sogenannte "Folterkomitees" machen immer wieder auf die Haftbedingungen der Gefangenen aufmerksam und können so bald wieder neue SympathisantInnen gewinnen. Als Holger Meins im November 1974 während des dritten Hungerstreiks trotz Zwangsernährung stirbt, hat die RAF ihren ersten Märtyrer. Der Tod von Holger Meins verschafft der RAF neuen Zulauf. So berichtet Volker Speitel über seinen Weg zur RAF: "Der Tod von Holger Meins und der Entschluß, die Knarre in die Hand zu nehmen, waren eins. Ein Nachdenken war nicht mehr möglich, es reagierte nur noch der emotionale Schub der letzten Monate."[48]

Hatte die Polizei noch 1972 im Zusammenhang mit der RAF nach etwa 40 Personen gefahndet, so werden Ende 1974 300 Personen aus dem Umfeld der RAF gesucht.

1.8.3 Gescheiterte Gefangenenbefreiungen und die Tode von Stammheim

Vor dem Beginn des Prozesses gegen die hauptangeklagten Mitglieder der RAF (Baader, Ensslin, Meinhof, Raspe) werden diese nach Stuttgart-Stammheim verlegt, wo im Mai 1975 der Prozeß eröffnet werden soll. Am 25.April '75 stürmen sechs

---

[47] in: Demes: "Die Binnenstruktur der RAF", S.79
[48] in: Aust, S.313

RAF-Mitglieder (Siegfried Hausner, Hanna Krabbe, Karl-Heinz Dellwo, Lutz Taufer, Bernhard Rössner, Ulrich Wessel) die Deutsche Botschaft in Stockholm und fordern die Freilassung von 26 Gefangenen in der BRD, unter ihnen die "Stammheimerlnnen". Die Aktion, auf dem Vorbild der Lorenz-Entführung beruhend[49], endet jedoch nach wenigen Stunden blutig mit der Ermordung zweier Botschaftsangehöriger und dem Tod von Wessel und Hausner.

Der Stammheim-Prozeß wird eröffnet und zieht sich, durch zahlreiche Verfahrensfehler, Ausschlüsse der AnwältInnen, Befangenheitsanträge und illegale Maßnahmen gegen die Angeklagten[50], beinahe zwei Jahre hin. In der Nacht vom 8. auf den 9.Mai '76 stirbt Ulrike Meinhof in ihrer Gefängniszelle, vermutlich durch Selbsttötung. Die Motive für ihren Tod bleiben weitgehend im dunkeln.

Als im Frühjahr '77 das Ende des Stammheim-Prozesses naht, erschießen drei Mitglieder der RAF am 7.April '77 den Generalbundesanwalt Siegfried Buback und zwei seiner Begleiter in Karlsruhe. Baader, Ensslin und Raspe werden jeweils zu lebenslanger Haft verurteilt. Der darauffolgende Versuch der RAF, am 30.Juli '77 den Sprecher der Dresdner Bank, Jürgen Ponto, aus dessen Haus im Taunus zu entführen, um die Gefangenen freizupressen, scheitert, Ponto wird ermordet. Wenig später scheint die RAF erfolgreicher zu sein. Am 5.September '77 gelingt ihr in Köln die Entführung einer der meistbewachten Personen der Republik, des Arbeitgeberpräsidenten Hanns Martin Schleyer. Vier seiner Begleiter sterben im Feuergefecht.

Das "Kommando Siegfried Hausner" fordert den Austausch gegen elf Gefangene aus der RAF, darunter die Stammheim-Häftlinge. Als sich die Bundesregierung zu einer Hinhaltetaktik gegenüber den EntführerInnen entschließt, entführen vier PalästinenserInnen am 13.Oktober '77 eine Lufthansa-Maschine auf dem Flug von Mallorca nach Frankfurt, um die Forderungen der RAF zu unterstützen. Nach einem Irrflug in die somalische Hauptstadt Mogadischu stürmt eine Einheit der deutschen GSG 9 am 17.Oktober das Flugzeug, tötet drei GeiselnehmerInnen und befreit alle Geiseln. In derselben Nacht sterben in den Stammheimer Gefängniszellen Andreas Baader und Gudrun Ensslin. Jan-Carl Raspe stirbt auf dem Weg in ein Stuttgarter Hospital, Irmgard Möller überlebt schwerverletzt. Die Tode von Stammheim können nicht hinreichend geklärt werden, Indizien für eine Selbsttötung der Gefangenen gibt es ebenso

---

[49] Mitglieder der "Bewegung 2.Juni" hatten im Februar '75 den Berliner CDU-Vorsitzenden Peter Lorenz entführt und damit die Freilassung von fünf inhaftierten GesinnungsgenossInnen erreicht

[50] So wird im März 1977 bekannt, daß in mindestens fünf Zellen im Trakt der RAF-Gefangenen in Stammheim seit März '75 Wanzen installiert waren, zwei weitere Wanzen wurden im November '76 installiert. Sowohl Anwaltsgespräche wie Gespräche unter den Gefangenen dürften also dauerhaft abgehört worden sein. siehe dazu: Aust, S.423

34

wie für eine Gewalteinwirkung von außen.[51] Am darauffolgenden Tag erschießt das RAF-Kommando Hanns Martin Schleyer als "Rache für Stammheim".

1.9 Die dritte Generation

1.9.1 Die Auflösung der zweiten Generation

Nach der gescheiterten "Offensive 77" und dem Tod ihrer wichtigsten Mitglieder gibt es innerhalb der RAF einen Bruch. Mehrere Gesuchte wollen aussteigen und sich, in Erwartung einer hohen Haftstrafe in der Bundesrepublik, ins Ausland absetzen. Inge Viett, eine der meistgesuchten Personen der "Bewegung 2.Juni" verschafft ihnen schließlich Kontakte zur Staatssicherheit der DDR, die von 1980 bis 1982 insgesamt zehn RAF-Mitglieder aufnimmt.

Andere, insbesondere die wegen der Morde im "Deutschen Herbst '77" Meistgesuchten, beschließen, den bewaffneten Kampf fortzusetzen. Ziel der Angriffe werden jetzt wieder verstärkt US-amerikanische Militäreinrichtungen und Militärpersonen in Deutschland. Die Pläne und anschließende Durchführung der Stationierung atomarer Mittelstreckenraketen auf deutschem Boden waren auf Druck der USA zustandegekommen (NATO-Doppelbeschluß) und in großen Teilen der westdeutschen Bevölkerung auf heftige Kritik gestoßen.

Mehrere Anschläge folgen in den Jahren 1979 bis 1982, so im Juni 1979 in Belgien auf den NATO-Oberbefehlshaber Alexander Haig oder im September 1981 in Heidelberg auf den Oberkommandierenden der US-Streitkräfte in Europa, Frederik Kroesen. Beide Attentate scheitern.

Durch die Verhaftungen von Brigitte Mohnhaupt, Adelheid Schulz und Christian Klar im November 1982 wird auch die zweite Generation der RAF weitgehend zerschlagen.

1.9.2 Die RAF von 1982 bis heute

Trotz der immer größeren Aussichtslosigkeit des eigenen Kampfes gelingt es der RAF auch noch in den achtziger Jahren, aus militanten Gruppen heraus neue KämpferInnen zu rekrutieren, wenn auch nicht mehr im Ausmaß der siebziger Jahre. Die Gewalt richtet sich nun zunehmend auf Personen des "Militärisch-Industriellen Komplexes". Das Gefährdungs- potential der RAF vergrößert sich dadurch erheblich, da

---

[51] Ich möchte mich in diesem Zusammenhang nicht an der leidigen Diskussion um "Selbstmord oder Mord?" beteiligen. Beweise lassen sich nicht mehr finden, Zweifel und Fragen bleiben. Ich denke, daß Tode in Gefängnissen immer auch ein Stück weit etwas mit Mord zu tun haben, ohne daß es dafür konkrete Schuldige geben muß.

jetzt nicht mehr nur oberste Militärangehörige in ihr Blickfeld rücken, sondern auch verantwortliche Personen in Politik und Wirtschaft, die an den Schnittstellen zwischen Finanzkapital, Rüstungsunternehmen und Militär sitzen.

Die Morde an MTU-Chef Ernst Zimmermann (Februar 1985), Siemens-Vorstandsmitglied Karl Heinz Beckurts (Februar 1986), Gerold von Braunmühl, Abteilungsleiter im Auswärtigen Amt (Oktober 1986), an dem Vorstandssprecher der Deutschen Bank, Alfred Herrhausen (November 1989), an Treuhandchef Detlev Karsten Rohwedder (April 1991) sowie weitere gescheiterte Attentate in diesem Zeitraum zeigen, daß die RAF sich immer noch als notwendige Vorhut von Protestbewegungen (gegen Nachrüstung, "Wiedervereinigung" ...) sieht.

1990 werden nach der deutsch-deutschen Grenzöffnung die in der DDR untergetauchten RAF-Mitglieder verhaftet. Die zumeist Aussagewilligen erhalten durch die zuvor eingeführte Möglichkeit der "Kronzeugenregelung"[52] vergleichsweise geringe Haftstrafen.
Nach der "Kinkel-Initiative"[53] erklärt die RAF im April 1992, die Anschläge gegen Personen bis auf weiteres einzustellen: "WIR HABEN UNS ENTSCHIEDEN, DASS WIR VON UNS AUS DIE ESKALATION ZURÜCKNEHMEN: DAS HEISST, WIR WERDEN ANGRIFFE AUF FÜHRENDE REPRÄSENTANTEN AUS WIRTSCHAFT UND STAAT FÜR DEN JETZT NOTWENDIGEN PROZESS EINSTELLEN."[54] Im darauffolgenden "August-Papier" (August 1992) erklärt die RAF erstmals in einem Schreiben, Fehler gemacht zu haben: "Wir konnten den Herrschenden zwar immer wieder Schläge versetzen, aber so kamen wir unseren Zielen nicht näher."[55]

Die RAF versteht sich nun nicht mehr als kämpfende Avantgarde, sondern will fortan mit anderen Gruppen zusammen neue Konzepte entwickeln. Sie schreibt weiter: "Unsere Orientierung ist heute in erster Linie, einen gesellschaftlichen Prozeß zu

---

[52] In der sogenannten "Kronzeugenregelung" wurde im § 1 festgelegt: "Offenbart der Täter oder Teilnehmer einer Straftat nach § 129a des Strafgesetzbuches (...) sein Wissen (...), so kann der Generalbundesanwalt (...) von der Verfolgung absehen." Aufgrund der Kronzeugenregelung erlangte die Bundesanwaltschaft sehr detailliertes Wissen insbesondere über die "Offensive 77", siehe: Peters, S.431.
Andere RAF-Mitglieder, wie z.B. Peter Jürgen Book oder Adelheid Schulz, wurden durch die neuen Belastungen durch die DDR-Aussteiger nachträglich noch zu einem höheren Strafmaß verurteilt, siehe: Breloer: "Todesspiel", S.299/303
[53] Der damalige Justizminister Klaus Kinkel hatte Anfang 1992 angeregt, RAF-Gefangene, bei denen eine großzügige Auslegung der Gesetze dies zuließe, vorzeitig aus den Gefängnissen zu entlassen.
[54] in: Peters, S.446
[55] a.a.O., S.450

entwickeln, in dem sich Gegenmacht von unten organisiert, die auch dieser repressiven Walze Grenzen setzt und sie zurückdrängt."[56]

Im März 1993 verübt die RAF ihren bis heute letzten Anschlag. Ein bezugsfertiges Gefängnis im hessischen Weiterstadt wird in die Luft gesprengt, es entsteht ein Schaden von 100 Millionen Mark. Im Juni 1993 wird letztmals ein Mitglied der RAF, Birgit Hogefeld, verhaftet, ihr Begleiter Wolfgang Grams, ebenso gesuchter RAF-Aktivist, kommt bei Schußwechseln mit der Polizei ums Leben.

Seither ist es ruhiger um die RAF geworden, obwohl die Bundesanwaltschaft immer noch keinen einzigen der durch die RAF seit 1984 verübten Anschläge aufdecken konnte. Die dafür Verantwortlichen sind untergetaucht, Polizei und Bundesanwaltschaft wissen noch nicht einmal Genaueres über die Personen, die damals tatsächlich zur RAF gehörten, wie das Beispiel Christoph Seidler zeigt.[57] Zahlreiche Mitglieder der zweiten und dritten Generation der RAF sitzen heute noch in deutschen Gefängnissen und warten auf ihre Freilassung. Es darf angenommen werden, daß die noch verbliebenen Gesuchten heute keine funktionsfähige Gruppe mehr bilden, die RAF als solche also nicht mehr existiert.[58] Dennoch arbeiten bis heute ca. 1000 BeamtInnen täglich weiter an der Verfolgung der noch gesuchten Mitglieder der RAF.[59]

---

[56] a.a.O., S.451

[57] Seidler war 1984 aus der autonomen Szene in die Illegalität abgetaucht und erschien wenig später auf Fahndungsplakaten im Zusammenhang mit der RAF. Im November 1996 stellte sich Seidler und mußte vom Ermittlungsrichter freigelassen werden, da ihm keine Mitgliedschaft in der RAF oder eine Beteiligung an den Anschlägen nachgewiesen werden konnte.

[58] siehe: Spiegel Nr.5/97, S.78/79: "Die RAF existiert nicht mehr"

[59] in: Peters, S.426

2 Männlichkeiten

2.1 Warum dieses Kapitel hier steht

In den folgenden Kapiteln möchte ich versuchen, zu zeigen, daß die RAF, insbesondere in ihrer ersten Generation, durch ein Strukturprinzip geprägt war, das ich "Verdeckte Männlichkeit" nennen möchte.[60] Mit dem Begriff "Verdeckte Männlichkeit" meine ich, daß trotz der Tatsache, daß in der RAF zu jeder Zeit mehr Frauen tätig waren als in den meisten anderen politischen Organisationen (zwischen einem Drittel und über der Hälfte ihrer Mitglieder) und diese Frauen auch in Führungspositionen aufstiegen (Meinhof, Ensslin, Mohnhaupt...), innerhalb der RAF Kommunikationsformen, Aushandlungsprozesse und Verhaltensmuster vorherrschten, wie sie für eine (traditionelle bzw. modernisierte) männliche Lebensbewältigung kennzeichnend sind.

Dieses Strukturprinzip "Verdeckte Männlichkeit" bestimmte als hegemoniale Interaktionsform meiner Ansicht nach die Beziehungen der Männer und Frauen innerhalb der RAF, sowie das Verhältnis der RAF zur legalen Linken und zum Staat. Dies bedeutet zweierlei: Zum einen verdrängte eine männlich-hegemoniale Interaktionsform andere Ideen, Überzeugungen, Lebensstile und Arbeitsvorstellungen, die Frauen und Männer in die RAF einbrachten. Wer innerhalb der RAF etwas gelten wollte, so meine These, der/die mußte sich weitgehend einem herrschenden Verhaltenskodex anpassen, den ich im folgenden als die "Kontrollstelle Männlichkeit" bezeichnen möchte.

Wenn "Männlichkeit" als Strukturkategorie begriffen wird, dann bedeutet dies aber zum anderen auch, daß sowohl Männer wie Frauen "männlich-hegemonial" in der RAF agierten. Was die Übernahme eines in der gesellschaftlichen Hierarchie dominanten Typus "Hegemoniale Männlichkeit" für einzelne Männer und Frauen in der RAF bedeutete, läßt sich mit dem Blick von außen nur schwer beurteilen, wenngleich die Vermutung naheliegt, daß die Frauen in der RAF im allgemeinen mehr Schwierigkeiten damit gehabt haben dürften, sich den Verhaltens-, Beziehungs- und Arbeitsformen in der Gruppe anzupassen, die "Kontrollstelle Männlichkeit" zu passieren. Da

---

[60] Inwiefern dieses Strukturprinzip auch auf die zweite und dritte Generation der RAF zutrifft, läßt sich anhand der eher dünnen Literatur über die RAF nach 1977 nur schwer beurteilen. Eine Klärung der Frage nachweisbarer Veränderungen im Strukturprinzip der RAF nach 1977 hätte eine Literaturrecherche erfordert, die den Rahmen dieser Arbeit gesprengt hätte. Aufgrund des mir zur Verfügung stehenden Materials vermute ich, daß Emanzipationsprozesse weg von dieser männlichen Struktur erst relativ spät und nur am Rande innerhalb der RAF eine Rolle spielten.

38

der Blick dieser Arbeit auf die Männer gerichtet sein soll, werde ich mich aber vor allem mit der Frage beschäftigen, was die Übernahme männlich-hegemonialer Interaktionsformen für die Männer in der RAF bedeutete.

Um die Binnenstruktur der RAF auf männlich-hegemoniale Strukturelemente hin untersuchen und um einen Zugang zur Erklärung des Handelns der Männer in der RAF finden zu können, stelle ich dieses Kapitel "Männlichkeiten" voran. Hierin will ich mit dem Theorem einer "Hegemonialen Männlichkeit" des australischen Soziologen Robert W. Connell zeigen, wie eine bestimmte, für die Industrienationen der westlichen Welt kennzeichnende Konstruktion von Männlichkeit als erfolgreiche Strategie zur Unterordnung von Frauen, aber auch als "unmännlich" definierter Männer (z.B. Schwuler) eingesetzt wird und nicht nur zwischenmenschliche Beziehungen, sondern auch die Struktur von Institutionen prägt.

Mit den Aspekten männlicher Lebensbewältigung, wie sie Lothar Böhnisch und Reinhard Winter herausgearbeitet haben, will ich die in westlich-kapitalistischen Gesellschaften vorherrschende Form von "Männlichkeit" näher beleuchten, um später zu untersuchen, wie diese Aspekte in die Struktur der RAF Eingang gefunden haben. Der Problematik dieses Vorgehens bin ich mir bewußt: Konkrete Lebensbewältigungsmuster können nicht einfach, aus ihrem Kontext gerissen, auf Systeme, die eine Eigenlogik besitzen, übertragen und diese Systeme danach bewertet werden. So könnte die in der Männerforschung negativ beurteilte "Stummheit" von Männern in Systemen, die auf der Notwendigkeit der Verschwiegenheit zu basieren scheinen, auch produktiv gewendet werden. Ich glaube aber, daß mit einem möglichst differenzierten Vorgehen, welches das Handeln von Individuen im Rahmen eigener Möglichkeiten und im Rahmen eines sozialen Kontextes sieht, solche einfachen Übertragungsfehler vermieden werden können.

Vor diesen Darlegungen halte ich es jedoch für notwendig, meine Überlegungen zu den Begriffen "Männlichkeit" und "Weiblichkeit" zu erläutern, um nicht im weiteren Verlauf in ein babylonisches Sprachengewirr zu verfallen.

2.2 Wie ich "Männlichkeit" und "Weiblichkeit" verstehe

2.2.1 "Männlich" und "weiblich" als offene Begriffe

Im Gegensatz zu den meisten biologisch-naturalistischen, psychoanalytischen oder funktional-rollentheoretisch argumentierenden Ansätzen in der Geschlechterforschung halte ich, der Linie konstruktivistischer Ansätze folgend, die Begriffe "weiblich" und "männlich" für historisch gewachsene, sozial-kulturelle Festlegungen. Ich weiß, daß GegnerInnen eines solchen Verständnisses jederzeit auf geschlechts-

39

spezifische biologische Tatsachen verweisen können, wie die ausschließliche Gebärfähigkeit von Frauen oder die durchschnittlich etwa fünfzigprozentig größere Mus-
kelkraft von Männern. PsychoanalytikerInnen würden vielleicht auf die Bedeutung
des Penisneides für die Entwicklung der weiblichen Sexualität oder neuerdings des
Gebärneids für die Entwicklung der männlichen Sexualität verweisen. RollentheoretikerInnen argumentieren gerne mit dem "Normalfall Mann" und dem "Normalfall
Frau", aufgrund dessen Männer und Frauen für spezifische gesellschaftliche Rollen
eher oder weniger geeignet sein sollen.[61]

Wenn ich solchen Argumentationssträngen nicht folge, soll dies nicht heißen, daß ich
biologischen Prägungen oder gesellschaftlichen Rollenzuschreibungen keinerlei Bedeutung zumesse. Ich halte sie jedoch weder für den individuellen Lebenslauf noch
für ein gesellschaftliches System für determinierend. Oder anders gesagt: Die weibliche Gebärfähigkeit sagt für mich ebensowenig über eine größere Kompetenz der
Frauen zur Kleinkinderziehung aus wie auch widerlegt wurde, daß die im allgemeinen größere linke Gehirnhälfte bei Männern diese zu größeren Denkleistungen befähigt. In beiden Fällen spielen zahlreiche andere (kulturelle, soziale, psychische, emotionale...) Faktoren eine Rolle, die eine monokausale Betrachtung als nicht plausibel
erscheinen lassen.

Historische und interkulturelle geschlechtsspezifische Forschungen haben gezeigt,
daß das, was als "männlich" und "weiblich" definiert wird, an Raum und Zeit gebunden, sozial bedingt, ist.[62] "Weiblich" und "Männlich" sind somit keine statischen, de-
terminierten, sondern, wie Judith Butler formulierte, radikal "offene Begriffe".[63]

Ebenfalls konstruktivistisch argumentiert Carol Hagemann-White, wenn sie nach der
Diskussion zahlreicher Studien zu Geschlechtsunterschieden zu dem Ergebnis
kommt, "daß die empirische Forschung insgesamt keine Belege für eindeutige, klar
ausgeprägte Unterschiede zwischen den Geschlechtern liefert".[64] Sie favorisiert die
sogenannte "Nullhypothese" (daß keine Geschlechtsunterschiede in den meisten Bereichen bestehen) und schreibt: "Der Fehler der Theorien geschlechtsspezifischer Sozialisation bestand darin, sich ebensowenig wie das Alltagsbewußtsein von dem

---

[61] So zum Beispiel Parsons/Bales: "Gesamtgesellschaftlich betrachtet neigt die männliche Persönlichkeit stärker zu Vorherrschaft instrumenteller, die weibliche Persönlichkeit hingegen stärker zum
Primat expressiver Interessen, Bedürfnisse und Funktionen - gleich in welches Gesellschaftssystem
beide Geschlechter (sexes) verwickelt sind. (...)". Carrigan, Connell und Lee verweisen darauf, daß
heutige RollentheoretikerInnen immer noch auf der Grundlage eines normativen Standardfalls argumentieren., in: BauSteineMänner (Hrsg.): "Kritische Männerforschung, S.42/43.
[62] so z.B. die Forschungen von Margaret Mead, die darauf hinweist, "daß es Kulturen gibt, die drei
oder mehr Geschlechter kennen oder die einen Wechsel der Geschlechtszugehörigkeit ermöglichen." in: Hagemann-White / Rerrich: "FrauenMännerBilder", S.228
[63] in: Ilse Modelmog: "Manns-Bilder und Gewalt", in: Diekmann u.a.: "Gewohnheitstäter", S.157
[64] in: Hagemann-White: "Sozialisation: Weiblich - männlich", S.42

Schein der Natürlichkeit unserer Geschlechterverhältnisse lösen zu können. (...) Offener für die Vielfalt der Frauenleben, radikaler in ihrer Sicht für die patriarchale Unterdrückung scheint mir nach wie vor die ´Null-Hypothese` zu sein: daß es keine notwendige, naturhaft vorgeschriebene Zweigeschlechtlichkeit gibt, sondern nur verschiedene kulturelle Konstruktionen von Geschlecht. Wissen wir doch, daß die Entdifferenzierung und Plastizität der Menschheit groß genug ist, um eventuell vorhandene hormonelle oder in der Körperbeschaffenheit liegende Gegebenheiten zu überspielen."[65]

Der Leitsatz einer konstruktivistischen Theorie der Geschlechter könnte somit lauten: "Wir können immer auch anders - wenn es da nicht einige Barrieren gäbe".

2.2.2 "Männlich" und "Weiblich" als hierarchische Begriffe

Wenn "männlich" und "weiblich" offene Begriffe sind, wenn es keine Kompetenzen, Verhaltens- und Handlungsmuster gibt, die lediglich einem Geschlecht zugeordnet werden können, dann stellt sich die Frage, weshalb Männer in den meisten Gesellschaften als stark, selbstbewußt, durchsetzungsfähig, gewalttätig und Frauen als schwach, unsicher, zurückhaltend, friedfertig definiert werden - und dies in der Alltagsbeobachtung oft sogar zutrifft. Ohne hier auf die Zusammenhänge bei der Entstehung patriarchaler Gesellschaften und dem "Verschwinden der Frauen" näher eingehen zu können, halte ich die in der Frauenforschung vielerorts belegte These von der geschlechterhierarchischen Aufteilung der Lebenswelten und der daraus resultierenden Zuschreibungen für richtig.

Nicht erst seit, aber verstärkt mit dem Übergang "vormoderner" Gesellschaften in bürgerlich-kapitalistische Industriegesellschaften in Europa (16./17.Jh.) läßt sich die Polarisierung in Mann = Außenorientierung, Öffentlichkeit, Produktion und Frau = Innenorientierung, Privatheit, Reproduktion erkennen und zwar, und das ist das Entscheidende, nicht als gleichberechtigte Unterschiedlichkeit, sondern als ein komplexes Gefüge aus Macht- und Abhängigkeitsverhältnissen.

Die patriarchale Zurichtung der Gesellschaft verläuft somit meines Erachtens über zwei Stränge: Zum einen wird behauptet, Männer und Frauen seien grundsätzlich unterschiedliche Wesen, die jeweils nur bestimmte Kompetenzen besäßen und somit nur Teilbereiche gesellschaftlicher Funktionen ausfüllen können. Zum anderen bestimmen Männer die von ihnen ausgefüllten Funktionen (Handel, industrielle Produktion, Militär...) als die gesellschaftlich relevanteren, wertvolleren, mit allen damit verbundenen Formen der sozialen Anerkennung, Gratifikation (Lohnarbeit) und Macht. Die Aufteilung der Welt in eine Zweigeschlechtlichkeit geschieht also im

---

[65] in: Hagemann-White / Rerrich (Hrsg.): "FrauenMännerBilder", S.230

Zeichen einer Geschlechterhierarchie und produziert bzw. verfestigt diese von neuem.

So wie Männer und Frauen aber als für bestimmte (und nur für diese) Tätigkeiten prädestinierte Wesen erklärt werden, so werden ihnen auch die für diese Eigenschaften als notwendig erachteten Fähigkeiten zugeschrieben: Männer sind deshalb selbstbewußt und stark, weil sie in der Öffentlichkeit auftreten und das Dorf, die Stadt, das Land verteidigen müssen. Frauen sind deshalb einfühlsam und zurückhaltend, weil sie auf die Bedürfnisse ihrer Kinder eingehen und deren Entwicklung fördern müssen. Die hierarchische räumliche Zuordnung der Geschlechter in männliche Außenorientierung und weibliche Innenorientierung findet hier auf einer sozialen, emotionalen und psychischen Ebene ihre Entsprechung. Patriarchalische Zurichtung der Welt bedeutet demnach nicht nur die Besetzung gesellschaftlicher Machtpositionen durch Männer, sondern meint auch die Zuschreibung geschlechtsspezifischer Symboliken, aus denen Machtstrukturen und Abhängigkeiten auf zahlreichen Ebenen (finanziell, sozial, psychisch, sexuell...) entstehen.
Der konstruktivistische Ansatz stellt also andere Ansätze zur Erforschung von Geschlechtsunterschieden auf den Kopf: Nicht tatsächliche Unterschiede zwischen den Geschlechtern, so seine These, bedingen die Aufteilung der Gesellschaft in geschlechtsspezifische Lebenswelten, sondern historisch gewachsene (und damit revidierbare) soziale Zuschreibungsprozesse im Zeichen von Konstituierung und Erhaltung männlicher Herrschaft lassen Hierarchien zwischen Männern und Frauen in Staat, Familie, Berufs- und Alltagsleben entstehen. "In dem Prozeß der Aneignung des Systems und nicht in den Merkmalen der Personen werden wir die Entstehung von Geschlechtsunterschieden und ihre Aufrechterhaltung sehen müssen."[66]

Wenn aber, wie behauptet, die Begriffe "männlich" und "weiblich" lediglich soziale Zuschreibungen, Konstruktionen sind, stellt sich die Frage, wie sinnvoll es erscheint, mit diesen Begriffen überhaupt noch zu hantieren. Ebenso könnte ja statt von einem "typisch männlichen" von einem "dominierend-ausgrenzenden Sprachverhalten" gesprochen werden. Solange durch die Begriffe "weiblich" und "männlich" aber Lebenschancen zugeteilt bzw. vereitelt werden, diese noch solch eine Wichtigkeit in den Köpfen besitzen ("Na, wird es ein Mädchen oder ein Junge?") und Männer und Frauen sich zu großen Teilen noch bzw. wieder gemäß dem ihnen zugewiesenen Repertoire verhalten und handeln, halte ich die Verwendung der Begriffe weiterhin für richtig, mit ihrer sozialen Bedingtheit (und damit Veränderbarkeit), dem in ihnen enthaltenen Machtgefüge und dem Wissen, daß es sich nicht um absolute, sondern um relative Begriffe handelt (die "unmännlichen" Männer, die "Mannsweiber"), im Hinterkopf.

---

[66] Hagemann-White/Rerrich, S.234

Wenn ich also im folgenden den Begriff "männlich" benutze, dann nicht, um damit ein konkretes Verhalten von Männern zu charakterisieren, sondern um ein Verhalten oder Handeln zu beschreiben, das aufgrund sozialer Zuschreibungen und gesellschaftlicher Erwartungen (mehr oder minder) häufiger oder stärker (aber eben nicht ausschließlich) bei Männern als bei Frauen anzutreffen ist.

In diesem Sinne verstehe ich auch Ilse Modelmog, wenn sie schreibt: "Sich wissenschaftlich mit dem Zusammenhang von ´Männern und Gewalt` auseinanderzusetzen, schließt nicht aus, daß auch Frauen gewalttätig sein können. Aber männliche Gewalt ist ein strukturelles und subjektives Problem des ungleichen Geschlechterverhältnisses in der Moderne."[67]

Neuere Ansätze in der Männerliteratur (z.B. Sam Keens und Robert Blys Versuche, das Mannsein auf seine angeblich "mythischen Ursprünge" zurückzuführen), die in einer quasi-natürlichen Geschlechterpolarität verhaftet bleiben, halte ich für eher beunruhigend. Und ob Männer auf der Suche nach ihrem Mannsein aus den Wäldern, in die sie zum Schwitzhüttenkurs und Trommeln am Lagerfeuer ausgezogen sind, emanzipierter als zuvor zurückkehren, finde ich mehr als fragwürdig.

Zusammenfassend würde ich den konstruktivistischen Ansatz in der Geschlechtertheorie folgendermaßen beschreiben: Es gibt nichts (Entscheidendes), was nur Männer oder nur Frauen haben oder können - auch wenn wir uns das noch so oft einreden und damit uns und andere Frauen und Männer prägen.

2.3 Was will eine "Kritische Männerforschung"?

"Unter ´kritischer Männerforschung`", so formulieren Lothar Böhnisch und Reinhard Winter in der Einleitung ihres Buches "Männliche Sozialisation" etwas schwülstig, "verstehen wir eine Sozialwissenschaft, die von Männern mit dem Ziel betrieben wird, die anthropologischen, psychischen, ökonomischen, sozialen und kulturellen Bedingungen für ein anderes Mannsein, eine andere Würde des Mannes zu analysieren und zu formulieren. Mit dem Bild des ´anderen Mannseins` verbinden wir die Vorstellung und die Hoffnung, daß Männer ihren Status und ihr Selbst nicht auf der Abwertung von Frauen oder auf der Unterdrückung anderer, auch Jüngerer oder im Sozialstatus Niedrigerer aufbauen, sondern zu ihrer eigenen Würde - mit ihren besonderen Stärken und Schwächen - stehen und sie aus dem eigenen Selbst heraus in die Gesellschaft einbringen und sozial verantworten lernen."[68]

---

[67] Modelmog, in: Diekmann u.a., S.144
[68] Böhnisch/Winter: "Männliche Sozialisation", S.9

Kritische Männerforschung ist als Reaktion auf die (Heraus-) Forderung der zweiten Frauenbewegung entstanden, daß es zur Aufhebung patriarchaler Verhältnisse nicht genüge, wenn Frauen sich mit ihrer Sozialisation, Identität, sozialen Rolle, individuellen und kollektiven Geschichte beschäftigten, sondern daß eine Aufhebung des hierarchischen Geschlechterverhältnisses nur möglich werde, wenn sich die (prinzipiellen oder potentiellen) Nutznießer dieser Verhältnisse - Männer - ebenso mit ihrer Geschichte, ihrer Beziehung zu sich selbst, anderen Männern und Frauen gegenüber beschäftigten und die darin enthaltenen Machtverhältnisse erkennen und verändern würden.

Kritische Männerforschung nennt sich deshalb kritisch, weil sie die Kritik der Frauenbewegung an einer androzentrischen Forschung und Sichtweise der Wissenschaft teilt und versucht, "Männern *als* Männern (und *nicht* als Menschen!), Männlichkeiten und spezifisch männlichen Erfahrungen in unterschiedlichen sozialen, kulturellen und geschichtlichen Umwelten zentrale Bedeutung"[69] zukommen zu lassen. Männer als Männer zu sehen bedeutet dabei

1. einen spezifischen Blick auf Männer, deren psychische, physische und soziale Situation zu richten und
2. zu erkennen, daß Männer die Welt durch einen spezifischen Blickwinkel sehen. Dies bedeutet ebenso, Abschied zu nehmen vom Objektivitätsglauben männlicher Wissenschaft (welche die Sichtweise von Frauen ausschließt) wie auch, nicht unreflektiert die Sichtweise von Frauenforscherinnen übernehmen zu können.

Auch ein gutes Jahrzehnt nach den ersten zögerlichen Anfängen in der Männerforschung gibt es keine einheitliche Definition über den Begriff und nur partiell Übereinstimmung über das, was eine kritische Männerforschung leisten kann und soll. Dies sollte nicht verwundern. Wenn Männer Männerforschung betreiben, dann forschen sie eben nicht nur über andere Männer, sondern dann bedeutet dies auch immer Selbstreflexion, Erforschung der eigenen Geschichte und Finden eines eigenen Standpunktes. Es ist ja gerade der Objektivitätsglaube, der Gedanke, daß es nur den einen richtigen Weg zur Veränderung gibt, den Männerforscher ablegen wollen.

Im Gegensatz zu den Anfängen der Frauenbewegung, die sich u.a. über eine kollektive Benachteiligung der Frauen definierte, gibt es in der Diskussion um ein neues Mannsein meiner Ansicht nach auch keine Notwendigkeit zu allgemeinen Definitionen oder kollektiven Identitäten. Im Gegenteil: Männer sind nicht (als Männer) unterdrückt, deshalb halte ich die Forderung nach einer "Männerbewegung" eher für ein kontraproduktives Verteidigungsgefecht gegen die Frauenbewegung, das in neuer Männerkumpanei enden kann.

---

[69] Ralf Lange: "Thesen zur 'Kritischen Männerforschung`, in: BauSteineMänner: "Kritische Männerforschung", S.328

44

Veränderungswillige Männer brauchen aus einer hegemonialen Stellung heraus wohl weniger eine kollektive Identität ("Wir Männer sind...") als vielmehr die Auseinandersetzung mit sich selbst, anderen Männern und Frauen. Dazu aber braucht es keine Massenbewegung oder Parteien mit festen Programmen, sondern die konkrete Begegnung mit unterschiedlichen Menschen in verschiedensten Situationen. Einen Königsweg zu den "Horizonten eines anderen Mannseins" gibt es also nicht, sondern nur unterschiedliche Männer, die sich von verschiedenen Ausgangspunkten aus auf verschiedene Wege gemacht haben.

Wenn ich deshalb im folgenden einige Stichpunkte aufzähle, die für mich eine kritische Männerforschung charakterisieren sollten, dann in dem Bewußtsein, daß dies *meine* Sichtweise ist, und daß andere Männer zu anderen Ergebnissen kommen können, ohne daß meine oder ihre Beschreibungen damit falsch sein müßten.[70]

Kritische Männerforschung soll in meinen Augen:

* mit einem spezifisch-selektiven Blickwinkel bewußt ihr Forschungsinteresse auf die Geschichte, Sozialisation, die Rolle und den Alltag von Jungen und Männern richten und damit parteilich sein in dem Sinn, daß Jungen und Männer bewußt als solche gesehen werden, und zwar mit ihren Stärken und Schwächen, Kompetenzen und Defiziten.

* patriarchale Machtverhältnisse aufdecken und einen Einblick geben, daß und wie Männer in Staat, Ökonomie, Familie und Alltag strukturell bevorteilt werden.

* untersuchen, was die strukturelle Bevorteilung der Männer auf einer individuellen Ebene für Männer bedeutet, das heißt, wo sie als je einzelne Männer von einer Hegemonialstruktur profitieren (z.B. ökonomisch...) und wo sie durch diese Struktur selbst Nachteile erfahren (z.B. psychisch, physisch...).

* wissenschaftskritisch sein in dem Sinn, daß sie die Art und Weise, wie Männer bisher überwiegend geforscht und gelehrt haben (positivistisch, objektivistisch...), als Instrument der Konstituierung von Macht erkennt und daraus die Konsequenz zieht, daß forschende Männer sich selbst als Männer in den Forschungsprozeß einbringen müssen, um sich ihrer eigenen Interessen und Vorurteile bewußt zu werden.

* interdisziplinär forschen und Fragen, Probleme und Chancen des Mannseins nicht allein den Sozial- und Geisteswissenschaftlern überlassen

---

[70] in den folgenden Ausführungen beziehe ich mich v.a. auf Stefan Beier: "Die Kritik in der Kritischen Männerforschung", in: BauSteineMänner, S.330 ff.

* selbstkritisch sein und sich bewußt machen, daß ihr wissenschaftlicher Zugang (ebenso wie alle anderen Zugänge) ein selektiver ist, daß sie einen bestimmten Standpunkt hat, von dem aus sie die Welt betrachtet, daß diese Welt aber eben auch anders aussehen kann. Der häufigste Standpunkt von Männerforschern ist bisher der des weißen, gut situierten, aus der Mittelschicht kapitalistischer Gesellschaften stammende heterosexuelle Mann.

* feminismuskritisch sein und sich klar machen, daß feministische Sichtweisen bewußt Blicke von Frauenseite her sind, daß die Wirklichkeit von der Männerseite her aber anders aussehen kann. Dies bedeutet nicht, daß kritische Männerforschung nicht auf Ergebnisse der Frauenforschung zurückgreifen könnte, im Gegenteil. Sie sollte aber in jedem Einzelfall in erkenntniskritischer Absicht prüfen, wo sie die Interpretation dieser Ergebnisse so übernehmen kann und wo sie aufgrund ihres anderen Zugangs zu anderen Interpretationen oder Akzentuierungen kommt.

* auf der Entkoppelung von Patriarchat und Mannsein bestehen. Sie soll zeigen, daß es Möglichkeiten für Männer gibt, sich eben nicht unterdrückend zu verhalten und daß Männer diese Möglichkeiten in der Vergangenheit genutzt haben (eine Aufgabe für eine historische Männerforschung), in der Gegenwart nutzen und diese in Zukunft ausbauen können und müssen.

* Lust machen auf mehr. Mehr an Nachdenken von Männern über sich selbst und andere Männer. Mehr an Kommunikation und Auseinandersetzung, um die Stummheit der Männer, wenn es um sie selbst geht, zu überwinden. Lust auf Mehr kommt aber nicht aus einem Gefühl der Schuld und Sühne zustande, sondern durch den Willen, sich selbst zu verändern. Allgemeine Zuschreibungen ("Wir sind alle Täter, Unterdrücker...") führen zu neuen Entsubjektivierungen, eine Strategie, mit der Männer es bisher immer wieder verstanden haben, sich nicht mit sich selbst zu beschäftigen, nicht zu sehen, wie sie warum in welcher Situation gehandelt haben.

2.4 Connells Theorem der "Hegemonialen Männlichkeit"

2.4.1 Weshalb Connell?

Das Theorem einer "Hegemonialen Männlichkeit" des australischen Soziologen Robert W. Connell möchte ich im folgenden in ein paar mir wesentlich erscheinenden Punkten skizzieren, da es mir in der von mir gesichteten Literatur als wichtigster Baustein einer sehr komplexen und auf soziologischer und politischer Ebene stimmigen Theorie über Männlichkeiten erschien. Dies hat vor allem drei Gründe:

1. Connell hat historische und interkulturelle Forschungen zum Thema betrieben und ist so auf eine breite Palette vielfältiger Männlichkeitsformen gestoßen. Er verfällt somit nicht der Kurzsichtigkeit vieler Männerforscher (insbesondere in Deutschland und den USA), die in der euro-amerikanischen Kultur diskutierten Konzepte von Männlichkeit auch in anderen Kulturen für gültig zu erachten. Gleichzeitig gelingt es ihm, unterschiedliche Formen hegemonialer Männlichkeit in unterschiedlichen Kulturen herauszuarbeiten, die sich vor allem in einem Punkt schneiden: Dem Interesse an der Absicherung oder Modernisierung patriarchaler Machtverhältnisse.

2. Insbesondere aufgrund seiner historischen Studien kann Connell zeigen, daß es Männern in der Geschichte immer wieder gelang, auf Herausforderungen, die an ihrem Status rüttelten, zu reagieren, sich zu verändern, den Herausforderungen ein Stück entgegenzukommen ("sich zu modernisieren"), ohne dabei aber an der Struktur der Geschlechterhierarchie irgend etwas zu verändern. Neue Männer bekam das Land - das Patriarchat aber blieb.

3. Zentrale Kategorie in Connells Schriften ist die Kategorie der "Macht in der Struktur der Geschlechterverhältnisse". Er hebt sich damit meines Erachtens wohltuend ab von einer rein psychologischen Männlichkeitsforschung, die glaubt, die Krönung der Schöpfung im geläuterten, sanften Mann gefunden zu haben, der, weil er ja nun wirklich alles kann, weiterhin die Schaltstellen der Macht besetzen darf. Connell schreibt dazu, eine solche Diskussion über Männlichkeit, die auf der Grundlage eines extremen Individualismus geführt werde, müsse ersetzt werden durch eine Auseinandersetzung, die "Reformstrategien von einer individualisierenden Männlichkeitstherapie ablösen und einer kollektiven Politik der Geschlechtergleichberechtigung zuführen" könnte.[71]

Das Thema "Männlichkeit und Macht" diskutiert Connell aber nicht nur auf der Ebene konkreter Beziehungen zwischen den Geschlechtern, sondern auch (und hier wird er für die Struktur der RAF interessant) auf der Ebene der Organisations- und Handlungspraxis von Institutionen: "Es ist nicht überzogen, wenn man sagt, daß Männlichkeit ein Aspekt von Institutionen ist, und im institutionellen Leben produziert wird, genauso wie sie ein Aspekt der Persönlichkeit ist und in zwischenpersönlichen Beziehungen produziert wird."[72]

Eine genaue Betrachtung der Theorie Connells und einer Kritik an ihr würde den Rahmen dieser Arbeit sprengen. Deshalb möchte ich im folgenden lediglich zwei Aspekte seiner Theorie herausgreifen, die mir zentral und für den weiteren Gedankengang dieser Arbeit wichtig erscheinen. Es sind dies der Aspekt "Hegemoniale

---

[71] Connell: "The big picture", in: Widersprüche, Heft 56/57: "Männlichkeiten", S.42
[72] a.a.O., S.27

Männlichkeit", insbesondere ihr Verhältnis zur Gewalt und der Aspekt "Patriarchale Dividende", also die Frage, wie Männer, selbst wenn sie sich nicht als aktive Unterstützer des Patriarchats fühlen, von diesem profitieren.

2.4.2 Hegemoniale Männlichkeit

"Männlichkeit", so der Definitionsvorschlag Connells, "ist eine Anordnung von Praxis (configuration of practice), die sich um die Position von Männern innerhalb der Struktur von Geschlechterverhältnissen aufbaut."[73]

Aus den weiteren Ausführungen Connells wird deutlich, daß er die Konstruktion von Männlichkeit bei allem Druck zur Konformität nicht nur als außengeleiteten Akt sieht, der Männern quasi auferlegt wird, sondern daß er seinen Blick insbesondere darauf richtet, wie Männer in realen sozialen Praktiken Formen von Männlichkeit herstellen, wie sie Bilder, Verhaltens- und Handlungsformen von Männern aufnehmen oder abwehren, wie sie die Struktur der Geschlechterverhältnisse gestalten, kurz: Wie sie sich als Handelnde in die geschlechtliche Gesellschaft aktiv einbringen.

Wenn Männer (auch und vor allem) als Handelnde begriffen werden, dann liegt es nahe, die Motive, Interessen und Ziele zu untersuchen, die Männer dazu bewegen, dominant, aggressiv, liebevoll oder zurückhaltend zu handeln, das heißt, zu untersuchen, welche Vorteile sie sich von ihrem Handeln versprechen. Die Handlungsstruktur, die Männern innerhalb einer bestimmten Kultur, Gesellschaft oder Organisation die meisten Vorteile bietet, nennt Connell "Hegemoniale Männlichkeit". Dabei ist zu beachten, daß "Hegemoniale Männlichkeit" nicht den Männlichkeitstypus bezeichnet, der innerhalb eines bestimmten Systems am häufigsten auftritt, sondern eine (oft idealisierte) Form von Männlichkeit meint, die ein Höchstmaß an Anerkennung und Belohnung verspricht und der deshalb zahlreiche Männer nacheifern, selbst wenn sie wissen, diese nicht erreichen zu können und sich ihr unterordnen zu müssen.

Dazu das Männerforschungskolloquium Tübingen: "Hegemoniale Männlichkeit meint eine, in sozialen Praktiken konstruierte und sich verändernde, dominante Form von Männlichkeit, die sich über die Abwertung und Unterordnung sowohl von Frauen, als auch von ´untergeordneten Männlichkeiten` konstituiert. Hegemonie bedeutet soziale Überlegenheit (ascendancy) - eine Überlegenheit, die nicht allein auf physische Gewalt (oder ihrer Androhung) beruht, sondern ein hohes Maß an Einverständnis und Konsensbildung mit den Beherrschten erfordert. Eine Überlegenheit also, die eingebettet ist in weitreichende und differenzierte kulturelle Prozesse."[74]

---

[73] Connell, in: Männerforschungskolloquium Tübingen: "Die patriarchale Dividende: Profit ohne Ende?", in: Widersprüche, Heft 56/57: "Männlichkeiten", S.48
[74] Männerforschungskolloquium Tübingen, a.a.O., S.50

Die derzeit dominante Form von Männlichkeit in den euro-amerikanischen Gesellschaften sieht Connell nicht etwa, wie oft suggeriert wird, in körpergestählten Rambo-Verschnitten, sondern im heterosexuellen, durchsetzungswilligen, rein ökonomisch orientierten Unternehmer oder Börsianer. Er sieht diesen Typus Männlichkeit als Folge der neokonservativen/ neoliberalen Politik der westlichen Regierungen in den 80ern, die statt auf sozialen Ausgleich auf eine rigide Durchsetzung wirtschaftlicher Interessen (zum vermeintlichen Wohl aller) setzten: "Die Glaubwürdigkeit der neuen Politik basierte auf dem Image einer Generation von Unternehmern, deren reichtumschaffende Energien darauf warteten, entfesselt zu werden. Daß diese Gesellschaftsschicht männlich war, ist, kulturell gesehen, keine Frage. Unter anderem ist ihr Managementjargon voll von einer düsteren Geschlechterterminologie: aufreißende Unternehmer, jungfräuliches Territorium öffnen, aggressives Gewähren, etc."[75]

2.4.3 Patriarchale Dividende

Wenn die hegemoniale Form von Männlichkeit den meisten Männern aber verwehrt bleibt und nur wenige Männer aufgrund von Herkunft, Bildung, Einkommen, sexueller Orientierung, Körperbau und Zugang zu Ressourcen diese Hegemoniale Männlichkeit überhaupt erreichen können, stellt sich die Frage, weshalb so viele Männer diesem Typus Männlichkeit nacheifern und ihn somit stützen.

Connell bemerkt hierzu, daß hegemoniale Männlichkeit zentral mit der Institutionalisierung männlicher Dominanz über Frauen verknüpft ist. Das Entscheidende ist hierbei, daß Hegemoniale Männlichkeit aufgrund ihrer herausgehobenen, angesehenen Stellung, über Strukturen von Dominanz, Machterhalt, Ausgrenzung und Komplizenschaft, an den Schaltstellen eines Systems funktioniert (z.B. Ökonomie, Politik...) und von dort direkte und indirekte Auswirkungen auf andere, untergeordnete Systeme (Familie, Fabrik, Büro...) hat. Die Idee vieler untergeordneter Männer: Wenn an den Schaltstellen der Macht, die ich nicht erreiche, Männer mit einer bestimmten Handlungsweise sitzen und agieren, wird dies positive Auswirkungen auf meinen Lebensbereich haben, wenn die dort wirksamen patriarchalen Strukturen so gut wie möglich auf meinen Lebensbereich übertragen werden. Die dahinterstehende Hoffnung: Vom Kuchen, den andere essen, werden auch noch einige Krümel für mich abfallen. Hier wird die "Kategorie Mann" ohne eigenes Zutun zum eigenen Machtvorteil ("Patriarchale Dividende"). "Die je spezifische hegemoniale Männlichkeit ist also nicht ´zufällig` hegemonial, sondern weil es ihr gelingt, unterschiedliche Interessen großer Gruppen von Männern in einer patriarchalen Gesellschaft zu mobilisieren."[76]

---

[75] Connell, in: Widersprüche, Heft 56/57: "Männlichkeiten", S.37
[76] Männerforschungskolloquium, in: Widersprüche, Heft 56/57: "Männlichkeiten", S.51

2.4.4 Hegemoniale Männlichkeit, Macht und Gewalt

Aufbau, Erhalt und Umgestaltung einer lust- und machtvollen, dominanten Form von Männlichkeit ist ein Prozeß unterschiedlicher politischer, kultureller, sozialer und emotionaler Prozesse. Für eine hegemoniale Männlichkeit bedeutet dies meiner Ansicht nach:

* Sie ist zum Erhalt ihrer Macht auf die schweigende oder offene Unterstützung von Männern angewiesen, deren Männlichkeit als untergeordnet definiert wird und die sich von der Unterstützung bzw. Übernahme hegemonialer Männlichkeitsformen Profit versprechen.

* Die Sicherung ihrer Macht gelingt einer hegemonialen Männlichkeit um so besser, als ihre Handlungsformen nicht nur individuell praktiziert, sondern "in Strukturen eingeschrieben" werden. Ist die Struktur eines Systems erst einmal durch die Denk- und Handlungslogik einzelner Männer bestimmt, so bietet dies für diese Männer doppelten Vorteil: Sie machen sich selbst unangreifbar ("Der Markt, das Unternehmen... bestimmt die Gesetze...") und sie erfahren durch diese Strukturen eine strukturelle Absicherung ihrer Macht bzw. Orientierungsmöglichkeiten bei Veränderungen.

* Neben dem Verweis auf die Sachzwänge kann eine hegemoniale Männlichkeit auf Herausforderungen ihrer Machtstellung (z.B. durch Schwulenbewegung, Feminismus...) auch durch die Umformung der eigenen Männlichkeit reagieren (Stichwort "Modernisierte Männlichkeit"). Diese Veränderung der eigenen Männlichkeit bedeutet jedoch keineswegs, daß diese hegemoniale Männlichkeit ihren eigenen Machtstatus in irgendeiner Form einbüßen würde. Männlichkeiten können sich also verändern ohne ihre gesellschaftspolitische Bedeutung verlieren zu müssen.

* Zum Erhalt ihrer Machtposition ist eine hegemoniale Männlichkeit eher selten auf direkte Gewaltausübung angewiesen. Sie kann es sich zumeist leisten, mit subtilen oder direkten Gewaltandrohungen zu operieren, solange es ihr gelingt, die widerstreitenden Interessen untergeordneter Lebensformen (untergeordneter Männlichkeiten, weiblicher Lebensformen...) gegeneinander auszuspielen.

Auf diese vier Punkte werde ich später zurückkommen, wenn ich näher auf die Struktur und Handlungsweise der RAF eingehe. Zuvor aber möchte ich auf die Elemente zu sprechen kommen, die unterschiedlichste Formen männlicher Lebensbewältigung in den euro-amerikanischen Gesellschaften kennzeichnen, um später genauer betrachten zu können, wie sich diese Elemente in den Handlungsformen der Männer der RAF wiederfinden lassen bzw. wie die Denk- und Handlungsweisen der Männer das Leben in der RAF strukturierten.

50

2.5 Prinzipien der Bewältigung des Mannseins

Lothar Böhnisch und Reinhard Winter versuchen in ihrem Buch "Männliche Soziali-sation", "auf dem Hintergrund des Spannungsverhältnisses zwischen dem Dilemma männlicher Autonomie und dem gesellschaftlich diffuser gewordenen Aufforderung-scharakter des Gendering, unterschiedliche emotionale Bewältigungsprinzipien des Mannseins zu konstruieren."[77] Anders gesagt: Sie wollen untersuchen, mit welchen Verhaltensmustern und Handlungsstrategien Männer auf die Diskrepanz zwischen der sozialen Konstruktion von Männlichkeit (dynamisch, entscheidungsfreudig, ra-tional, durchsetzungsfähig...) und ihrem Gespür, diese idealisierte Männlichkeit nicht erreichen zu können (die männliche Hilflosigkeit), reagieren.

Sie weisen vorneweg darauf hin, daß sie diese Prinzipien idealtypisch darstellen. In der sozialen Wirklichkeit treten diese Prinzipien in unterschiedlichen Männlichkeits-formen in unterschiedlicher Gewichtung auf, vermischen sich und werden dadurch in ihrer Ursprungsform oft nur noch schwer erkennbar.

Diese Prinzipien stelle ich im folgenden in etwas verkürzter Form dar. Ich werde da-bei nicht näher auf die Kritik an den Überlegungen von Böhnisch/Winter eingehen, die meines Erachtens zu ethnozentristisch (in der euro-amerikanischen Kultur ver-haftet) argumentieren und den Aspekt der Macht in der Struktur der Geschlechterver-hältnisse vernachlässigen, also zu wenig den Blick darauf lenken, daß auch männli-che Hilflosigkeit, die oft in Gewalt mündet, lustbetont und vorteilsbringend sein kann.[78]

* **Externalisierung:** Böhnisch/Winter beschreiben Externalisierung (das Nach-Außen-Verlagern) als das wesentliche Strukturmerkmal männlicher Sozialisation, das die Voraussetzungen für die nachfolgend beschriebenen Prinzipien darstellt. "Externalisierung meint die Zurichtung auf männliche Außenorientierung; sie bewirkt ein Nach-Außen-Verlagern von Wahrnehmung und Handeln, gekoppelt mit Nicht-Bezogenheit als Ausdruck für einen Mangel an Bindungen und Verbindungen zu sich selbst, zu individuellen Anteilen und zur eigenen Geschichte, sowie zu anderen Per-sonen."
Externalisierung meint also die Verlagerung der eigenen Lebenswelt nach außen, und zwar in räumlicher wie psychischer Hinsicht: Jungen und Männer gehen nach "draußen" - auf die Straße, in die Kneipe, in die Öffentlichkeit, den Verein, die Partei.

---

[77] Böhnisch/Winter: "Männliche Sozialisation", S.128
[78] Die Vernachlässigung des für eine Männerforschung aus meiner Sicht zentralen Aspekts der "Macht" auch im Werk von Böhnisch/Winter war für mich Anlaß, einige Überlegungen Connells mithineinzunehmen und nach Verknüpfungen zwischen Böhnisch/Winter und Connell zu suchen. Dies erwies sich als schwierig, da sich deren Schriften nicht aufeinander beziehen und meinem Ein-druck nach in ihnen auch von unterschiedlichen gesellschaftstheoretischen Vorüberlegungen ausge-gangen wird.

Jungen und Männer gehen aber auch "aus sich heraus" - sie werden leicht aufbrau-
send, aggressiv, schwingen das große Wort, stellen sich in den Mittelpunkt des Inter-
esses. Die Innenbereiche werden demgegenüber abgewertet - der "Stubenhocker" in
der räumlichen Innenwelt, der Junge oder Mann, der als negativ definierte Gefühle
zeigt (Angst, Scham, Trauer) als "Memme" in der psychischen Innenwelt.
Das Prinzip Externalisierung ist für Männer meiner Ansicht nach mit hohem Ansehen
verbunden, da es dem Ideal männlicher Autonomie entspricht. Der "tough guy", den
nichts aus der Bahn wirft, der auf keine persönlichen Bindungen angewiesen ist, nur
sich selbst vertraut und über hohe materielle Unabhängigkeit verfügt. Er erscheint als
Herrscher über Raum und Zeit - anderer Leute. Daß es ihm auch einmal schlecht gehen kann, bleibt Außenstehenden verborgen, da er in dem Moment, in dem sein
Schutzwall zu bröckeln beginnt, bereits wieder die Flucht ergriffen hat. Wie hilflos
und abhängig er hin und wieder ist, merkt der "tough guy" oft nicht einmal selbst, da
die Mauer nach außen auch nach innen wirkt. Letztendlich steht das Prinzip Externalisierung für die Angst, daß "drinnen" die Konflikte ausgetragen werden müßten, für
die Mann nicht gerüstet ist - die emotionale Auseinandersetzung mit der Frau, den
Kindern oder sich selbst. "In letzter Konsequenz bewirkt Externalisierung eine Art
autistischer Störung, die Kontakt mit sich und anderen regelrecht verhindert."[79]
Böhnisch/Winter sind der Ansicht, daß das Prinzip Externalisierung seinen historischen Ursprung in der Zurichtung des Mannes auf einen sicheren Berufsstatus besit-
ze, vor dem funktionalen Hintergrund des Mannes als Ernährer und Schutzmann der
Familie. Der Mann also als Jäger und Verteidiger, immer mit dem Blick nach außen,
ohne Zeit für einen Blick auf das, was hinter ihm liegt.

* **Gewalt**: Gewalt ist nach Böhnisch/Winter eine wesentliche Konsequenz der Externalisierung. Sie wirkt als Gewalt gegen Frauen, andere Männer, sich selbst gegenüber
(Unterdrückung eigener Emotionalität) wie der natürlichen Umwelt gegenüber. Wer
keine Möglichkeiten sieht, so würde ich weiter formulieren, sich mit erfahrener Abhängigkeit, Ohnmacht und Hilflosigkeit produktiv auseinanderzusetzen, da die
Fluchtwege nach innen versperrt sind, greift auf das Mittel der Gewalt zurück, um die
verlorengegangene Sicherheit oder Eindeutigkeit wiederherzustellen. Gleichzeitig
sind unterschiedlichste Formen der Gewaltausübung in unserer Gesellschaft hoch angesehen (Kompromißlosigkeit, Durchsetzungsfähigkeit, der "starke Staat"...).

* **Benutzung**: Das Prinzip Benutzung beschreibt den Umgang von vielen Jungen und
Männern mit der Welt. Mit einem funktionalen Blick die Welt betrachtend, ist eine
Beziehung zu anderen Menschen oder auch zur sächlichen Umwelt für sie nur so lange von Interesse, wie das Gegenüber Vorteile für sie selbst verspricht, benutzt werden
kann. Empathie und die Frage, was braucht der/die andere von mir, hat in dieser Vorstellung kaum einen Platz. Im Vordergrund steht die Frage: "Wer oder was nützt mir

---

[79] Böhnisch/Winter, S.129

und wie kann ich den größtmöglichen Nutzen daraus ziehen?". Böhnisch/Winter weisen darauf hin, daß dieses Prinzip oft mit dem Gewaltprinzip gekoppelt ist: "Nur wer anderen Verhalten aufzwingen kann, kommt in die Lage, sie zu benutzen und sie zu gebrauchen."[80]

* **Stummheit**: Männer reden: Lange, ausschweifend, ohne Punkt und Komma über alles - außer über sich selbst. Wie sollten sie auch, wenn der Bezug zum eigenen Selbst nur schwach ausgebildet (externalisiert) ist? Oft ist es nicht einmal die Angst, als schwach zu gelten, wenn Mann zu viel von sich preisgibt, sondern tatsächlich die Versperrtheit zum Innen, aufgrund dessen Männer in emotional hoch besetzten Situationen nichts oder nur Belangloses äußern können. Ein weiteres Moment aber kommt hier meiner Ansicht nach ins Spiel: Auch Stummheit wird, in den richtigen Situationen eingesetzt, in unserer Gesellschaft hoch geachtet: Dort, wo es hilft, Unangenehmes zu überspielen oder auszusitzen ("Das Schweigen über Auschwitz") oder wo es dazu dient, sich mit der Aura des Geheimnisvollen zu umgeben ("Schweigen ist Gold").

* **Alleinsein**: Alleinsein im Zusammenhang mit männlicher Lebensbewältigung bedeutet die Einsamkeit des "lonesome cowboy", der glaubt, sich selbst zu genügen, schweigt - und sich fürchterlich alleine und abhängig fühlt. Eigenständigkeit wird hier zum Zwang. Da die Angst, wieder verlassen zu werden, Enttäuschung zu erleben, zu groß ist, geht der Single aus Überzeugung erst gar keine Beziehungen mehr ein. Das zwanghafte Alleinsein kann andere Prinzipien wie Stummheit oder Externalisierung befördern, da der Kontakt und Austausch mit anderen Personen oft bewußt vermieden wird.

* **Körperferne**: Ein funktionaler Blick auf die Welt führt bei vielen Männern auch zu einem funktional-technischen Verständnis von Körperlichkeit. Der Körper von Frauen wird gebraucht, um die eigene Sexualität zu befriedigen. Körperlichkeit gegenüber Männern wird vermieden, da Homosexualität in unserer Gesellschaft tabuisiert und sanktioniert wird. Der Körper anderer Männer und der eigene Körper haben demnach auf Abstand zu einem selbst (Tabuisierung von Selbstbefriedigung) und zu anderen Männern zu bleiben, sie werden nach außen gerichtet, auf Leistung getrimmt, abgehärtet, von eigenen Empfindungen abgeschnitten. Das Prinzip Körperferne führt dazu, daß Jungen und Männer wesentlich öfter erkranken als Mädchen und Frauen und in allen Industrienationen deutlich früher sterben.

* **Rationalität**: Wenn Gefühle und die emotionale Aufarbeitung von Konflikten den Frauen zugeschrieben werden, weil Männer sich ihre Wege nach innen versperrt haben oder diese bewußt nicht sehen wollen, müssen Männer die Handlungskompetenz

---

[80] a.a.O., S.130

besitzen, die in der Welt draußen gefragt ist. Objektivität, logisches Verständnis, technische Kompetenzen, das Machen des Machbaren, Rationalität. Männer haben ihre öffentliche Welt so gestaltet, daß dort für die Kompetenzen, die sie den Frauen zuschreiben (Mitmenschlichkeit, soziale Verantwortung...) kaum Platz herrscht. Der kapitalistische Produktionsprozeß erzeugt aufgrund seiner rationalen Logik (Marktkonkurrenz) fortlaufend physische und psychische Probleme und Schädigungen, deren Aufarbeitung er dem Reproduktionsbereich zuweist. Anders formuliert: Männer schädigen sich durch den Zwang, sich fortlaufend anhand "rational-objektiver" Kriterien mit anderen messen zu müssen, in einem Maß, daß sie dies selbst emotional nicht mehr aufarbeiten können. Leistungsdruck und die Angst, als Versager dazustehen, führen zu den typischen Männerkrankheiten (Herzversagen, Kreislauf- erkrankungen) oder münden in Aggressivität.

* **Kontrolle**: Das Prinzip Kontrolle ist nach Ansicht von Böhnisch/Winter notwendig, um ein männliches Macht- und Herrschaftssystem aufrechtzuerhalten. Auch dieses Prinzip bezieht sich auf ein Außen und Innen. Nach außen hin versucht der Mann, möglichst alle (ihm bedeutsam erscheinenden) Lebensbereiche unter Kontrolle zu halten. Er rast in der Weltgeschichte herum, ist überall und nirgends, überprüft, ob noch überall alles im rechten Lot ist, kritisiert Veränderungen, an denen er nicht beteiligt war, bevormundet diejenigen, die an Ort und Stelle arbeiten und leben. Nach innen versucht der Mann, sich selbst unter Kontrolle zu halten, da emotionales Handeln seinen anderen Prinzipien (Stummheit, Rationalität) widerstreben würde. Wo diese zwanghafte Kontrolle nicht mehr funktioniert, sind Aufstau und Entladung dieser Emotionen die Folge. Auch beim Prinzip Kontrolle ist zu erwähnen, daß es hohe gesellschaftliche Reputation genießt ("Er hat es voll im Griff", "Er hat sich voll im Griff").

Nach der Betrachtung dieser Prinzipien männlicher Lebensbewältigung erscheinen mir noch drei weitere Punkte erwähnenswert:

1. Natürlich handelt es sich hier nicht um eine vollständige Auflistung. Weitere Punkte (wie z.B. Ruhelosigkeit, Machtstreben...) wären hinzuzufügen.

2. Diese Prinzipien männlicher Lebensbewältigung bedeuten weder, daß sich alle Männer vollständig nach ihnen richten noch, daß sich nicht auch Frauen entsprechend verhalten können. Diese Prinzipien stellen vielmehr ein Sammelsurium dar, aus dem sich Männer deutlich häufiger als Frauen ihre Muster zur Lebensbewältigung basteln. Das "erfolgreiche" Zusammenbasteln führt zum "Kunstwerk" einer hegemonialen Männlichkeit: Externalisiert, rational, Mitmenschen und Umwelt benutzend, kontrollierend, perfekt auf die Anforderungen der Produktionssphäre zugerichtet und von dieser dafür entsprechend entlohnt. Spätestens an diesem

Punkt wird männliche Lebensbewältigung zu einem strukturellen Problem des ungleichen Geschlechterverhältnisses in der Moderne.

3. Der Einwand, daß die angeführten Prinzipien doch auch sinnvolle Strategien der Lebensbewältigung sein können, erscheint mir berechtigt. Alleinsein und schweigen zu können ist ebenso eine Fähigkeit wie Rationalität oder Verdrängung mancher unangenehmer Gefühle. Der Wendepunkt im Balanceakt zwischen Alleinsein-Können und Einsamkeit, zwischen Schweigen und Stummheit, zwischen planvollem Handeln und Rationalitätswahn liegt dort, wo die individuelle Kompetenz zum (von außen oder selbst) auferlegten Zwang wird. An der Schnittstelle eines Mannseins, das sich, um die Formulierung von Böhnisch/Winter aufzugreifen, "aus dem eigenen Selbst heraus in die Gesellschaft einbringt"[81] und eines Mannseins, das die eigene Lebensgestaltung bevorzugt über eine von außen herangetragene Handlungslogik definiert, stehen sich der sich selbst und anderen gegenüber verantwortungsbewußt handelnde Mann und der "tough guy", der gar nicht mehr anders kann oder will als "typisch männlich" zu handeln, gegenüber.

---

[81] Böhnisch/Winter, S.9

3 Die Wege der Männer zur RAF

In diesem Kapitel will ich der Frage nachgehen, welche Motive die Männer der ersten Generation der RAF (bis 1977) dazu bewegten, den Weg des bewaffneten Kampfes zu gehen. Wer heute versucht, anhand von Sekundärliteratur die Entscheidung junger Menschen am Ende der sechziger Jahre, militant gegen bestehende Institutionen des Staates und dessen RepräsentantInnen kämpfen zu wollen, zu verstehen, wird vor allem auf das Unverständnis der AutorInnen über den Weg der Menschen in die RAF stoßen. Der "Aufstand im Schlaraffenland"[82], die Revolte junger Menschen aus zumeist gut situierten Familien der Mittel- und Oberschicht mit oft guten beruflichen Perspektiven bleibt, allen differenzierten Analysen zum Trotz, vielen AutorInnen kaum verständlich.

Es ist meines Erachtens eher Ausdruck ihrer Hilflosigkeit, wenn diese AutorInnen sich dann ausschließlich auf psychologische Erklärungsansätze stürzen, um den Weg in die Gewalt zu erklären. So spricht Christa Meves von einer "neurotischen Fehlentwicklung durch die Kindheit hindurch"[83], die sie bei den Menschen aus der RAF glaubt feststellen zu können, Lothar von Ballusek findet die Wurzel des Übels darin, daß die Jugend der RAF-Männer und Frauen "durch eine dominante Mutter bestimmt wurde"[84], Friedhelm Hacker schließlich schießt den Vogel populärwissenschaftlicher Analysen ab, wenn er die Männer aus der RAF als "dumme, unreife Jungen, die sich (...) mit pompösen Phrasen vollpumpen, (...) faul, feige, verspielt und verdorben"[85] erkannt hat. Die Reihe psychologischer Erklärungsversuche ließe sich hier seitenlang fortsetzen.

Diesen und ähnlichen Argumentationssträngen werde ich im weiteren nicht folgen, da sie mir für eine sozialwissenschaftliche Analyse äußerst kurz gegriffen erscheinen und, so mein Verdacht, das Handeln dieser Menschen bewußt entpolitisieren und lediglich in individuellen Defiziten verankert sehen wollen.

Wenn ich dennoch im folgenden neben politischen und soziologischen auch biographische und psychologische Erklärungsversuche für den Weg in die Gewalt darstelle, dann deshalb, weil ich denke, daß nur über eine solche "Mehrfaktorenanalyse" das Phänomen RAF ansatzweise verstanden werden kann. Erklärungsansätze auf einer rein makrosoziologischen Ebene würden die Frage außer acht lassen, weshalb unter-

---

[82] Matthias Horx, in: Backes: "Bleierne Jahre", S.48
[83] in: Rabert: "Links- und Rechtsterrorismus in der BRD von 1970 bis heute", S.43
[84] a.a.O., S.44
[85] a.a.O., S.45

56

schiedliche Menschen, die ähnliche Erfahrungen in demselben Milieu gemacht haben (Ohnmachtserfahrungen, Ausgrenzung, Kriminalisierung...), unterschiedliche Wege gegangen sind, weshalb ein Rudi Dutschke den "Marsch durch die Institutionen" proklamierte, während ein Horst Mahler zum bewaffneten Kampf aufrief.

Aufgrund des von mir gesichteten autobiographischen Materials hoffe ich aber, eine Form psychologischer Erklärungsansätze gefunden zu haben, welche nicht auf eine Pathologisierung der Menschen aus der RAF hinausläuft. Als Mittel hierzu möchte ich eigene Zitate von RAF-Mitgliedern verwenden, die sich mit ihrem je eigenen Weg in die RAF auseinandergesetzt haben.

Insgesamt also möchte ich eine Form der Analyse wählen, deren Theorien auf einer mittleren Ebene liegen, für die auch Kielmansegg plädiert: "Die Auseinandersetzung darüber, ob Terrorismus primär aus der Persönlichkeitsstruktur der Terroristen oder aus der Umwelt, in der sie leben, zu erklären sei, ist unfruchtbar. Es spricht alles dafür, daß das Ineinanderwirken beider Faktoren entscheidend ist.[86] Eine "Vermittlung" soziologischer und psychologischer Erklärungsansätze kann meiner Meinung nach mit der Theorie zur Erklärung sozialer Konflikte gelingen, wie sie der Philosoph Axel Honneth dargelegt hat. Honneth geht davon aus, daß zahlreiche Konflikte, insbesondere in der Moderne, nicht nur (bzw. sogar weniger) eine Konkurrenz um ökonomisch knappe Güter darstellen, sondern daß in ihnen eine "moralische Logik" enthalten ist, es letztendlich um einen Kampf um Anerkennung und Selbstachtung geht, "um die intersubjektiven Bedingungen von persönlicher Integrität."[87]

Eine vielleicht überraschende Feststellung noch vorneweg: Sowohl in den biographischen Hintergründen wie in ihren eigenen Erklärungen für ihren Weg in die RAF konnte ich zwischen den Männern und Frauen der RAF insgesamt kaum Unterschiede ausmachen. Männer und Frauen kommen großteils aus der (oft oberen) Mittelschicht heraus, beschreiben ähnliche Schlüsselszenen auf ihrem Weg in die RAF und sprechen immer wieder von dem Gefühl, gegen Staat, Justiz und Polizei mit Argumenten nicht mehr angekommen zu sein.[88] Diese vergleichbaren äußeren Lebenszusammenhänge bedeuten jedoch meines Erachtens keineswegs unbedingt eine ver-

---

[86] Kielmansegg: "Der Umschlag von Moral in Amoral", in: Jeschke/Malanowski: "Der Minister und der Terrorist", S.125
[87] in: Honneth: "Kampf um Anerkennung", S.265
[88] Einen Unterschied glaube ich lediglich in der Art festgestellt zu haben, wie Männer und Frauen die von Staatsseite ausgehende Gewalt erfuhren und wie sie diese deshalb als Argumentation für ihre eigene Gewalt anführten: Während die Männer öfters von eigenen Gewalterfahrungen mit der Polizei berichten, die ihnen selbst den Entschluß zur Gewalt nahegelegt hätten, begründen die Frauen ihren Schritt zur Gewaltanwendung öfters aus einer Stellvertreterinnenposition für andere heraus. So spricht z.B. Gudrun Ensslin im Zusammenhang mit dem Frankfurter Kaufhausbrand (April '68) davon, daß sie es "für die Kinder Vietnams getan" hätten. Allerdings findet sich die Argumentation des StellvertreterInnenkrieges durchaus auch bei Männern.

gleichbare soziale, psychische und emotionale Situation dieser Männer und Frauen.[89] Anders wäre es nicht zu erklären, daß sich bereits mit der Gründung der RAF eine deutliche Geschlechterhierarchie (auf die ich in Kapitel 4 zu sprechen komme) in ihr herausarbeitete.

Mit den folgenden Erklärungsansätzen werde ich sicherlich nicht allen ca. fünfzig Männern gerecht, die in der ersten Generation der RAF bzw. in ihrem direkten Umfeld aktiv waren. Dennoch glaube ich, daß sich in den Biographien dieser Männer zahlreiche Überschneidungen ergeben, so daß, bei aller Vorsicht, Verallgemeinerungen erlaubt sind. Um zwei Biographien aufzuzeigen, die an den Rändern des biographischen Spektrums der Männer der RAF stehen, werde ich im Kapitel 5 noch konkreter auf Andreas Baader und Horst Mahler zu sprechen kommen.

3.1 Biographische Hintergründe

Klaus Jünschke, ein Mitglied der ersten Generation der RAF, hat in einem Brief an mich darauf hingewiesen, "daß schon sehr bald Anfang der 70er Jahre unsere Biographien auf Besonderheiten hin abgeklopft worden sind, und die Polizei herausfand, daß es weder einen 'typischen Terroristen` noch besondere Merkmale gibt, über die man dem 'Terrorismus zugeneigte Personen` identifizieren könnte."[90] Mit dieser Aussage deckt er sich mit den Einschätzungen zahlreicher AutorInnen, welche die Biographien der RAF-Mitglieder bis zu einem gewissen Zeitpunkt, bei allen individuellen Abweichungen, weitgehend als Normalbiographien kennzeichnen. Die folgende Auflistung biographischer Merkmale soll deshalb nicht der Einkreisung eines terroristischen Milieus dienen, sondern einer ersten Charakterisierung von Lebenswegen, die manche späteren Reaktionen vielleicht verständlicher werden läßt. In zahlreichen Biographien der Männer (und Frauen) der ersten RAF-Generation lassen sich folgende Überschneidungspunkte feststellen:

* Ihre **Herkunftsfamilien sind in der oberen Mittelschicht** angesiedelt, Angehörige des "Besitz- und Bildungsbürgertums".[91] Rossi konstatiert, 75% der RAF-Mitglieder hätten ein "normales" Elternhaus mit beiden Eltern erlebt, 21% hätten einen Elternteil

---

[89] So haben Frauenforschung und Männerforschung z.B. herausgearbeitet, daß Erfahrungen von Gewalt und Ohnmacht für Frauen und Männer durchaus nicht gleichbedeutend sind. Während Männer auf Gewalterfahrungen eher "nach außen" reagieren (Gegengewalt), ziehen sich Frauen eher zurück, reagieren "nach innen", oft mit dem Ergebnis, daß ihre Gewalterfahrungen öffentlich nicht sichtbar werden. So verwundert es nicht, daß die Öffentlichkeit (zumindest zu Beginn der RAF) ihr Augenmerk verwundert insbesondere auf die Frauen der RAF lenkte, da diese einen für Frauen untypischen Weg der Verarbeitung von Gewalterfahrungen wählten.

[90] so Klaus Jünschke in seinem Brief an mich vom 29.5.97

[91] Fetscher: "Allzu bequem in der Wohlstandsgesellschaft", in: Jeschke/Malanowski, S.115

verloren, 10% entstammten Scheidungsfamilien.[92] Diese Werte entsprechen durchaus dem bundesrepublikanischen Durchschnitt jener Zeit. Ihre Eltern genossen neben einem hohen Bildungs- meist auch einen hohen Berufsstand (überdurchschnittlich viele Akademikerfamilien), was auf eine gute materielle Absicherung dieser Familien hindeutet. 67% der RAF-Mitglieder beschreiben die **Beziehung zu ihren Eltern** als **konflikt- und gewaltfrei.**[93] Die Zahl der AutorInnen, die in den Biographien der RAF-Mitglieder häufige familiäre Störungen glauben ausmachen zu können, bleibt klein und ist wohl eher deren konservativen Auffassung von Familienbeziehungen geschuldet als daß es der Realität entspricht.[94]

Weltanschaulich-politisch werden die **Elternhäuser** meist als **liberal** beschrieben, eine deutliche politische Prägung scheint nur in wenigen Familien nachweisbar, wenn, dann in Richtung einer "linksliberalen" Gesinnung.

Deutlich häufiger als üblich entstammen sie **protestantischen Elternhäusern** (68%). Über den Einfluß eines protestantischen Milieus auf eine militante Gesinnung ist viel spekuliert worden. So schreibt Rossi: "Es scheint, als käme der Individualismus und die intellektuelle Autonomie der protestantischen Kultur bei den deutschen Militanten voll zum Ausdruck, insofern die Legitimität des Handelns durch die Tiefe der Überzeugung garantiert wird. "[95] Meinem Eindruck nach spielte eine religiöse Sozialisation beim Entschluß der RAF-Mitglieder zum bewaffneten Kampf aber eine geringere Rolle als vielfach angenommen wird. Zumindest erwähnen die Menschen aus der RAF kaum einmal religiöse Momente für ihre Handlungen, auch nicht indirekt.

* Die **schulische Ausbildung** absolviert ein Großteil der RAF-Mitglieder, ihren Herkunftsfamilien entsprechend, **auf Gymnasien.** Erste größere Schwierigkeiten scheinen hier überproportional oft aufgetreten zu sein. Rossi bemerkt, lediglich 36% hätten eine normale Schullaufbahn absolviert, der Rest weise **"Diskontinuität in der Schulausbildung"**[96] auf. Aufgrund meiner eigenen Recherchen vermute ich, daß diese Schwierigkeiten oft in der Diskrepanz zwischen einem liberalen Herkunftsmilieu und einer in dieser Zeit sehr autoritären Schul- und Unterrichtsstruktur begründet sein

---

[92] in: Rossi: "Untergrund und Revolution", S.123. Der relativ hohe Anteil an Ein-Eltern-Familien erklärt sich aus der Tatsache des Zweiten Weltkrieges. Zahlreiche Mitglieder der ersten RAF-Generation sind zwischen 1940 und 1945 geboren und haben im Krieg einen Elternteil, meist den Vater, verloren.

[93] a.a.O., S.123. Leider sagt Rossi nichts darüber aus, ob sie zu ihren Zahlen durch persönliche Befragung der RAF-Mitglieder kommt oder aufgrund einer Literaturrecherche bzw. wie groß der Kreis der von ihr untersuchten Personen ist.

[94] so spricht z.B. Noelle-Neumann davon, daß "das Elternhaus von linksterroristischen Tätern überdurchschnittlich oft zerrüttet" gewesen sei (in: Rabert, S.333), Rabert stellt fest, daß es "in fast allen Biographien von Terroristen familien- und psychodynamische Besonderheiten" (in: Rabert, S.48) gebe, ohne dies irgendwie weiter zu belegen.

[95] Rossi, S.124

[96] a.a.O., S.124

könnten. Norbert Elias schreibt hierzu in seinem Essay "Zivilisation und Gewalt": "Schon auf der Schule, so scheint es, war ihre Empfindlichkeit für die Untaten der Menschen im Verkehr miteinander (...) aufgrund der Erinnerung an die jüngste deutsche Geschichte in besonderem Maße geschärft."[97]

* Nach der Schulausbildung beginnen viele spätere RAF-Mitglieder ein **Studium** (ca. 66%)[98], zumeist der **Sozialwissenschaften** (Pädagogik, Psychologie, Soziologie), oft auch der **Geistes-Sprach- oder Kulturwissenschaften**. Zu diesem Zweck ziehen sie aus ihren Heimatorten meist **in große Universitätsstädte** mit geisteswissenschaftlichen Fakultäten, nach Hamburg, Frankfurt, München, Heidelberg und vor allem Berlin, das aufgrund seines Sonderstatus in jener Zeit zahlreiche junge Menschen anzieht.

Ihr Universitätsstudium oder auch ihre berufliche Ausbildung verbinden viele mit **sozialem und/oder politischem Engagement** in verschiedenen legalen linken Organisationen (SPD, SDS, Deutsche Friedensunion, Gewerkschaften...). Etwa die Hälfte der späteren RAF-Mitglieder zieht im Laufe dieser Zeit in eine der in den deutschen Universitätsstädten Ende der sechziger Jahre aus dem Boden sprießenden Kommunen.[99] Parallel zu ihrem steigenden sozial-politischen Engagement kommt es bei vielen zu **Brüchen in der universitären oder beruflichen Ausbildung**, so daß bei ihrem Eintritt in die RAF lediglich die Hälfte der Mitglieder eine abgeschlossene Berufsausbildung besitzt, 35% einen Studienabschluß.[100] Backes spricht davon, daß sich vor ihrem Abtauchen in den Untergrund "viele Terroristen in einem Schwebezustand zwischen Bildungsabschluß und beruflicher Tätigkeit (abgebrochenes Studium, Gelegenheitsjobs, Arbeitslosigkeit)"[101] bewegt hätten. In dieser Zeit erleben fast alle "**Schlüsselszenen**" (siehe Kapitel 3.4), die sie in ihrer eigenen Haltung radikalisieren.

* Bei ihrem Entschluß, die RAF zu gründen bzw. ihr beizutreten, sind die Männer und Frauen **zwischen 18 und 37 Jahre alt, die meisten zwischen 23 und 27**, so daß es sich um eine sehr altershomogene Gruppe mit zunächst 20-40 Mitgliedern handelt.[102]

---

[97] Norbert Elias, in: Carlchristian von Braunmühl: "Erfahrung von Gewalt - ein Anschlag der RAF und ein Versuch von Angehörigen, darauf zu reagieren", in: Edition Psychosozial: "Versuche, die Geschichte der RAF zu verstehen", S.110
[98] in: Rolf Zundel: "Die Wege zur Gewalt", in: Bundesinnenministerium: "Hat sich die Republik verändert?", S.242
[99] a.a.O., S.242
[100] Rossi, S.124
[101] Backes: "Bleierne Jahre", S.165ff.
[102] Zundel spricht zwar von einer etwas höheren Altersstruktur (22-37 Jahre, in: Bundesinnenministerium, S.241), diese Zahlen dürften sich aber auf den Zeitpunkt der Bucherscheinung (1978) beziehen. Meinem Eindruck nach war die RAF im Laufe ihrer Geschichte zunehmend stärker darauf bedacht, nicht mehr ganz junge Personen zu ihr stoßen zu lassen, da diese ein höheres Sicherheitsrisiko für die Gruppe darstellen konnten.

Insgesamt bleibt festzuhalten, daß die Lebensläufe der RAF-Mitglieder bis zu einem gewissen Zeitpunkt durchaus im Rahmen einer Normalbiographie verlaufen. Bei den meisten Männern und Frauen hat eine Radikalisierung im politischen Denken und Handeln erst nach Verlassen des Elternhauses eingesetzt, unter dem Eindruck der Ereignisse während und nach den StudentInnenunruhen Ende der sechziger Jahre, an denen zahlreiche spätere RAF-AktivistInnen selbst oder zumindest am Rande beteiligt waren.

3.2 Politische und soziologische Hintergründe

Nachdem ich bereits in Kapitel 1 auf einige politische und soziologische Hintergründe eingegangen bin, welche die Gründung der RAF mitbeeinflußten, werde ich diese hier nur noch stichwortartig auflisten und nur dort weiter ausführen, wo dies in Kapitel 1 noch nicht geschehen ist.

* Das **Schweigen der Eltern über Auschwitz**. Das Thema Faschismus und seine Verbrechen wird in der Bundesrepublik der fünfziger und sechziger Jahre weitgehend tabuisiert. So bleibt die erste Nachkriegsgeneration mit ihren Fragen, wie es zu den größten Verbrechen in der deutschen Geschichte kommen konnte und inwiefern ihre Eltern, Verwandten, LehrerInnen dafür Mitverantwortung trugen, allein. Der Blick zurück scheint beim Wiederaufbau der Bundesrepublik lediglich zu stören. Dieses Vergessen-Wollen führt quasi zu einer Umdrehung der Täter-Opfer-Rollen: Während der Widerstand von KommunistInnen gegen die Nazis in der Nachkriegsära keinerlei offizielle Erwähnung mehr findet, werden die wenigen überhaupt vor Gericht angeklagten NationalsozialistInnen zumeist freigesprochen.

"Für die Neue Linke", schreibt der RAF-Verteidiger im Stammheim-Prozeß, Hans-Christian Ströbele, "waren Urteile wie der Freispruch für den einzigen Nazi-Richter, der in der BRD überhaupt vor Gericht gestellt wurde, Grund, den Staat BRD und seine Justiz zu bekämpfen."[103] Eben diese "Generation von Auschwitz" ist es dann in den sechziger Jahren, die den studentischen Protest als "Terror" abqualifiziert.

* Ein rasch steigender materieller Wohlstand verbirgt lange Zeit die **politische und kulturelle Stagnation der Bundesrepublik**. Die Konflikte, die unter der Decke von Pragmatismus und Materialismus versteckt gehalten werden, gären aber weiter und führen dazu, daß viele materiell inzwischen weitgehend abgesicherte junge Menschen andere Lebensstile und Moralvorstellungen als die Generation ihrer Eltern entwickelt. Insofern kann die Entfremdung der jungen Generation von ihren Eltern auch als Folge einer Kommunikation auf unterschiedlichen Ebenen bezeichnet werden. Einer materiellen Ebene, auf der die ältere Generation verharrt (Wichtigkeit von Ausbil-

---

[103] Ströbele, in: Hogefeld: "Ein ganz normales Verfahren", S.11

dung, Beruf, Karriere...) und einer postmateriellen, welche Teile der jüngeren Generation inzwischen besetzt (ethisch-moralische Fragen, soziales Engagement...). Das bisherige Wertesystem gerät dadurch in eine Legitimationskrise.

* Der Wunsch nach der **"formierten Gesellschaft"** (Bundeskanzler Erhard) und einer **Politik der klaren Verhältnisse** bedingt eine weitgehende **Ausgrenzung der linken und studentischen Opposition** aus gesellschaftlichen Entscheidungsprozessen, zum Teil sogar deren Kriminalisierung. An der Nahtstelle der West-Ost-Konfrontation hatte sich die BRD frühzeitig auf die Seite der westlichen Staaten gestellt. Die Absolutheit, mit der die Eingliederung der BRD in den Westen verfolgt wird, führt schließlich zum Verbot der Kommunistischen Partei in der Bundesrepublik und treibt deren Mitglieder in die Illegalität. Zahlreiche strafrechtliche Verfahren gegen bekennende KommunistInnen[104] und Diffamierungen gegen viele AntifaschistInnen (z.B. in der "Springer-Presse") sind die Folge.

Eine Ausgrenzung der Proteste findet jedoch auch innerhalb der Linken statt, wie der Ausschluß von SDS-Mitgliedern aus der SPD bereits 1959 zeigt. Die Forderung nach einer Neutralität Deutschlands und dessen Nicht-Wiederbewaffnung wird von allen großen Parteien brüsk zurückgewiesen. Die in der Verfassung verankerte 5%-Klausel zum Einzug in Parlamente verhindert zudem, daß die wenigen kleinen linken Parteien, in denen sich der Protest noch bündeln könnte, keine Chance bieten, wirkliche politische Schlagkraft zu erlangen.
So sucht sich die linke und studentische Opposition, zumal nach Bildung der "Großen Koalition", den sie als "Verrat der SPD" auffaßt, ihren politischen Standort außerhalb der Parlamente. Um sich Gehör zu verschaffen, praktiziert sie eine "Taktik der begrenzten Regelverletzung" auf Teach-Ins und Demonstrationen, die immer öfter von starken Polizeikräften zu unterbinden gesucht werden. Das oft gewalttätige Verhalten völlig überforderter Polizisten wird im nachhinein regelmäßig von oben gedeckt.

* **Die staatlichen Institutionen und gesellschaftlichen Organisationen bieten weiten Teilen der Linken keine oder nur mangelnde Identifizierungsmöglichkeiten.** Die Ausgrenzung älterer überzeugter AntifaschistInnen aus gesellschaftlichen Prozessen verhindert deren mögliche Integrationswirkung. Während der Antifaschismus in anderen Demokratien geradezu als nationale Identität hochgehalten wird und KommunistInnen selbstverständlich in Parlamenten sitzen, findet die streng antikommunistisch orientierte BRD im Bewußtsein vor allem vieler junger Menschen nicht die emotionale Verankerung, wie sie für andere Staaten selbstverständlich ist. Fetscher bemerkt hierzu, diese fehlende emotionale Bindung hinterlasse "eine Lücke, in die andersartige Loyalitätsbindungen eindringen können (...). Da der Kampf von Kommunisten gegen Nazis so gut wie ganz verschwiegen worden war (...) mußten

---

[104] So wurden z.B. für bloßes Geldsammeln für die "Rote Hilfe" oder für Urlaubmachen in der DDR gegen KommunistInnen Gefängnisstrafen verhängt. Ströbele, in: Hogefeld, S.8

nun - umgekehrt - Kommunisten als die eigentlichen Helden erscheinen."[105] Diese mangelnden Identifikationsmöglichkeiten bewirken bei zahlreichen Linken, daß ihnen der Staat zunehmend als feindliches Gebilde erscheint.

* Der **Vietnamkrieg** wirkt als **beschleunigender Katalysator** in der Auseinandersetzung zwischen der außerparlamentarischen Opposition (APO) und dem Staat. Die APO klagt die Bundesrepublik wegen deren moralischer und logistischer Unterstützung der brutalen amerikanischen Militärintervention in Vietnam an. "Für viele", so das RAF-Mitglied Birgit Hogefeld, "hat sich bei den Bildern aus Vietnam (...), dem offensichtlichen Willen, dieses Volk auszulöschen, die Parallele zu Auschwitz aufgedrängt."[106] Im Protest gegen den Vietnamkrieg sieht die Linke ihr konkretes Identifikationsobjekt und einen scheinbaren Beweis für die offensichtliche Faschisierung der bundesdeutschen Gesellschaft. Das Sterben in Vietnam läßt die Protestwelle mehr anschwellen als jede allzu abstrakt klingende Anklage des "totalitären Charakters der entwickelten kapitalistischen Gesellschaft" (Marcuse)[107] dies je konnte. Fetscher verweist auf die große Ambivalenz, die das Verhältnis der Bundesdeutschen zu den USA bestimmten: "Dankbarkeit bei der älteren, Vorwurf der Kriegstreiberei bei der jüngeren Generation."[108]

* Die **Zersplitterung der Linken an der Frage der direkten Gewalt** spätestens ab 1968 schließlich bewirkt das Abdriften eines kleinen Teils der Bewegung in die Gewalt. Als der SDS immer weniger als Sammelbecken des studentischen Protestes fungiert und sich immer mehr oft dogmatische Grüppchen von ihm lossagen, verliert der studentische Protest auch zusehends an Kraft. Einzelne Gruppierungen tragen ihre Flügelkämpfe in zum Teil sehr aggressiver Form mit hohem Wahrheitsanspruch aus und reklamieren für sich eine Führungsposition innerhalb der Bewegung. Als die "große Revolution" immer mehr verlorenzugehen droht, stehen sich innerhalb der Linken zwei unversöhnliche Lager gegenüber:
Die einen verweisen auf die Notwendigkeit eines "langen Atems", den es brauche, um eine funktional differenzierte, spätkapitalistische Gesellschaft zu verändern, die anderen fordern den Übergang von der Theorie zum direkten Handeln. Schwach organisiert, ohne Anschluß an eine größere Basis und von Polizei und Justiz genau beobachtet[109], entsteht so ein gewaltbereites, nach außen abgeschottetes Milieu.

---

[105] Fetscher: "Hypothesen zur politisch motivierten Gewalttätigkeit in der Bundesrepublik" in: Fetscher/Bundesjugendkuratorium: "Jugend und Terrorismus", S.15-18
[106] Hogefeld: "Ein ganz normales Verfahren", S.94
[107] Marcuse, in: Backes: "Bleierne Jahre", S.55
[108] Fetscher, in: Fetscher/Bundesjugendkuratorium, S.15
[109] In dieser Zeit verstärkt der Verfassungsschutz seine Bemühungen, Agenten in die gewaltbereiten Gruppen einzuschleusen, was auch immer wieder gelingt, wie das Beispiel des VS-Agenten Peter Urbach zeigt.

3.3 Psychologische Hintergründe

Die zuvor genannten politischen und soziologischen Hintergründe wurden zu Erfahrungen, die eine ganze Generation junger Männer und Frauen machen mußten. Sie erklären aber noch nicht hinreichend den Weg, den wenige in die Gewalt gegen den Staat gingen. Dieser Weg hängt meines Erachtens auch nicht ausschließlich von der Intensität der Auseinandersetzungen einzelner Menschen mit der Staatsmacht ab. Einzelne, die, oft mehrmals, schwere physische und psychische Verletzungen in diesen Kämpfen davontrugen, gingen nicht den Weg in den Untergrund, während manche andere, die wesentlich weniger oder nur indirekt negative Erfahrungen mit Polizei und Justiz machten, den bewaffneten Kampf als Form ihrer Auseinandersetzung mit dem Staat wählten.

Die Frage, wie auf die "eskalatorischen Momente" in diesen Auseinandersetzungen reagiert wurde, hängt auch von individuellen Wert- und Normvorstellungen sowie von einer psychischen und emotionalen Struktur der einzelnen Personen zum Zeitpunkt ihrer Entscheidung für den Untergrund ab. Im folgenden möchte ich anhand von Aussagen von RAF-Mitgliedern oder Menschen aus ihrem Umfeld einige Denk-, Verhaltens- und Handlungsmuster benennen, die meiner Ansicht nach diesen Menschen den Weg in die RAF nahelegten.

* Häufig ist bei den Männern und Frauen der RAF ein **moralischer Rigorismus** anzutreffen. "Terroristen beginnen als Moralisten"[110], resümiert Schmidtchen und wird darin vom RAF-Mitglied Werner Lotze bestätigt, der von sich selbst sagt, als "Moralist zur Gewalt gefunden zu haben".[111] Im Laufe ihrer Biographie aber scheint ein hohes Maß an Moral in eine Fundamentalkritik umzuschlagen, welche die soziale Wirklichkeit nur noch mit der Meßlatte einer unerbittlichen Moral bewertet, an welcher jede soziale Wirklichkeit scheitern muß. Dieser moralische Rigorismus richtet sich dann sowohl gegen sich selbst als auch gegen andere. Vorwürfe gegen sich selbst, nicht genügend zur Veränderung der kritisierten Wirklichkeit zu tun, paaren sich mit der Unversöhnlichkeit gegenüber denjenigen, die als Verantwortliche der unzumutbaren Zustände ausgemacht sind.

* Die **Überzeugung von der Richtigkeit des eigenen Weltbildes** läßt bei vielen ein **Avantgarde-Denken** entstehen. Peter-Jürgen Boock, Mitglied der zweiten RAF-Generation, spricht in seinem Roman "Abgang" immer wieder von dem geschlossenen Weltbild der Männer und Frauen in der RAF, in dem bestimmte Fragen nicht

---

[110] Schmidtchen: "Der Weg in die Gewalt", in: Bundesinnenministerium: "Hat sich die Republik verändert?", S.111
[111] Lotze, in: Peters: "RAF-Terrorismus in Deutschland", S.435

mehr gestellt werden, weil das einmal als Richtig Erkannte unumstößlich ist. Ein Weltbild, so von Braunmühl, "in dem es nichts Ungewisses gibt".[112] Diese unzweifelhafte Richtigkeit der eigenen Position verführt die Menschen auf dem Weg in die RAF dann zu einer völligen Verkennung der realen Gegebenheiten. Horst Mahler dazu: "Von der Überzeugung her waren wir absolut durchdrungen von dem Gedanken, daß ein Weltbürgerkrieg stattfindet, in dem wir eine Rolle zu spielen haben."[113] Diese Rolle sollte die einer Vorhut (Avantgarde) sein, die der Masse der Bevölkerung, welche zwar leidet, die Möglichkeit eines Umsturzes aber noch nicht sieht, vorangeht. Wahrheitsfanatismus und Avantgarde-Denken dürften Denkmuster sein, die für den Weg in die RAF sicher Bedeutung haben, sich aber wohl erst verstärkt unter dem Einfluß der isolierten Gruppe, in der Illegalität, herauskristallisieren (siehe Kapitel 4)

* **Kompromißlosigkeit und völlige Verneinung des Status Quo** stellen negative Korrelate zum vorher benannten unbedingten Glauben an die eigene Überzeugung dar. Der im Oktober 1970 zur RAF gestoßene Ulrich Scholze berichtet: "Eine Voraussetzung für die Teilnahme ist eine bestimmte psychologische Disposition. Man muß emotional davon überzeugt sein, daß sämtliche Reformbemühungen nur einer Stabilisierung dieses Gesellschaftssystems und der Festigung des Kapitalismus dienen. Die dann existierende Einheit zwischen Ratio und Emotionen ist erst die Voraussetzung für entschlossenes Handeln."[114] Überzeugt vom ausschließlich repressiven Charakter des Systems verkommen in einem solchen Denken alle Reformbemühungen zu neuen, verfeinerten Ausbeutungsmethoden. "Das macht das Volk nur kaputt, das macht nicht kaputt, was das Volk kaputt macht!"[115] Die Abgrenzung von der "Auschwitz-Generation" und die Verurteilung des bestehenden politischen Systems müssen, um die Richtigkeit der eigenen Überzeugung zu untermauern, in einer Weise vonstatten gehen, die an bestehenden Strukturen, Denk- und Handlungsweisen nichts Beerbbares mehr ausmachen kann.

* Erst mit dem **Glauben an die unmittelbare Umsetzbarkeit von Utopien** aber kann aus einer (theoretischen) Ablehnung des Status Quo das militante Handeln der RAF erwachsen. Ein überaus optimistisches Menschenbild bestimmt die Vorstellung vom neuen, herrschaftsfreien Menschen. Die Befreiung vom Joch des Kapitalismus soll in dessen Metropolen ebenso gelingen, wie sich an dessen Peripherie die unterdrückten Völker zum Teil erfolgreich gegen ihn wehrten (Lateinamerika, Afrika, Indochina). Horst Mahler berichtet, die RAF-Mitglieder hätten aufgrund der schwachen revolutionären Basis in der BRD ihr Augenmerk ganz auf die Völker des Trikont ge-

---

[112] von Braunmühl, in: Edition Psychosozial: "Versuche, die Geschichte der RAF zu verstehen", S.104
[113] Mahler, in: Die Zeit vom 2.5.97, S.46
[114] Scholze, in: Aust, S.137
[115] aus der ersten Erklärung der RAF nach der Baader-Befreiung, in: Backes, S.61

lenkt: "Und deshalb haben wir eine andere Möglichkeit gesucht und sie in der Dritten Welt gefunden. Von da an fühlten wir uns nicht mehr als Deutsche, sondern als fünfte Kolonne der Dritten Welt in der Metropole."[116]

* Eine **starke soziale Einstellung (Altruismus)** mündet bei vielen in eine **hohen Opferbereitschaft** für diejenigen, die als Schwache und Benachteiligte in kapitalistischen Verhältnissen erkannt werden. Klaus Jünschke, Mitglied der ersten RAF-Generation, spricht von einer Stimmung, "in der eine sehr hohe Opferbereitschaft bestand. Rationales Denken im Sinne eines Kalküls hat überhaupt keine Rolle gespielt. Lebenslänglich? Was solls?"[117] Dieser StellvertreterInnenkampf für die Benachteiligten korreliert mit einer völligen Ablehnung der Personen, die für das Leiden der Unterdrückten verantwortlich erklärt werden, wie Birgit Hogefeld verdeutlicht: "Dazu gehört z.b. die unbedingte Verpflichtung für Schwache (...) einzutreten und im Umkehrschluß genauso die unbedingte Verurteilung derer, die dafür verantwortlich sind."[118]
In diesem Zusammenhang muß nochmals auf die Tatsache verwiesen werden, daß zahlreiche spätere RAF-Mitglieder vor ihrem Abtauchen in den Untergrund konkrete Erfahrungen in der Arbeit mit Randgruppen der Gesellschaft (z.B. Heimerziehung) gemacht hatten. Der Autor Thomas Mayer spricht deshalb auch vom Handlungsmotiv der Solidarität, das sich wie ein roter Faden durch die Geschichte der RAF ziehe.[119]

* Das Handeln der RAF-Mitglieder ist geprägt von einem hohen Maß an **Ungeduld**. Während die meisten den langen Marsch durch die Institutionen antreten wollen, pochen die RAF-Mitglieder auf die Notwendigkeit und Möglichkeit einer Veränderung - hier, jetzt, sofort. RAF-Mitglieder berichten immer wieder davon, daß es für sie auf ihrem Weg in die RAF darum gegangen sei, so schnell wie möglich die US-Militärmaschinerie in Vietnam zu stoppen.
Diese Ungeduld, die sofortige Umsetzung des einmal als richtig Erkannten in die Tat, wird in der RAF zu einem hohen Grad an Aktionismus führen. Irmgard Möller allerdings sieht auch heute noch positive Momente in ihrem raschen Handeln: "Durch unseren Angriff 1972 *(Bombenanschlag auf das US-Hauptquartier in Heidelberg, bei dem drei Soldaten getötet wurden; eigene Anmerkung)* wurde einer der Zentralcomputer der Amerikaner zur Koordination der Bombardements in Vietnam beschädigt. Dadurch wurde möglicherweise Tausenden von Vietnamesen das Leben gerettet."[120]

* Der **Vorrang der Praxis vor der Theorie** ist die Konsequenz aus der Mischung von der Richtigkeit der eigenen Weltsicht, des ungeduldigen Getriebenseins und des

---

[116] Mahler, in: Rossi, S.33
[117] Jünschke, in: Aust, S.176
[118] in Hogefeld: "Ein ganz normales Verfahren", S.94
[119] Mayer: "Am Ende der Gewalt?", S.105
[120] Möller, in: "Spiegel" Nr.17 vom 21.4.97, S.77

66

Glaubens an die schnelle Veränderbarkeit der Verhältnisse. So berichtet der Kommunarde Bommi Baumann von seiner Hochstimmung nach den Frankfurter Kaufhausbränden im April '68: "Ob die da nun ein Kaufhaus angesteckt haben oder nicht, war mir im Augenblick scheißegal, einfach daß da mal Leute aus dem Rahmen ausgebrochen sind und so eine Sache gemacht haben...".[121]

Im "Konzept Stadtguerilla" wird Ulrike Meinhof später schreiben: "Wir haben mit diesen Schwätzern, für die sich der antiimperialistische Kampf beim Kaffeekränzchen abspielt, nichts zu tun."[122]

Das Gefühl, endlich nicht mehr nur zu lamentieren, sondern (scheinbar) etwas dagegen tun zu können, dürfte eine wichtige Rolle in der Entscheidung zum bewaffneten Kampf gespielt haben - eine lähmende Situation wird durch das Gefühl subjektiven Handelns aufgehoben.

* Die bisher genannten Punkte können aber erst dann den Umschlag in gezieltes militantes Handeln bewirken, wenn eine gewisse **Gewaltaffinität** vorliegt, das heißt, wenn der Einsatz individueller Gewalt als Mittel der politischen Auseinandersetzung nicht ausgeschlossen wird. Sich selbst in einer historischen Auseinandersetzung um die Aufhebung des Kapitalismus verortend, billigen die Männer und Frauen auf dem Weg in die RAF zunehmend militante Mittel für die Erreichung ihrer Ziele. Bereits nach dem Tod Benno Ohnesorgs im Juni '67 verkündet Gudrun Ensslin, Gewalt von Staatsseite aus könne nur mit Gegengewalt beantwortet werden (siehe Kapitel 1.3.1).

* Die zunehmende Gewaltaffinität der Menschen, die sich auf dem Weg in den Untergrund befinden, kann meiner Ansicht nach als Versuch der **Verdrängung und Aufhebung negativ besetzter Gefühle** gedeutet werden. Der Entschluß zum Gang in die Illegalität und zur systematischen Anwendung von Gewalt kann nur über die weitgehende Verdrängung der damit verbundenen Ängste gefällt werden. So berichtet Horst Mahler, "alle Denkansätze, die nicht auf die (...) Machbarkeit einer gewaltsamen Revolution hinausliefen, wurden als Rationalisierung von Ängsten (...) verdächtigt."[123]

Angst vor der eigenen Courage gilt als konterrevolutionär: "Die Folge davon *(der Angst; eigene Anmerkung)* ist, daß immer mehr Leute auf's Land ziehen und sich ein grünes Inselchen aufbauen wollen. Abgesehen davon, daß ihnen dies auch nicht gelingen wird, hat das mit Revolution wirklich keinen Furz mehr zu tun."[124] Erst über die Verdrängung von Angstmomenten kann der Gang in den Untergrund als Möglichkeit, die eigene Freiheit zu wahren, begriffen werden. Die Enttäuschung über die "verpaßte Revolution" und das Gefühl der Ohnmacht gegenüber einem als über-

---

121 Baumann, in: Aust, S.62
122 Meinhof, in: Aust, S.161
123 Mahler, in: Jeschke/Malanowski: "Der Minister und der Terrorist. Gespräche zwischen Gerhart Baum und Horst Mahler", S.29
124 "Anonyme aus der militanten Linken", in: Klein: "Rückkehr in die Menschlichkeit", S.247

mächtig erlebten Staat sollen so aufgehoben werden. Das RAF-Mitglied Volker Speitel beschreibt dieses Gefühl: "Durch die Knarre am Gürtel (...) entwickelt sich der Neuling zu einem neuen Menschen. Er ist Herr über Leben und Tod geworden, bestimmt, was gut und böse ist, nimmt sich, was er braucht und von wem er es will."[125]

Wenn Irmgard Möller sagt, sie habe bei ihrem Eintritt in der RAF dort "sehr freie Menschen"[126] vorgefunden, so glaube ich, daß dies nur unter dem Eindruck der zuvor erlebten Ohnmacht, aber auch der emotionalen Verdrängung des Verfolgungsdrucks, dem die RAF-Mitglieder in der Illegalität ausgesetzt waren, so bewertet werden kann.

Wahrheitsfanatismus, Kompromißlosigkeit, Opferbereitschaft, Ungeduld, der Wille zur Tat, die Möglichkeit zur Gewaltanwendung und die Verdrängung der damit verbundenen Ängste sind, dies sei abschließend gesagt, keine an sich außergewöhnlichen Verhaltensweisen, sondern, in unterschiedlicher Intensität, vielmehr Bestandteil zahlreicher Normalbiographien. Die angeführten Denk- und Verhaltensweisen stellen auch keine Persönlichkeitsmerkmale dar, sondern eine Befindlichkeit, wie ich sie bei zahlreichen Menschen zum Zeitpunkt ihres Entschlusses zum Abtauchen in die Illegalität, auf dem Hintergrund ihrer zuvor gemachten Erfahrungen, auszumachen glaube.

Diese Menschen haben sich während ihrer (oft nur wenige Monate dauernden) Zeit in der RAF verändert; manche haben sich weiter radikalisiert, andere haben ihre Position abgeschwächt und versucht, diese in die Politik der RAF einzubringen, wieder andere haben sich von der RAF abgewandt.

Insgesamt halte ich die Feststellung von Kahl für richtig: "Bei der Beobachtung von RAF-Mitgliedern konnten Verhaltensforscher keine erkennbaren psychologischen Kulturen für die Handlungen feststellen."[127]

3.4 Eskalatorische Ereignisse

Eskalationen sind in der Definition Neidhardts "Prozesse zirkulärer Interaktionen, bei denen sich alle Beteiligten in Richtung wachsender Abweichung stimulieren. Jeder Schritt der einen Seite erfährt positives feed-back der anderen Seite. Es ereignen sich Reizreaktionssequenzen, mit denen der Konflikt in sich verstärkende Turbulenzen trudelt. Dabei ist es schwierig, vielleicht prinzipiell unmöglich, den Anfang des Prozesses festzustellen und den eigentlichen Schuldigen zu eruieren, denn für jedes Tun der einen Seite lassen sich auslösende Bedingungen der anderen Seite behaupten."[128]

---

[125] Speitel, in: Peters, S.435

[126] Möller, in: "Die Beute, Nr.1/96: "Mythos RAF", S.12

[127] Kahl: "Akteure und Aktionen während der Formationsphase des Terrorismus", in: Funke: "Terrorismus/Untersuchungen zur Struktur und Strategie revolutionärer Gewaltpolitik", S.286

[128] Neidhardt, in: Rabert, S.35

68

Fast alle RAF-Mitglieder sprechen von ganz bestimmten Ereignissen, Schlüsselszenen, die sie auf den Weg in die RAF gebracht hätten. Wenn ich diese eskalatorischen
Ereignisse hier aufliste, dann mit dem Hinweis, daß, der Definition Neidhardts folgend, diese Ereignisse eben keinem Reiz-Reaktions-Schema folgen, sondern im
emotional aufgeladenen politischen und sozialen Kontext ihrer Zeit gesehen werden
müssen, mit Personen auf beiden Seiten, die sich zunehmend als feindlich begreifen.
Erst in dieser Dynamik können diese Ereignisse eine Wirkung entfalten, welche die
Konfrontation zwischen einem Teil der Protestbewegung und der Staatsmacht zunehmend verschärft.

* Der **Tod Benno Ohnesorgs** im Juni '67 (siehe Kapitel 1.3.1) wirkt wie ein Schock
auf die noch schwach organisierte Protestbewegung. Erst ab diesem Zeitpunkt weitet
sich die Bewegung über Berlin auf mehrere westdeutsche Groß- bzw. Universitätsstädte aus. Insbesondere die krasse Verdrehung der Ereignisse durch politisch Verantwortliche und die Presse[129] führen zu Wut und Verbitterung unter den Demonstrierenden. Der Freispruch für den Todesschützen Kurras bestätigt manche aus der Bewegung in ihrem Empfinden, der Staat habe seinen Schutzorganen nun quasi einen
Freibrief in der Behandlung seiner GegnerInnen erteilt.

* Das **Attentat auf Rudi Dutschke** im April '68 (siehe Kapitel 1.3.2) sieht die Protestbewegung, inzwischen auf ihrem Höhepunkt, als direkte Folge der Stimmungs-
mache gegen die rebellierenden StudentInnen. "Bild hat mitgeschossen" lautet die
Analyse der Rebellierenden, die den Attentäter Bachmann lediglich als Marionette
der bürgerlichen Parteien und Presse sehen, der lediglich das gegen die Führungsfigur
der StudentInnenbewegung vollzogen hätte, was andere seit langem indirekt forderten. Die daraufhin verbreitete Forderung der Protestierenden, "Enteignet Springer!"[130], zeigt, wie sich die Konflikte auch zusehends personalisieren, wie sowohl
von der Protestszene als auch von Staatsseite aus immer mehr einzelne Personen als
HauptgegnerInnen in der Auseinandersetzung herausgegriffen werden.

* Die **"Schlacht am Tegeler Weg"** im November '68 (siehe Kapitel 1.3.2) läßt in
der Linken das Thema der Gewalt als (subjektiv erlebte) Gegenwehr gegen den Staat
zu einem Hauptpunkt in ihren Diskussionen werden. Erstmals war es anläßlich des
Verfahrens gegen Anwalt Horst Mahler DemonstrantInnen gelungen, bei einer Auseinandersetzung die Polizei zurückzudrängen und zahlreiche Festnahmen zu verhindern. Trotz der über zwanzig verletzten DemonstrantInnen wird die Auseinandersetzung in Teilen der Linken als erster Sieg über die Staatsmacht verbucht.

---

[129] So spricht der Regierende Bürgermeister von Berlin, Albertz, davon, daß der tote Benno Ohnesorgs "auf das Konto der Studenten" gehe (in: Peters, S.49)
[130] Springer war der Verleger zahlreicher bürgerlich-konservativer Zeitungen und Zeitschriften, so
z.B. der "Bild-Zeitung"

* Neben diesen Ereignissen, an denen die meisten der späteren RAF-Mitglieder nicht persönlich beteiligt waren, dürften **eigene, konkrete Gewalterfahrungen mit der Polizei und Justiz** bei vielen eine große Rolle spielen. Das Gefühl, etwas tun zu müssen, läßt viele auf ihrem Weg zunächst in einem stark politisierten sozialen Kontext verkehren, wo sie auf Menschen treffen, die die Konfrontation mit der Staatsmacht bewußt suchen oder auch nur aufgrund vager Verdachtsmomente in den Blickwinkel der Staatsorgane geraten.

So beschreibt das spätere Mitglied der "Revolutionären Zellen", Hans-Joachim Klein, seinen ersten Kontakt mit der Polizei auf einer Demonstration: "Und dort sah ich, wie drei Bullen ein Mädchen einmachten. (...) Na, da klinkte was aus bei mir. Die Polizei, dein Freund und Helfer, Beschützer des 'schwachen Geschlechts`, hauen auf der drauf rum, als bekämen sie den ersten Preis dafür. Ich muß mich da wie ein Irrer draufgeschmissen haben. Die ließen die Genossin frei und - drei gegen einen - wendeten sich liebevoll mir zu. Prügel war ich gewohnt, und die hatten sogar was Gutes: mein Kinderglaube an die liebe Polizei war dahin. Ich hatte natürlich vorher schon von Genossen Schlimmes über sie gehört, wollte das aber nicht so recht glauben."[131]

* Die **Befreiung von Andreas Baader** im Mai 1970 (siehe Kapitel 1.5.1) erweckt bei manchen den Eindruck, daß der Staat selbst dort, wo er am repressivsten wirkt, verwundbar ist. Wenn Gefangene befreit werden können, kann der Staat auch an anderen neuralgischen Punkten getroffen werden. Als die Baader-BefreierInnen umgehend zu den StaatsfeindInnen Nr.1 erklärt werden, findet bei vielen legal lebenden Linken eine (zunächst ideelle) Solidarisierung mit ihnen statt. Irmgard Möller in ihrer Rückschau auf diese Tage: "Es war die erste Gefangenenbefreiung, die haben wir richtig gefeiert. 1970 war die Zeit gekommen, in der wir uns eine illegale Organisierung vorstellen konnten. Wir hatten die dauernden Hausdurchsuchungen und Verfolgungen satt, auch wenn der Apparat im Vergleich zu heute ziemlich harmlos war und man die noch hin und wieder abhängen konnte."[132]

* Lange nach Gründung der RAF und nach ihren ersten Anschlägen kann die RAF immer wieder neue Mitglieder rekrutieren. Diese aber werden, ihren eigenen Berichten zufolge, weniger von den Aktionen und "Erfolgen" der RAF angezogen als vielmehr durch das Verhalten der Staatsorgane insbesondere gegenüber inhaftierten RAF-Mitgliedern. Viele finden ab 1972 ihren Weg in die RAF über die sogenannten "Komitees gegen Isolationsfolter", welche die Sonderbehandlungen gegen Gefangene aus der RAF als Beweis für den Terror des Staates gegen seine politischen GegnerInnen sehen. Birgit Hogefeld sieht, ebenso wie Volker Speitel im **Tod von Holger Meins** im November 1974 (siehe Kapitel 1.8.2) eine solche Schlüsselszene: "Die Vielfältigkeit meiner Aktivitäten hat sich fast schlagartig mit der Ermordung von

---

[131] in: Klein: "Rückkehr in die Menschlichkeit", S.40
[132] Möller, in: "Die Beute, Nr.1/96": "Mythos RAF", S.12

Holger Meins geändert. An seinem Hungerstreik (...), an dessen Ende der Tod stand, lief eine der zentralen Weichenstellungen für mein Leben.[133]

3.5 Der Weg in die RAF als "Kampf um Anerkennung"

3.5.1 Zur moralischen Logik sozialer Konflikte bei Axel Honneth

Der Sozialphilosoph Axel Honneth hat in seinem 1994 erschienen Buch "Kampf um Anerkennung" eine Theorie intersubjektiver Anerkennung entwickelt, in der sich der Aufbau einer positiven Selbstbeziehung als abhängig von drei Formen der Anerkennung erweist: der Liebe, des Rechts und der sozialen Wertschätzung. Mißachtungserfahrungen können auf allen drei Ebenen zur Bedrohung der eigenen Persönlichkeitsstruktur führen, die Honneth als Mißhandlung, Entrechtung und Entwürdigung bezeichnet.

Während die mit der Liebe verknüpften Ziele und Wünsche "sich nicht über den Kreis der Primärbeziehung hinaus so verallgemeinern" lassen, "daß sie jemals zu öffentlichen Belangen werden könnten"[134], stellt die Mißachtung der Anerkennungsformen des Rechts und der sozialen Wertschätzung einen möglichen Rahmen für gesellschaftliche Konflikte dar.

Honneth unterscheidet im weiteren zwischen einem utilitaristischen Modell zur Erklärung sozialer Konflikte, das in der traditionellen Soziologie Anwendung findet, und einem anerkennungstheoretischen Modell. Im ersteren werden die Motive für Widerstand "kategorial in 'Interessen` umgewandelt, die sich aus der objektiven Ungleichverteilung von materiellen Lebenschancen ergeben sollen, ohne mit dem alltäglichen Netz moralischer Gefühlseinstellungen noch irgendwie verknüpft zu sein."[135] Honneths anerkennungstheoretisches Konfliktmodell hingegen nimmt "statt von vorgegebenen Interessenlagen von moralischen Unrechtsempfindungen seinen Ausgang."[136] Es bleibe, so Honneth, "eine empirische Frage, bis zu welchem Grad ein sozialer Konflikt eher der Logik der Interessenverfolgung oder der Logik der moralischen Reaktionsbildung folgt."[137]

Waren die sozialen Kämpfe des 18. bis zur Mitte des 20.Jahrhunderts in den westlichen Industriegesellschaften vor allem Kämpfe um die Herstellung materieller und rechtlicher Gleichheit, so verstärken sich in einer postmodernen, sich individualisierenden Gesellschaft die Kämpfe um die soziale Wertschätzung. "Im Unterschied zur

---

[133] Hogefeld: "Ein ganz normales Verfahren...", S.95
[134] Honneth, S.260
[135] a.a.O., S.258
[136] a.a.O., S.259
[137] a.a.O., S.265

71

rechtlichen Anerkennung (...)", so formuliert Honneth, "gilt die soziale Wertschätzung den besonderen Eigenschaften, durch die Menschen in ihren persönlichen Unterschieden charakterisiert sind."[138] Honneth weiter: "als ´wertvoll` vermag sich eine Person nur zu empfinden, wenn sie sich in Leistungen anerkannt weiß, die sie gerade nicht mit anderen unterschiedslos teilt."[139]

In postmodernen Gesellschaften sieht Honneth einen kulturellen Dauerkonflikt angelegt: "die Verhältnisse der sozialen Wertschätzung unterliegen in modernen Gesellschaften einem permanenten Kampf, in dem die verschiedenen Gruppen (...) versuchen, unter Bezug auf die allgemeinen Zielsetzungen den Wert der mit ihrer Lebensweise verknüpften Fähigkeiten anzuheben."[140] Die Verweigerung der individuellen Wertschätzung einzelner Personen kann sich aber erst dann zu einem sozialen Kampf ausweiten, wenn "individuelle Erfahrungen von Mißachtung in einer Weise als typische Schlüsselerlebnisse einer ganzen Generation gedeutet werden, daß sie als handlungsleitende Motive in die kollektive Forderung nach erweiterten Anerkennungsbeziehungen einfließen können."[141]

Die sich in ihren individuellen Fähigkeiten und Eigenschaften mißachtet fühlende Person muß also auf Personen treffen, bei denen ähnliche Formen der Mißachtung individueller Leistungen vergleichbare Reaktionen hervorruft. Erst so kann eine kollektive Identität entstehen, die eine Brücke "zwischen den unpersönlichen Zielsetzungen einer sozialen Bewegung und den privaten Verletzungserfahrungen ihrer Mitglieder"[142] bildet. Der "Kampf um Anerkennung" ihrer kulturellen, sozialen oder politischen Lebensformen hat für die Betroffenen "die direkte Funktion, sie aus der lähmenden Situation der passiv erduldeten Erniedrigung herauszureißen und ihnen dementsprechend zu einem neuen, positiven Selbstverständnis zu verhelfen. (...) Insofern schenkt der individuelle Einsatz im politischen Kampf, weil er genau die Eigenschaft öffentlich demonstriert, deren Mißachtung als Kränkung erfahren wird, dem Einzelnen ein Stück seiner verlorengegangenen Selbstachtung zurück."[143]

Die moralisch aufgeladenen, sozialen Kämpfe in postmodernen Gesellschaften werden sich, so Honneths Resümee, nur durch erweiterte Beziehungen von Solidarität lösen lassen. "Beziehungen solcher Art sind ´solidarisch` zu nennen, weil sie nicht nur passive Toleranz gegenüber, sondern affektive Anteilnahme an dem individuell Besonderen der anderen Person wecken."[144]

---

[138] Honneth, S.197
[139] a.a.O., S.203
[140] a.a.O., S.205/206
[141] a.a.O., S.260
[142] a.a.O., S.261
[143] a.a.O., S.263
[144] Honneth, S.210

3.5.2 "Es ist ihnen die Stelle als Taugenichtse angewiesen worden"

Mit Hilfe des skizzierten anerkennungstheoretischen Konfliktmodells Honneths lassen sich meines Erachtens die angeführten biographischen, politisch-soziologischen, psychologischen und eskalatorischen Hintergründe miteinander verbinden. Während zahlreiche AutorInnen in ihren Erklärungsversuchen des Weges in die Gewalt in der Logik der rein persönlichen Interessensdurchsetzung verhaftet bleiben, bietet das Modell Honneths die Möglichkeit, den Weg der Menschen in die RAF auch als moralisch intendierten Kampf um Anerkennung zu sehen, als Möglichkeit, einem Staat, der weitgehend nicht bereit ist, sich mit den Positionen seiner GegnerInnen auseinanderzusetzen, diese Auseinandersetzung aufzuzwingen.

In diesem Zusammenhang möchte ich behaupten, daß der Kampf zwischen RAF und Staat als Auseinandersetzung auf der Ebene der sozialen Wertschätzung, resultierend aus zahlreichen gegenseitigen Mißachtungserfahrungen, zu verstehen ist (siehe dazu Kapitel 6). Irgendwann ist der Punkt erreicht, an dem der Entzug gegenseitiger Wertschätzung so groß ist, daß die andere Seite nicht mehr erreicht wird oder auch nicht mehr erreicht werden will. So meint der Vater von Gudrun Ensslin nach deren Verurteilung im Kaufhausbrandprozeß im Oktober '68: "Es ist ihnen die Stelle als Taugenichtse, als Möchtegern-Kriminelle, als Vaterlandsverräter angewiesen worden. Und sie wollten wohl sagen: 'Seht, da stehen wir, dorthin habt ihr uns gebracht, das ist der Ort, an den ihr uns gestellt habt.'"[145]

Etwas pathetisch formuliert dies auch Fetscher: "Terroristische Akte können zum Teil als verzweifelte Formen der 'Sprache' angesehen werden (...) Ähnlich wie viele Selbstmorde könnten auch Morde 'Kommunikationsversuche' von Einsamen sein."[146]

Auf die Mißachtungserfahrungen weiter Teile einer Generation reagieren viele mit Rückzug in die Privatheit, andere halten am Versuch der legalen Kommunikation mit dem Staat fest (Marsch durch die Institutionen). Der bewaffnete Kampf hingegen konzipiert sich als Weg gegen die "Feigheit", sich in die herrschende Bequemlichkeit zurückzuziehen, er drückt, so Steinert, "den Mythos aus, daß man 'nichts unversucht gelassen' hätte (...) und erspart sich durch diese Unbedingtheit die Prüfung, ob damit denn überhaupt etwas erreicht würde, geschweige denn das Richtige."[147] Aus diesem Verständnis heraus wird dann auch die Formulierung Irmgard Möllers, der Schritt in die RAF sei ein Schritt der Befreiung gewesen, verständlich: als (vermeintlicher) Sieg über die eigene Angst und die "Feigheit" anderer, als Möglichkeit, sich den alltäglichen Mißachtungserfahrungen zu entziehen ohne sich zu entpolitisieren, als Chance, in einer isolierten Gruppe die positive Schätzung der eigenen Person zu erfahren, die in der öffentlichen Auseinandersetzung verweigert wird.

---

[145] Pfarrer Ensslin, in: Aust, S.73
[146] Fetscher, in: Fetscher/Bundesjugendkuratorium, S.23
[147] Steinert, in: Hess u.a., S.53

3.6 Und was soll daran "männlich" sein?

Bewußt habe ich in diesem Kapitel bisher keine Trennung zwischen den Lebenswegen von Frauen und Männern in die RAF vorgenommen. Bei allen individuellen Unterschieden ähneln sich die genannten Hintergründe und die eigenen Aussagen der Frauen und Männer, welche Beweggründe sie in die RAF brachten. Daraus allerdings den Schluß zu ziehen, Männer und Frauen wären als quasi geschlechtslose Wesen in der RAF "angekommen", halte ich für falsch.

Eine formal ähnliche Biographie, gleiche Erfahrungen und Schlüsselerlebnisse bedeuten in einer geschlechterhierarchischen Welt eben nicht, daß dadurch bei Männern und Frauen gleiche "Befindlichkeiten" ausgelöst werden. Eine geschlechtsspezifische Sozialisation legt Männern und Frauen unterschiedliche Verhaltens- und Handlungsweisen in den gleichen Situationen nahe. Mädchen und Frauen wird in einer durch hegemoniale Männlichkeit strukturierten Welt auf vielfache, oft symbolische Weise vermittelt, negative Erlebnisse und Ohnmachtserfahrungen ausschließlich "nach innen" zu verarbeiten. Trauer und Tränen werden ihnen zugestanden. Durchbrechen sie ihr Schweigen, gelten sie als hysterisch oder als, wie ein Autor die Frauen der RAF bezeichnet, "phallische Frauen", die ihren Lebenssinn nur in einem Konkurrenzkampf mit Männern sähen.[148]

Männer hingegen stehen in einer solchen Welt in den Zentren von Macht und Anerkennung. Erfahren sie Ausgrenzung und Mißachtung, wird von Jungen und Männern geradezu erwartet, ihre momentane Hilflosigkeit nicht anzuerkennen, sondern sich an die prestigeträchtigen Orte zurückzukämpfen, um so einem Verlust von Autonomie zu begegnen.

Wenn Männer "nach außen" agieren, so geschieht dies oft mit der in der Form männlicher Lebensbewältigung angelegten physischen oder psychischen Gewalt (siehe Kapitel 2.5). Diese aber wird, insbesondere in ihren subtilen und symbolischen Formen, gesellschaftlich akzeptiert ("typisch männlich"), weil sich Männer dadurch lediglich das ihnen scheinbar Zustehende zurückerobern.

Die Verwunderung der Öffentlichkeit über das gewaltsame Agieren der Frauen in der RAF ist meines Erachtens eine Reaktion auf das vermeintlich "typisch männliche" Agieren dieser Frauen. Aggressivität und Wut haben im Bild über Frauen keinen Platz, ihnen wird ihre Gewalttätigkeit nicht geglaubt.

Männer und Frauen gehen also von den unterschiedlichen Ausgangspunkten einer geschlechterhierarchischen Welt ihren (öffentlich und wohl auch von ihnen selbst) als "typisch männlich" gedeuteten Weg in die RAF. Da ihr Weg durchaus im (wenn-

---

[148] Kahl, in: Funke, S.290

gleich übersteigerten) Rahmen männlichen Bewältigungsverhaltens anzusiedeln ist, erscheint es, so meine These, diesen Männern als legitim, auch die RAF "männlich" zu strukturieren, das heißt, sich über die Ideologie, das Handeln und die sozialen Beziehungen in der Gruppe das zurückzuholen, was ihnen gesellschaftlich vorenthalten bleibt: Macht, Autonomie und ein Platz im Zentrum eines sozialen Kontextes, oder, weniger drastisch formuliert, soziale Wertschätzung.

Frauen werden in der RAF, so meine weitere These, diese Wertschätzung nur dann erfahren, wenn sie den eingeschlagenen, "typisch männlichen" Weg nicht verlassen und die im "Normalitätshandeln" der Männer angelegten Regeln akzeptieren. Wer innerhalb der RAF das "Image der Stärke, der Entschlossenheit, der Macht und Furchtlosigkeit, des Wissens und der Kontrolle, ein Image ohne Angstgefühle oder Schuldbewußtsein, in dem ein Mann seine ´Persönlichkeit` findet "[149] nicht akzeptieren kann oder will, der/die erfährt Ausgrenzung und neuerliche Mißachtung.
So sehr die RAF sich selbst also auf Prinzipien der Kollektivität und Solidarität in der Gruppe beruft, so sehr werden, wie ich im folgenden Kapitel zeigen will, in ihr Konkurrenzkämpfe ausgetragen, die entlang der Trennlinie einer geschlechterhierarchischen, männlich-hegemonialen Struktur verlaufen.

[149] Gruen: "Der Verrat am Selbst", S.82

4 RAF und Hegemoniale Männlichkeit?
Die Binnenstruktur der RAF

Wenn ich mich in diesem Kapitel mit den gegenseitigen Beziehungen der Menschen in der RAF beschäftige, so möchte ich zum Verständnis dieses Kapitels etwas vorwegschicken. Es soll in diesem Kapitel weniger um die ganz konkreten Beziehungen zwischen einzelnen Personen gehen als vielmehr um die Struktur, die meines Erachtens die gegenseitigen Beziehungen der Menschen in der RAF und, wie ich in weiteren Kapiteln zeigen will, auch das Verhältnis der RAF zum Staat und zur legalen Linken weitgehend bestimmte.

Den Blick auf die konkreten zwischenmenschlichen Beziehungen zu richten, hätte mit dem "Blick von außen" in eine solch geschlossene Organisation wie die der RAF etwas äußerst Heikles und meines Erachtens Unzulässiges: Interpretationen und Spekulationen wären freier Lauf geboten gewesen. Solche wilden Spekulationen habe ich in der Sekundärliteratur über die RAF immer wieder angetroffen, so z.B. die These, Andreas Baader wäre aufgrund seines repressiven Verhaltens für den Tod von Ulrike Meinhof verantwortlich. Ich halte solche Spekulationen mittlerweile für großteils ideologisch motiviert mit dem ausschließlichen Ziel, die Menschen in der RAF zu diskreditieren. Um solchen Deutungen aus dem Weg zu gehen, wäre es nötig gewesen, auch mit Leuten aus der RAF selbst zu reden. Dies war mir, wie in der Einleitung geschildert, leider nicht möglich.

Wenn ich also im folgenden auf zwischenmenschliche Beziehungen zu sprechen komme (wie z.B. im nächsten Kapitel zwischen Andreas Baader und Horst Mahler), dann nur dort, wo mir die "Datenlage" einigermaßen gesichert erscheint. Auch dies erscheint mir noch schwierig genug, da die Personen, von denen ich spreche, entweder tot und ihre Aussagen manchmal schwer zu beurteilen sind (so z.B. die Nachrichten, die sich die Gefangenen in Stammheim im "Info" zukommen ließen) oder weil nur die Überlebenden sprechen können, die aus den Gefängnissen entlassen sind bzw. sich von der RAF abgewandt haben.
So kann ein Peter-Jürgen Boock, der sich von der RAF losgesagt hat, nunmehr in bald jeder Fernsehdiskussion zum Thema RAF auftreten, während Inhaftierte wie Christian Klar, Brigitte Mohnhaupt oder Helmut Pohl, die von der Bundesanwaltschaft zu den "Hardlinern" gezählt werden, weiterhin Interviewverbot haben. So können einseitige Interpretationen, Schieflagen entstehen, die nur aufgehoben werden könnten, wenn alle ehemaligen RAF-Mitglieder frei sprechen könnten und würden.

Diese Schieflagen können also auch einen Teil meiner folgenden Thesen durchziehen.

Meine Hauptthese in diesem Kapitel lautet: Die RAF war vom Tag ihrer Entstehung an geprägt von einem Strukturprinzip, das ich "Verdeckte Männlichkeit" nenne und das die Beziehungen der einzelnen Menschen in der RAF untereinander ebenso bestimmte wie das Handeln der RAF nach außen. Als Strukturprinzip bezeichne ich hierbei das Gesamt der Denk- und Handlungsweisen der einzelnen Personen, die, in unterschiedlicher Intensität, das Leben in einer Organisation, deren Wege und Ziele bestimmen. "Verdeckte Männlichkeit" meint den Teil der von Connell beschriebenen "Hegemonialen Männlichkeit", der nicht offensichtlich auf eine Bevorteilung von Männern abzielt, sondern durch differenzierte, oft symbolische, soziale Prozesse die Beziehungen zwischen den Geschlechtern "patriarchal" definiert.

"Verdeckte Männlichkeit", so meine weitere These, bildete sich zunehmend innerhalb der RAF aufgrund dreier ineinander verwobener Entfremdungsstrukturen: Der räumlichen (Untergrund), emotionalen (Avantgardedenken) und temporären (Aktionismus) Entfremdung von gesellschaftlichen Prozessen. Dieses Strukturprinzip "Verdeckte Männlichkeit" zerstörte das ursprüngliche Kollektivitätspostulat der RAF, den Anspruch, daß sich alle RAF-Mitglieder gleichberechtigt in die RAF einbringen können sollten und Entscheidungen gemeinsam und selbstbestimmt herbeigeführt werden sollten. Diese Struktur einer verdeckten Männlichkeit führte meines Erachtens zur Herausbildung einer heimlichen Führungsstruktur in der RAF, in die diejenigen Männer und Frauen aufsteigen konnten, welche sich dieser Struktur am besten anpaßten ("Kontrollstelle Männlichkeit").

Schließlich will ich den Blick darauf lenken, was diese "Verdeckte Männlichkeit" für Männer und Frauen bzw. für deren gegenseitige Beziehungen bedeutete und wie diese Struktur zum "Dampfkessel RAF", zur Selbstisolierung und schließlich zum Scheitern der RAF führte.

4.1 Das Kollektivitätspostulat der RAF

4.1.1 Die Organisationsstruktur der RAF

In der Beurteilung der Organisationsstruktur der RAF bis 1977 unterscheiden sich die Strafverfolgungsbehörden und RAF-Mitglieder in ihren Ansichten deutlich. Justiz und Bundeskriminalamt gehen von einer sogenannten "Rädelsführertheorie" aus, die behauptet, die RAF sei streng hierarchisch gegliedert gewesen. Wenige Führungspersonen (Kernmitglieder), vor allem die "Gründungsmitglieder", hätten den Kurs der RAF bestimmt und Anschläge bzw. Entführungen geplant, die dann zum Großteil vom "Fußvolk" ausgeführt worden seien. Selbst aus den Zellen in Stammheim heraus hätten Baader, Ensslin, Raspe und andere Mitglieder der Kerngruppe ihren Untergebenen noch Anweisungen für bestimmte Aktionen gegeben.

Ihre Behauptungen stützen die Behörden insbesondere auf gefundene Schriftstücke, die den Führungspersonen zugeschrieben werden (z.b. der "Ensslin-Kassiber") oder auf Aussagen sogenannter "KronzeugInnen", ehemaliger Mitglieder der RAF, die sich von der Gruppe abgewendet haben und die für gerichtsverwertbare Aussagen mit Straferleichterung rechnen können. Der spektakulärste Fall eines solchen Kronzeugen wurde Gerhard Müller, der, nach seiner Verhaftung 1972 zunächst noch sehr deutlich der RAF verbunden, im Vorfeld des Stammheim-Prozesses Ende 1974 von der Staatsanwaltschaft als Kronzeuge gewonnen werden konnte. Er belastete die Angeklagten im Stammheim-Prozess schwer und behauptete, es gebe in der RAF eine klare Hackordnung: "Für mich ist Andreas Baader der führende Kopf. Dann gab es diese Kernmitglieder, also Ulrike Meinhof, Meins, Raspe, Ensslin. Dann gab es einfache Mitglieder, dann eben noch Randmitglieder."[150]

Die RAF-Mitglieder selbst hingegen betonten immer die Existenz einzelner weitgehend autonomer Kommandos. So sprach z.B. Brigitte Mohnhaupt im Stammheim-Prozess von acht Gruppen in sechs Städten, die nur recht locker miteinander verbunden gewesen wären: "Die RAF war damals organisiert in acht Gruppen in sechs Städten. Davon zwei starke Gruppen in zwei Städten. Die einzelnen Einheiten waren in das Logistik-System integriert. Es gab einen Diskussionszusammenhang, aber die einzelnen Einheiten waren autonom in ihrer Entscheidung über die operative Durchführung. (...) Wenn einer einen Führungsanspruch gehabt hätte, dann hätte er sich nur lächerlich gemacht."[151]

Die Wahrheit über die Organisationsstruktur der RAF dürfte irgendwo zwischen den Aussagen Müllers und Mohnhaupts liegen. Für die Existenz weitgehend unabhängiger Kommandos spricht, daß es nach Aktionen der RAF immer wieder zu Streit zwischen einzelnen Personen und Gruppen um den richtigen Kurs kam.[152] Dies wäre bei einer streng hierarchisch organisierten Gruppe mit militärischer Befehlsstruktur wohl kaum möglich gewesen. Andererseits lassen Aussagen sowohl von AussteigerInnen wie von RAF-Mitgliedern den Schluß zu, daß sich bei den Absprachen der einzelnen

---

[150] in: Aust, S.396. Müller erhielt, wohl unter anderem wegen seiner Aussagen als Kronzeuge, in seinem eigenen Prozeß eine deutlich geringere Haftstrafe als RAF-Mitglieder in vergleichbaren Prozessen, wurde vorzeitig entlassen und lebt heute mit anderer Identität wahrscheinlich im Ausland (in: Bakker Schut: "Stammheim", S.305).

[151] in: Aust, S.398/399

[152] So wurde z.B. die Gruppe um Ulrike Meinhof, die vermutlich für den Anschlag auf das Springer-Hochhaus in Hamburg am 19.Mai '72 verantwortlich war, von anderen Mitglieder scharf kritisiert, da es sich um eine nicht abgesprochene Aktion gehandelt hatte, bei der zahlreiche Angestellte verletzt wurden

78

Gruppen über "die große Linie" doch immer wieder die gleichen Personen durchsetzen konnten.

Insofern würde ich Backes zustimmen, wenn er schreibt: "Eine formalisierte Hierarchie mit klar abgegrenzten Kompetenzen gab es in der RAF zu keinem Zeitpunkt. Wohl aber wußten sich Autoritäten (...) in der Gruppe durchzusetzen und den Ton anzugeben. Darüber hinaus lag es im existentiellen Interesse der im Untergrund operierenden Kämpfer, ein Höchstmaß an Übereinstimmung zu erzielen, wollte man den notwendigen Zusammenhalt nicht gefährden."[153]

4.1.2 "Alle Menschen in den Reihen der Revolution müssen füreinander sorgen"

Wenn ich im folgenden vom "Kollektiv RAF" spreche, gilt es zunächst einmal, zwei Formen der Kollektivität, die das Leben in der RAF bestimmten, zu unterscheiden: Eine durch den Verfolgungsdruck von Justiz und Polizei aufgezwungene Kollektivität (Untergrund, Illegalität) sowie eine selbstbestimmte Kollektivität, mit der die RAF ihren Anspruch auf demokratische Entscheidungsstrukturen und auf die Gleichheit ihrer KämpferInnen deutlich zu machen versuchte. Hier soll zunächst lediglich von dem freiwilligen Anspruch der RAF an sich selbst die Rede sein.
Immer wieder betonte die RAF, insbesondere in ihren ersten Jahren, daß ihre interne Organisationsform einen kollektiven Charakter besäße. Nur mit Hilfe von Entscheidungen, so ihr Argument, hinter denen alle ihre Mitglieder stehen könnten, sei es möglich, daß sich alle Mitglieder mit der notwendigen Radikalität mit der Politik und den Aktionen der RAF identifizieren könnten. Nur wenn in den politischen Diskussionen alle Fragen und Zweifel geklärt wären, könnte nach Ansicht der RAF bei jedem/r einzelnen die Radikalität und Kompromißlosigkeit wachsen, die zur Durchführung militanter Aktionen notwendig sei.

Die RAF begründete ihr Kollektivitätspostulat in einer Schrift folgendermaßen: "Ohne die logistischen Probleme teilweise gelöst zu haben, ohne sich selbst bei der Lösung kennengelernt zu haben, ohne in kollektiven Lernprozessen kollektive Arbeitsprozesse eingeleitet zu haben, wird der Ausgang von Aktionen technisch, psychisch und politisch dem Zufall überlassen."[154]
Neben den Anspruch auf kollektive Erfahrungs- und Entscheidungsstrukturen als notwendige Basis für eine funktionsfähige Stadtguerilla trat aber noch ein zweites.

Die Gruppe mußte darauf achten, für alle ihrer Mitglieder zu einer Art Ersatzheimat zu werden. Nachdem fast alle Bindungen zum bisherigen Umfeld mit dem Entschluß, der RAF beizutreten, abgebrochen waren, mußte die Gruppe diesen Menschen Ersatz

---
[153] Backes: "Bleierne Jahre", S.77
[154] in: Demes: "Die Binnenstruktur der RAF", S.44

für weggefallene politische, soziale und emotionale Bindungen bieten. Dies gebot allein schon der Sicherheitsaspekt für die Gruppe. Mitglieder, die sich mit den Zielen und Mitteln der RAF nicht mehr identifizieren konnten, wurden zu einer großen Gefahr für die Gruppe, Ausstieg und Verrat drohten. Um diesem zuvorzukommen sollte für alle Mitglieder ein möglichst hoher Identifikationsgrad mit dem "Kollektiv RAF" möglich sein.

Dabei definierten die Menschen in der RAF ihre Beziehungen untereinander nicht, wie ein RAF-Aussteiger berichtet, "mit irgendwelchen Kategorien wie freundlich, nett und hilfsbereit", sondern forderten voneinander "die Offenheit, die notwendig ist, um alte Ängste abzulegen."[155] Schonungslose, radikale Offenheit also auch im Umgang mit sich selbst und den anderen, nur so war es nach Ansicht der RAF möglich, daß der/die Einzelne die notwendige Identifikation mit den Zielen der Gruppe erreichte. "Der Guerillakämpfer müsse simultan ´Einzelkämpfer und Gruppe` sein"[156], war die Definition, welche die RAF von Che Guevara übernommen hatte.
Beide Aspekte, Kollektivität als Notwendigkeit im Vorfeld gemeinsamer riskanter Aktionen und Kollektivität als Akt der Solidarität, um dem zwar nicht offen thematisierten, aber stets wie ein Damoklesschwert über der RAF hängenden Verrat vorzubeugen, tauchen in Verlautbarungen der RAF immer wieder auf. So wendet sich die RAF in ihrer ersten Kampfschrift im April 1971 ("Das Konzept Stadtguerilla") gegen den durch die Konzentrierung der Strafverfolgung auf bekannte RAF-Personen (Meinhof, Mahler, Baader, Ensslin) entstandenen Eindruck, es gäbe in ihr wichtigere und unwichtigere Personen bzw. militärische Befehlsstrukturen.

Die zweite Schrift vom April 1972 ("Stadtguerilla und Klassenkampf") ist bereits geprägt vom Ausstieg und Verrat zweier Personen, Peter Homann und Karl-Heinz Ruhland. Ulrike Meinhof zieht als Verfasserin in dieser Schrift einen scharfen Trennstrich zwischen der Solidarität unter den Kämpfenden und der ihrer Ansicht nach notwendigen Intoleranz gegenüber AussteigerInnen: "Verräter müssen aus den Reihen der Revolution ausgeschlossen werden. (...) Alle Menschen in den Reihen der Revolution müssen füreinander sorgen, müssen sich liebevoll zueinander verhalten, einander helfen."[157]

4.2 Die RAF und das Strukturprinzip "Verdeckte Männlichkeit"

Wie jede Gruppe oder Organisation machte die RAF denjenigen, die ihr beitreten wollten, aber nicht nur Angebote (militante Praxis, Ersatzheimat...), sondern stellte an ihre Mitglieder auch Erwartungen und Ansprüche. Diese Erwartungen und Ansprüche an eine/n RAF-KämpferIn wurden bereits in den ersten Äußerungen und Schrif-

---

[155] a.a.O., S.44
[156] Demes, S.21
[157] in: Peters, S.135/136

80

ten der RAF implizit formuliert und in den folgenden Jahren, so mein Eindruck, nur unmerklich verändert. Dort, wo sie verändert wurden, geschah dies meist in Richtung auf eine rigorosere Durchsetzung dieser Ansprüche, als daß diese Ansprüche selbst korrigiert oder verändert worden wären.

Hier versuche ich nun, diese Ansprüche und Erwartungshaltungen mit den Prinzipien männlicher Lebensbewältigung zu vergleichen, wie ich sie in Kapitel 2.5 dargestellt habe. Wie bereits erwähnt sollen diese Ansprüche auch im Kontext der Vorgeschichte der RAF-Mitglieder und der Geschichte der RAF selbst gesehen werden. Nur so läßt sich von außen manches verstehen, was ansonsten isoliert und unzugänglich bliebe.

* Das Prinzip **Externalisierung** sticht in der RAF zunächst keineswegs ins Auge, im Gegenteil. Wo man/frau zusammenkam, wurde in einer ungeheuren Ausführlichkeit über politische Strategien, die Wahl der Mittel, das Ziel von Anschlägen und auch das Verhalten einzelner Mitglieder diskutiert, wohl oft bis an den Rand der psychischen Selbstzerstörung, wie der RAF-Aussteiger Peter-Jürgen Boock in seinem Roman "Abgang" behauptet. Diese Diskussionen aber drehten sich meist um "die anderen", um die "Sonntagnachmittagsrevolutionäre" außerhalb der RAF, oder es ging um die Kritik am vermeintlichen Fehlverhalten einzelner Personen in der RAF. Kaum aber einmal scheint ein Mensch in der RAF innerhalb der Gruppe Zweifel am eigenen Verhalten oder am richtigen Weg der RAF geäußert zu haben.

Dieses Nicht-Thematisieren individueller Wünsche und Ängste habe, schreibt die Autorin Rossi, in der RAF-Logik selbst gelegen: "Zweifel an der eigenen Identität und Rolle seitens eines einzelnen Militanten wurden von der Gruppe als nicht tragbare Gefahr aufgefaßt, was zur Isolation oder gar zur eigentlichen Bestrafung führte. Das bekannteste Beispiel dafür liefert Ulrike Meinhof, als sie im Gefängnis begann, ihre Rolle kritisch zu überdenken; ihr Versuch, die einsitzenden Genossen in diesen Prozeß miteinzubeziehen, stieß auf eine äußerst harte und abweisende Reaktion."[158]

In eine ähnliche Richtung weist die Selbstkritik des RAF-Mitglieds Karl-Heinz Dellwo: "hier stellt sich natürlich die frage, warum wir mit den eigenen fehlern nicht offen und radikal aufgeräumt haben, was auf ein autoritäres selbstbild verweist, das man nicht in frage stellen darf, weil es einem halt gibt."[159] Weil Zweifel am eigenen Weg oder an der Politik der RAF mit potentiellem Verrat gleichgesetzt wurden, wurden diese immer weniger geäußert, so daß eine selbstbestimme Korrektur der Politik der RAF immer weniger möglich wurde. So wurden zwischenmenschliche Kontakte schwierig, politische Diskussionen immer mehr ersetzt durch bloße Fragen nach den richtigen Aktionszielen, wie sich Klaus Jünschke an Gespräche innerhalb der Gruppe

---

[158] Rossi, S.133
[159] K.H. Dellwo, in: Demes, S.200

erinnert: "Alles war auf eine Weise politisiert, daß man menschlich Leuten gar nicht mehr begegnet ist, die einem wohl mal etwas bedeutet haben, nur weil man sich selber radikalisiert hat. Da geht viel Sensibilität verloren. (...) Eine Radikalisierung und Brutalisierung ist da abgelaufen."[160]

Nachdem die Gründungsmitglieder die Ziele der RAF einmal benannt hatten, gab es für die einzelnen Menschen in der RAF fast nur noch die Möglichkeit, das Wie, nicht aber das Warum, Wozu und Wohin zu kritisieren und zu verändern. Eigene Wünsche, Ideen, Ängste mußten, bevor sie geäußert wurden, meinem Eindruck nach großteils an das "Kollektiv RAF" angepaßt, externalisiert werden. So gilt auch für die RAF, was Erich Fried in Hinblick auf die "Bewegung 2.Juni" äußerte: "Fast alle linken Gruppen haben an dieser Entpersönlichungssehnsucht, Ichflucht, Individualismusangst gelegentlich gekrankt und vergessen, daß nur die Produktionsmittel sozialisiert werden sollen, nicht sämtliche Gedanken, Träume, Gefühlsregungen!"[161]

* **Gewalt** galt in der Politik der RAF nicht nur als legitimes Mittel nach außen, sondern konnte sich auch in den Beziehungen zwischen den einzelnen Gruppenmitgliedern immer wieder durchsetzen, wenngleich in anderer Form. An keiner Stelle wird von physischer Gewalt zwischen Gruppenmitgliedern berichtet. Wohl aber scheint auf einzelne Gruppenmitglieder, die nicht mehr auf der Linie des Kollektivs zu liegen schienen, sehr deutlich Druck ausgeübt worden zu sein. Dies dürfte sich unter den extremen Haftbedingungen für die RAF-Gefangenen verschärft haben.

Die Briefe, die sich die Gefangenen über ihre AnwältInnen zukommen ließen (das "Info-System"), erinnern z.T. eher an Kommandos als an Solidaritätsbekundungen. Als der inhaftierte Horst Mahler den zweiten Hungerstreik der RAF-Gefangenen im Mai 1973 als "Ohnmachtsstrategie" ablehnt, erhält er vom Genossen Gerhard Müller prompt die Quittung: "Wenn ich das lese, kriege ich eine Wut - Du Arschloch halt die Schnauze. Wenn Du nicht von Deinem Sockel runter willst, muß man Dich runter knallen."[162]

Sicher ist die Gewalt bzw. deren Androhung in den Beziehungen zwischen RAF-Mitgliedern auf dem Hintergrund des starken Verfolgungsdrucks gegen die Gruppe zu sehen. Daß Gewalt auch gegen Personen aus der eigenen Gruppe von der RAF aber als legitimes Mittel betrachtet wurde, zeigt bereits im Sommer 1970, also nur wenige Wochen nach Entstehen der RAF, der Fall Peter Homann (siehe Kapitel 1.5.2). Das Sicherheitsbedürfnis der Gruppe gebot gegen potentielle AbweichlerInnen oder VerräterInnen immer auch die Möglichkeit des Einsatzes von Gewalt.

[160] Jünschke, in: Demes, S.42
[161] Erich Fried, in: Brückner/Sichtermann: "Gewalt und Solidarität. Zur Ermordung Ulrich Schmückers durch Genossen", S.101
[162] Müller, in: Aust, S.281

* Das Prinzip **Benutzung** sehe ich in der RAF insbesondere in Hinblick auf ihr Verhältnis zu den mit ihr sympathisierenden linken Gruppen gegeben. Diese Gruppen waren für die RAF von existentieller Bedeutung, da nur sie als "legaler Arm" die politische Botschaft der RAF über Flugblätter oder Diskussionsveranstaltungen der Öffentlichkeit vermitteln konnten. Während die RAF von diesen Gruppen erwartete, daß diese die Aktionen und Anschläge der RAF der Öffentlichkeit nachvollziehbar vermitteln würden, führte das hohe Sicherheitsbedürfnis in der RAF dazu, daß eben diese Gruppen fast vollkommen aus dem Diskussionsprozeß in der RAF ausgeschlossen waren.

Zu Treffen mit SympathisantInnen scheint es meist nur dann gekommen zu sein, wenn die Rekrutierung neuer Mitglieder anstand, nicht aber zum Zweck der Diskussion über die politische Richtung. Die durchaus reale Befürchtung, daß in den SymathisantInnengruppen selbst Polizeispitzel säßen oder daß einzelne SympathisantInnen überwacht würden, verhinderte den Austausch zwischen RAF und politisch ihr nahestehenden Gruppen (siehe dazu auch Kapitel 7).
Das Prinzip Benutzung dürfte aber auch unter RAF-Mitgliedern selbst, vor allem im Verhältnis zwischen den Gefangenen und den draußen Kämpfenden eine Rolle gespielt haben. So änderte die RAF ihre Linie nach der Verhaftung der "Gründergeneration" im Juni '72 völlig. Nicht mehr das Ende des Kriegs in Vietnam galt als erstes Ziel, sondern die Befreiung der gefangenen GenossInnen. Den Gefangenen fiel fortan die Rolle zu, zumindest teilweise über die Art der Aktionen, welche die draußen Verbliebenen zu ihrer Befreiung einsetzen sollten, zu bestimmen. So gelang es 1974 Andreas Baader, einen Brief an die draußen Kämpfenden aus dem Gefängnis zu schmuggeln, in dem es als Anleitung zur nächsten Aktion heißt: "so auf dem niveau der aktion gegen buddenberg und darunter läuft nichts, was raf heißt...".[163]

* **Stummheit** wirkt als Prinzip im Zusammenhang mit dem Prinzip der Externalisierung. Es bedeutet, um hier einem möglichen Mißverständnis zu begegnen, nicht das gleiche wie das "Schweigen-Können", welches Bedingung eines illegalen Lebens im Untergrund ist. Schweigen war innerhalb der RAF notwendig, wo es um die konkrete Ausführung von Aktionen ging, um die daran Beteiligten nicht durch potentielle VerräterInnen außerhalb der Reihe der direkt Beteiligten zu gefährden. Stummheit aber meint, so habe ich in Kapitel 2.5 formuliert, die "Versperrtheit zum Innen" als Versuch, der dort vielleicht herrschenden Unsicherheit aus dem Weg zu gehen.

Einen ihrer letzten Zellenkassiber an die anderen Gefangenen überschrieb Ulrike Meinhof mit dem Titel "Angst ist reaktionär". Ihre darin geäußerte Angst, im Knast kaputtzugehen, ist eine der äußerst selten bekanntgewordenen Äußerungen von

---

[163] Baader, in: Mayer, S.160. Mit "aktion gegen buddenberg" ist der Anschlag auf den Bundesrichter Buddenberg in Karlsruhe am 15.Mai 1972 gemeint (siehe Kapitel 1.7.1).

RAF-Mitgliedern, aus denen Unsicherheit und Zweifel hervorscheinen. Negativ besetzte Gefühle, zumal Zweifel an der Stimmigkeit des eigenen Weltbildes, brachten die Welt der RAF ins Wanken und galten als reaktionär. Über Reaktionäres aber wurde geschwiegen.

* Das **Alleinsein** ist das Los jedes/r Untergrundkämpfers/in. Dem Fahndungs- und Verfolgungsdruck ausgesetzt, konnten die Männer und Frauen in der RAF genötigt werden, zum Teil tage- oder wochenlang allein oder mit derselben kleinen Gruppe von Menschen an einem Ort zu verbringen, ohne Kontakt zu anderen Personen. Hatten die RAF-Mitglieder mit ihrem Eintritt in die RAF alle bis dahin existierenden Kontakte abgebrochen (was in der Regel der Fall war), gab es außerhalb der Gruppe keine Möglichkeit mehr zu Gesprächen, Erlebnissen, Sexualität...
Das Alleinsein konnte unter diesen Umständen, zumal unter dem Einfluß des starken Gruppendrucks, schnell zu Einsamkeit führen. Dieses Gefühl beschreibt Hans-Jürgen Bäcker: "Ich litt zur Zeit dieser Verfolgung unter ungeheurer Einsamkeit und unter den Spannungen in der Gruppe. Zu wem soll ich gehen, außerhalb der Gruppe? Ich konnte nie zu jemandem gehen und mit dem über meine Probleme reden. Also wuchsen die Spannungen, und es gab einige handfeste Szenen, die wiederum nicht zur Klärung führten."[164]

* **Körperferne** war nach Ansicht der RAF nötig, um den ständigen Verfolgungsdruck im Untergrund physisch und psychisch überhaupt aushalten zu können. Wären all die Spannungen, die sich im Kontext des Lebens im Untergrund zwangsläufig einstellen, von den RAF-KämpferInnen auch als solche wahrgenommen worden, wäre es wohl wesentlich öfter zu Zusammenstößen und Eskalationen innerhalb der Gruppe gekommen, welche die Gruppe so fürchtete, da sie als Vorboten von Ausstieg und Verrat gedeutet werden konnten. Untergrund und Körperlichkeit bedeutete für die Menschen in der RAF aber auch, daß bei Krankheiten keine ärztliche Hilfe aufgesucht werden konnte, man/frau auf sich selbst angewiesen war, Schmerzen auch über längere Zeit ausgehalten werden mußten. "Wer in dieser Gruppe ist", läßt der Autor Aust Andreas Baader in seinem zuweilen etwas romanhaften Buch über die RAF erklären, "der muß einfach hart sein. Der muß das durchhalten können. Wenn du nicht hart genug bist, hast du hier nichts zu suchen."[165]

Peter-Jürgen Boock schildert, daß negativ besetzte Gefühle in der Gruppe leicht als individuelle Schwäche gedeutet werden konnten und so auf die Person selbst zurückfallen und selbstzerstörerisch wirken konnten. "Dadurch werden kleine Stimmungsschwankungen (...) leicht selbstzerstörerisch. Du entwickelst ein Gespür dafür, woraus in welcher Situation Spannungen erwachsen können. Das versuchst du, schon im Ansatz zu unterlaufen. Allerdings führt das auch dazu, daß unangenehme Themen

---

[164] Bäcker, in: Krebs, S.230
[165] Aust, S.149

ausgeklammert werden."[166] Hier korrespondiert das Prinzip "Körperferne" mit dem Prinzip "Stummheit".

* Mit der Überzeugung des richtigen Weltbildes ausgestattet, wurde **Rationalität** für die RAF zum Instrument, um die Welt anhand "objektiv-rationaler" Kriterien in ein "FreundIn-FeindIn- Schema" pressen zu können. Diese Zweiteilung der Welt in "objektiv richtig" und "objektiv falsch", in richtiges und falsches Bewußtsein, führte schließlich auch zur Entmenschlichung der politischen GegnerInnen. Ende Oktober 1974 schreibt Holger Meins, dem Hungertod nahe, einen Brief an Manfred Grashof, der seinen Hungerstreik abgebrochen hatte, in dem er ihn zur Wiederaufnahme des Hungerstreiks mit einer Formulierung auffordert, die für die Ideologie der RAF kennzeichnend werden sollte: "Entweder Schwein oder Mensch. Entweder Überleben um jeden Preis oder Kampf bis zum Tod. Entweder Problem oder Lösung. Dazwischen gibt es nichts."[167]

Rationalität als das Fernhalten von Emotionalität forderte die RAF auch von ihren KämpferInnen. Nur von denen, die die Zweiteilung der Welt in "Schwein oder Mensch" akzeptiert hatten, konnte die RAF erwarten, daß sie in den entscheidenden Situationen gemäß der ausgeklügelten Strategie handelten. Emotionalität scheint zwar in den Binnenbeziehungen der RAF-Mitglieder durchaus legitim gewesen zu sein, vor allem aber dort, wo sich diese Emotionalität auf andere richtete (Externalisierung). Verletzte ein RAF-Mitglied die Regeln konspirativen Handelns, hatte er/sie oft die moralisch-emotionalen Maßregelungen der anderen zu erwarten. "es gab unglaublich selbstzerstörerische Auseinandersetzungen um das Problem des Verhaltens von einzelnen Mitgliedern in bestimmten Mikrosituationen"[168], schildert das RAF-Mitglied K.H.Roth.

* Aus dem bereits Erwähnten scheint schließlich auch immer wieder das Prinzip **Kontrolle** durch. Ein hohes Maß an Kontrolle über sich selbst war in der RAF notwendig, um in kritischen Situationen stets handlungsfähig zu bleiben. Ebenso wurde in der RAF Kontrolle über die anderen Mitglieder als nötig erachtet, um dem eigenen Sicherheitsbedürfnis gerecht werden zu können. Schließlich hatten zahlreiche RAF-Mitglieder bereits vor ihrer RAF-Zeit unliebsame Erfahrungen mit Verfassungsschutzagenten gemacht, so z.B. Andreas Baader, dessen Verhaftung im April 1970 auf den VS-Agenten Urbach zurückzuführen war (siehe Kapitel 1.5.1).

Zusammenfassend kann zunächst festgehalten werden, daß sich zahlreiche Elemente der Prinzipien männlicher Lebensbewältigung im Politikverständnis der RAF, in ihren Ansprüchen an die eigenen Mitglieder, in den Beziehungen zwischen einzelnen

---

[166] Boock, s.94
[167] Meins, in: Aust, S.290
[168] Roth, in: Demes, S.51

Menschen in der RAF und im Handeln der RAF finden lassen, daß also das Gesamt der Denk- und Handlungsweisen in der RAF diesen Prinzipien auffallend ähnelt, daß die Struktur der RAF "männlich" geprägt war. Ich werde im weiteren von einer "Verdeckten Männlichkeit" sprechen, um deutlich zu machen, daß der Weg der RAF eben nicht, wie vielfach behauptet, allein von klar bestimmbaren, "männlich handelnden" Führungspersonen geebnet wurde, sondern durch ein kompliziertes, oft schwer aufdeckbares Ineinander aus subjektiven Bewältigungsstrategien, gegenseitigen Erwartungen und Ansprüchen und individuellem Anpassungsverhalten gekennzeichnet ist. Dieses schwer entwirrbare Ineinander folgte zumeist einer Logik, die, wenngleich vielleicht in anderer Qualität, in der Logik einer männlichen Normalbiographie verankert ist.

Nach der Darstellung des Strukturprinzips "Verdeckte Männlichkeit" möchte ich in den folgenden Kapiteln die Gründe darlegen, die meiner Ansicht nach zur Durchsetzung dieser Struktur in der RAF führten und zeigen, wie diese Struktur das ursprüngliche Kollektivitätspostulat der RAF zerstörte und den Aufbau einer hierarchischen Struktur in der RAF bedingte.

4.3 Ursachen der Durchsetzung einer "Verdeckten Männlichkeit" in der RAF

Daß sich eine "Verdeckte Männlichkeit" als Denk- und Handlungsstruktur in der RAF durchsetzen konnte, sehe ich in unterschiedlichsten Ursachen begründet, die ich als ein Gemenge "innerer" Faktoren (Biographien der RAF-Mitglieder, Ziele der RAF...) und äußerer Faktoren (Weltpolitische Lage, Verfolgungsdruck...) bezeichnen möchte. Diese Ursachen fasse ich im folgenden in drei Hauptsträngen zusammen, die meines Erachtens zu jeweils unterschiedlichen Formen der Entfremdung der RAF von gesellschaftlichen Prozessen und schließlich zu Entfremdungsprozessen in der RAF selbst führten und eine Identifikation mit der Politik der RAF für immer weniger Menschen möglich machte. Es sind dies das Leben im Untergrund als räumliche Entfremdung, das Avantgarde-Verständnis der RAF als emotionale Entfremdung und ein "Prozessprinzip Aktionismus" als temporäre Entfremdung.

4.3.1 Der Untergrund als räumliche Entfremdung

Bereits direkt nach der Rückkehr der etwa 20 Frauen und Männer aus dem Ausbildungscamp in Jordanien im August 1970 kam es in der RAF zur Diskussion um das Verhältnis der steckbrieflich Gesuchten zu den noch legal lebenden Gruppenmitgliedern. Während die einen für eine enge Verzahnung von legalen und illegalen Mitgliedern plädierten, um die logistischen Aufgaben (Wohnungs- und Waffenbeschaffung, risikoarme Ausspähung von Personen und Gebäuden...) und politischen Anfor-

86

derungen (Vermittlung der RAF-Politik, Informationsveranstaltungen...) bewältigen zu können, sprach sich eine andere Gruppe, deren Wortführer Andreas Baader gewesen sein soll, für die strikte Illegalität der gesamten Gruppe aus. Die Risikofaktoren nach außen sollten so gut wie möglich begrenzt, neue Mitglieder nur nach strenger Prüfung aufgenommen werden.

Der Fahndungsdruck, mit dem die Behörden die bekannten Baader-BefreierInnen und weitere Personen, deren Beteiligung an der Aktion (z.T. fälschlich) vermutet wurde, überzogen, führte innerhalb eines Teils der Gruppe zu einem großen Sicherheitsbedürfnis. Horst Mahler erinnert sich an diese schwierige Entscheidung, die einen Kurswechsel im Konzept der RAF zur Folge hatte: "Es ist so, daß die Baader-Befreiung (...) diese Gruppe in Zugzwang gebracht hat, d.h. sie war nicht mehr frei, über das Konzept zu entscheiden. (...) Die logische Konsequenz war, daß die ursprünglichen Pläne, eine sozialrevolutionäre Kampfgruppe aufzubauen, die in soziale Auseinandersetzungen eingreift, vom Tisch war, denn man konnte sich nicht mehr im Stadtteil halten, weil man illegal war."[169]

Die somit sehr schnell geschlossene Struktur der Gruppe reduzierte ihre Rekrutierungsfähigkeit so stark, daß zum eigentlichen Kern der RAF zu keinem Zeitpunkt mehr als vierzig bis fünfzig Personen gehört haben dürften.[170] Notwendige Treffen mit legal lebenden UnterstützerInnen, die anfangs noch von der in linken Kreisen bekannten Ulrike Meinhof arrangiert wurden, wurden auf ein Minimum reduziert und schließlich immer seltener. Zwischen der RAF und der linken Öffentlichkeit wurde bald nur noch über Kampfschriften und Kommandoerklärungen von seiten der RAF und Reaktionen auf diese in linken Presseorganen von seiten der SympathisantInnen kommuniziert. Deshalb kommt die Autorin Rossi zu dem Schluß, "daß das Merkmal der Illegalität (...) als Antwort auf das gesteigerte Sicherheitsbedürfnis ihre Beziehung zur Außenwelt bestimmend geprägt hat, insofern als eben diese Außenwelt vermehrt als Risiko empfunden wurde und der Versuch, dieses Risiko unter Kontrolle zu halten, die Interaktionsmöglichkeiten beeinflußt und begrenzt hat."[171]

Nachdem die Kommunikationswege nach außen abgeschlossen waren, standen als Lebens-, Kampf- und DiskussionspartnerInnen fast nur noch die Gruppenmitglieder zur Verfügung. Neue Ideen dürften, wenn überhaupt, wohl am ehesten noch durch die neu rekrutierten Mitglieder in die RAF eingeflossen sein, welche jedoch auch bald unter dem Einfluß der vorgegebenen Ziele und des Gruppendrucks versandeten. Wenn Birgit Hogefeld schreibt, daß sich "unsere eigene Realität in der Illegalität (...)

---

[169] Mahler, in: Krebs, S.220
[170] Wenn man/frau davon ausgeht, daß lediglich ein Drittel der RAF-Mitglieder überhaupt an Aktionen gegen Menschen teilnahm (Rossi, S.130), so darf davon ausgegangen werden, daß der RAF nie mehr als um die fünfzehn Personen für diese Aktionen bereitstanden.
[171] Rossi, S.142

stark von der Alltagsrealität der Mehrzahl der Menschen unterschieden"[172] habe, dann weist dies meines Erachtens darauf hin, daß sich der Blick der RAF immer mehr nach innen richtete, gesellschaftspolitische Realitäten nicht mehr wahrgenommen wurden und die Sprache der RAF in ihren Erklärungen zu einer immer mehr selbst für eine linke Öffentlichkeit kaum noch verständlichen Art Geheimsprache wurde.

Von der Polizei verfolgt und von bisherigen Beziehungen isoliert, mußte die Gruppe ihren Mitgliedern, die sich alle in einer ähnlichen schwierigen Situation befanden, Rückhalt bieten.

Mit kurzfristig nicht verwirklichbaren Zielen und damit mit hohen Erwartungen an ihre Mitglieder angetreten, unter Verfolgungsdruck und in ständiger Unsicherheit wegen möglichen Verrats agierend, konnten sich die einzelnen Gruppenmitglieder diesen notwendigen Rückhalt aber wohl nur selten geben. Die vorhandene Solidarität, die sich aus dem Kampf um das gemeinsame Ziel ergab, dürfte immer wieder durch informelle Gruppenprozesse, Rivalitäten, Koalitionen, Sympathien, Antipathien, Machtkämpfe überformt worden sein.

Pointiert könnte frau/man auch sagen, daß die sensorische Deprivation, der die RAF-Mitglieder nach ihrer Verhaftung in der Isolationshaft unterlagen, bereits im Untergrund einsetzte. Zumindest die Folgen sensorischer Deprivation scheinen bereits in der illegalen Struktur der RAF angelegt. "Die Frustration, welche durch das Anhalten dieser Bedingung ausgelöst wird, führt zu Aggressionen, für deren Äußerung fast nur der verbale Kanal zur Verfügung steht."[173] Entfremdungsprozesse dürften somit nicht nur gegenüber SympathisantInnengruppen, sondern auch in der RAF selbst frühzeitig eingesetzt haben.

4.3.2 Das Avantgarde-Verständnis als emotionale Entfremdung

Nach der weitgehenden Zersplitterung der StudentInnenbewegung waren die meisten RAF-Mitglieder überzeugt, daß es einer revolutionären linken Vorhut bedürfe, an der sich die Masse der kritischen Bevölkerung orientieren könne, um so dem weiteren Zerfall der Bewegung zu entgegnen.[174] Die Äußerungen der RAF sind, vom Tag ihrer Gründung an und bis weit in die achtziger Jahre hinein, voll von ihrem Selbstverständnis als VorkämpferInnen der Bewegung.

[172] Hogefeld, in: Edition Psychosozial, S.49
[173] so ein Ergebnis einer Studie des Sonderforschungsbereiches "Isolation und Aggression" der Uniklinik Hamburg 1973, in: Bakker Schut, S.113
[174] Die RAF orientierte sich in ihrem Avantgarde-Verständnis v.a. an der Idee Lenins, daß es in revolutionären Situationen einer Kaderorganisation bedürfe, die den Gang der Ereignisse lenke, um das Auseinanderdividieren der "revolutionären Subjekte" durch "die Reaktion" zu verhindern. "Beginnen wir mit einer festgefügten Organisation der Revolutionäre, so werden wir die Widerstandsfähigkeit der Bewegung als Ganzes sichern (...)" (in: Lenin: "Was tun?" Berlin 1946)

88

Bereits in ihrer ersten Veröffentlichung nach der Baader-Befreiung im Mai 1970 weisen die BefreierInnen darauf hin, daß sie diese Aktion "nicht den intellektuellen Schwätzern, den Hosenscheißern, den Allesbesser-Wissern zu erklären" hätten, "sondern den potentiell revolutionären Teilen des Volkes."[175] Sollte hier zumindest noch der Versuch unternommen werden, Tuchfühlung zu den Deklassierten der Gesellschaft zu halten, scheint dieser Anspruch in den folgenden Jahren immer mehr verwässert worden zu sein. Bereits 1971 heißt es in einer von Horst Mahler im Gefängnis verfaßten Schrift: "Falsch wäre es, das Mittel des bewaffneten Kampfes erst einzusetzen, wenn die Zustimmung der Massen sicher ist, denn das hieße, auf diesen Kampf gänzlich zu verzichten, weil diese Zustimmung der Massen allein durch den Kampf erreicht werden kann."[176]

Die RAF zeigte sich, unterstützt durch Meinungsumfragen, in denen ihr ein Teil der linksliberalen Bevölkerung Sympathien einräumte, zunehmend davon überzeugt, keine selbsternannte Avantgarde zu sein, sondern Rückhalt in Teilen der Bevölkerung zu genießen. Avantgarde, so schreibt sie, "ist eine funktion, zu der man sich weder ernennen noch die man beanspruchen kann, es ist eine funktion, die das volk der guerilla in seinem eigenen bewußtsein im prozeß seines eigenen aufwachsens, der wiederentdeckung seiner eigenen rolle in der geschichte gibt, indem es in der aktion der guerilla sich selbst erkennt (...)".[177]

Die RAF konstituierte sich demnach als Gruppe, die erkannt hatte, was, warum und wie zu tun sei und die noch dazu in der ArbeiterInnenschaft das revolutionäre Subjekt ausgemacht zu haben glaubte, das sich in den Aktionen der RAF selbst wiederfinden könne - eine krasse Fehleinschätzung, auf die Herbert Marcuse den militanten Flügel der StudentInnenbewegung bereits 1969 hingewiesen hatte, als er schrieb, dem neuen Radikalismus fehle eine Klassenbasis, wodurch der revolutionäre Versuch einen "abstrakten, akademischen und unwirklichen Zug" erhalte. Die Militanten orientierten sich an einem Revolutionsbegriff aus dem 19.Jahrhundert, der nichts zu schaffen habe mit einem fortgeschrittenen Industrieland, in dem die ArbeiterInnen selbst Kräfte des Konservatismus seien.[178]

Die Überzeugung von der unbedingten Richtigkeit der eigenen Weltsicht führte dazu, daß die RAF, wie Birgit Hogefeld als Mitglied der zweiten Generation schreibt, in dem Bewußtsein handelte, "unsere Praxis hier in diesem Land und selbst gegenüber

---

[175] Auszug aus einer in der Berliner Untergrundzeitung "Agit 883" am 22.5.1970 abgedruckten Erklärung, in: Demes, S.8
[176] Mahler, in: Mayer, S.25. Die Schrift mit der Bezeichnung "Die Lücken der revolutionären Theorie schließen - Die Rote Armee aufbauen" gilt zwar nicht als "offizielle" RAF-Schrift, dürfte aber große Teile des damaligen Diskussionsstandes in der Gruppe wiedergegeben haben.
[177] in: Demes, S.20
[178] Marcuse: "Versuch über die Befreiung", in: Rossi, S.34

der Linken nicht rechtfertigen zu müssen und so gab es auch keine Diskussionen und Reibungen, in denen immer wieder die eigene Praxis an die Realität und Entwicklungsprozesse angebunden und dahingehend korrigiert werden konnte."[179]

Dieser Wahrheitsfanatismus aber führte meiner Ansicht nach nicht nur zur Entfremdung der RAF von weiten Teilen der legalen Linken (siehe dazu Kapitel 7), sondern auch zu emotionalen Entfremdungsprozessen in der RAF selbst, die in die (unausgesprochene) Frage mündeten, wer sich am besten zum revolutionären Kader eignete, die "Funktion von Avantgarde" am besten erfüllen konnte. Ein RAF-Aussteiger schreibt dazu, in der Gruppe gebe es "keine Kommunikationsebene (...) es sei denn die des ständig zermürbenden 'das mußte mal sehen`, 'das mußte mal begreifen`, immer aus der Sicht der RAF und der Strategie des bewaffneten Kampfes. Denn nur von dieser Basis ausgehend wird an ihm kritisiert, wo er 'Bulle`, 'Votze` oder 'bürgerliches Arschloch` ist."[180]

Das VordenkerInnentum auch in den eigenen Reihen konnte unterschiedlichste Formen unsolidarischen Umgangs miteinander annehmen, so z.B. wenn Andreas Baader einen Text Ulrike Meinhofs zerriß und ihr mit den Worten "Scheiße" zurückgab[181] oder wenn sich z.T. Frauen untereinander als "bürgerliche Fotze" bezeichneten. Auch wenn die RAF-Mitglieder darauf rekurrieren, daß ein solcher Umgang untereinander notwendig gewesen sei, um völlige Offenheit und Ehrlichkeit untereinander zu erzielen, bleibt die Frage, ob solche Formen der gegenseitigen Konfrontation nicht eher zu Entsolidarisierung in der Gruppe führten, als daß sie den Zusammenhalt der Gruppe gefördert hätten.

Wo das Prinzip "Stummheit", das Verschweigen von Zweifeln am Kurs der RAF, nicht mehr griff, konnten unsicher gewordene MitstreiterInnen durch AvantgardistInnen in der RAF über unterschiedlichste Formen der psychisch-emotionalen Konfrontation scheinbar wieder "auf Kurs" gebracht werden.

Das Avantgarde-Verständnis der RAF korrespondiert meiner Ansicht nach insbesondere mit den oben beschriebenen Prinzipien der Externalisierung (in der Unfähigkeit, Kritik an sich selbst heranzulassen bzw. solidarische Kritik an anderen zu üben), der Benutzung (der SympathisantInnenszene, der Bestimmung anderer als "potentiell revolutionäre Subjekte") und der Stummheit (das Verschweigen oder Überspielen von Unsicherheit und Ängsten zum Zweck der Statussicherung oder aus Angst vor Maßregelung).

---

[179] Hogefeld: "Ein ganz normales Verfahren...", S.113
[180] in: Jeschke/ Malanowski, S.71. Der Name des Zitierten wird im Text nicht weiter genannt.
[181] so geschildert in: Aust, S.370

4.3.3 Der Aktionismus als temporäre Entfremdung

So wie sich die RAF in ihrer Struktur am Leninschen Avantgardegedanken orientierte, so berief sie sich in ihrer Handlungspraxis auf die Schriften Mao Tse Tung´s, insbesondere auf den durch ihn geprägten Begriff des "Primat der Praxis". Die StudentInnenbewegung war nach Ansicht der RAF vor allem an ihrer Theorielastigkeit und an ihrem fehlenden Mut zu extremen Interventionsmethoden ("Taktik der begrenzten Regelverletzung") gescheitert. Deshalb gelte es nun, "den Imperialismus" und dessen RepräsentantInnen in einer Weise anzugreifen, daß diese sich der Auseinandersetzung nicht länger entziehen könnten. So kommt die RAF im "Konzept Stadtguerilla" (April 1971) zu dem Fazit: "Ob es richtig ist, den bewaffneten Widerstand jetzt zu organisieren, hängt davon ab, ob es möglich ist, ist nur praktisch zu ermitteln."[182]

In der Logik ihres Avantgarde-Denkens wollte die RAF also selbst den Zeitpunkt bestimmen, an dem damit begonnen werden sollte, die Konfrontation mit dem Staat zu verschärfen. So begann sie nach der Baader-Befreiung rasch mit dem Aufbau kleinerer Gruppen und einer für den Untergrundkampf notwendigen Logistik, was unter den Mitgliedern bald zu Spannungen führte. So soll Ulrike Meinhof Ende 1970 einen bedächtigeren Aufbau der Gruppe und eine sorgfältigere Planung von Aktionen gefordert haben, nachdem bereits ein halbes Jahr nach Gründung der RAF zahlreiche Mitglieder verhaftet worden waren: "Diese planlose Rumrennerei, dieses Hetzen - wenn´s hier nicht klappt, dann gehen wir mal schnell in die nächste Stadt. Man hat nie überlegt, warum was nicht geklappt hat."[183]

Die RAF, angetreten, die Auseinandersetzung mit dem Staat offensiv zu führen und zu bestimmen, ließ sich - in der Logik des "Primat der Praxis" - den Zeitpunkt für Konfrontationen immer mehr von außen aufzwingen. Wurden Mitglieder bei Fahndungsaktionen verhaftet oder gar getötet, mußte fast zwangsläufig eine Gegenreaktion der RAF erfolgen. Insbesondere nach der Verhaftung der Gründungsgeneration Mitte 1972 agierte die RAF wohl kaum noch nach einem selbstbestimmten Konzept, sondern reagierte fast nur noch auf das Handeln des Staates gegenüber den gefangenen GenossInnen.

Auf die Verurteilungen vor Gericht, auf Haftverschärfungen oder auf die Verweigerung des Staates, die Hungerstreikforderungen der Gefangenen umzusetzen, antworteten die draußen lebenden RAF-Mitglieder in völliger Regelmäßigkeit mit Anschlägen oder Entführungen. Es ist deshalb meiner Ansicht nach nicht übertrieben, wenn gesagt wird, daß der Zeitpunkt der RAF-Aktionen immer mehr von der anderen Seite

---

[182] in: Peters, S.130
[183] Meinhof, in: Aust, S.148/149. Auch hier scheint - wie an vielen Stellen in Aust´s Werk - unklar, inwiefern diese Äußerung tatsächlich belegt ist oder der Gesamtinterpretation des Autors entspringt.

aus und nicht von der RAF selbst bestimmt wurde. Die Autorin Demes kommt zu dem Schluß: "Der innerhalb der Gruppe auftretende, durch Verfolgungsdruck und konspirative Lebensweise verstärkte Frustrations- und Aggressionsstau kanalisierte sich in ständigen Aktionismus."[184] Unter ständigem Verfolgungsdruck scheinen die Männer und Frauen der RAF kaum in der Lage gewesen zu sein, die eigenen Ziele und Strategien zu überdenken und neu zu formulieren. Sie konnten diesem Druck zunehmend nur noch durch ein verzweifeltes Um-Sich-Schlagen begegnen.

Das Argument des Handlungszwangs, das anfangs formuliert wurde, weil der Krieg in Vietnam täglich neue Opfer forderte, später, weil der Staat sonst immer weitere Gefangene ermorden lassen würde, setzte die RAF unter einen ungeheuren Zeitdruck. Die Wahl der Mittel konnte somit durch das Argument des Handlungszwanges in den Hintergrund treten. In diesem selbstgesetzten Handlungszwang sehe ich bei RAF-Mitgliedern, die sich mit der skizzierten Logik nicht identifizieren konnten, eine Form der temporären Entfremdung. Aktionismus bedeutet, nicht über genügend Zeit zu verfügen, um den Kopf frei zu bekommen, über das eigene Handeln und dessen Sinnhaftigkeit nachzudenken. "Es war wie eine Talfahrt", erinnert sich Klaus Jünschke, "wenn du rausspringst, gehst du kaputt, wenn du weiterfährst, gehst du auch kaputt."[185]

4.3.4 Untergrund, Avantgarde, Aktionismus und Männlichkeit

Wenn ich oben davon gesprochen habe, daß das Leben im Untergrund, das eigene Avantgarde-Bewußtsein und ein Aktionismus als Handlungsstruktur zu Formen der Entfremdung in der RAF führten, die ich als Strukturprinzip "Verdeckte Männlichkeit" umschreibe, so möchte ich die darin meiner Ansicht nach wirkenden Zusammenhänge nochmals in einem Schaubild verdeutlichen und dieses erläutern:

---

[184] Demes, S.50
[185] Jünschke, in: Aust, S.245

Untergrund

Alleinsein

Rationalität   *Körperferne*
                    Kontrolle

Stummheit

Benutzung
                    Externalisierung   *Gewalt*

Avantgarde   **Aktionismus**

Das Schaubild zeigt, daß eine eindeutige Zuordnung der Prinzipien männlicher Lebensbewältigung zum Handlungskontext der RAF nicht gelingt. Vielmehr dokumentiert das Schaubild das Ineinander der drei als Ursachenstränge beschriebenen Faktoren in ihrer Wirkung für die Herausbildung einer männlichen Handlungsstruktur der
RAF. So kann dieses Schaubild nur vereinfacht darstellen, welche Prinzipien sich in
Richtung auf die Ursachenstränge wo zuordnen lassen.

* Die Prinzipien **Alleinsein, Rationalität** und **Kontrolle** sehe ich im Zusammenhang
des Lebens im Untergrund verortet. Weitgehend abgeschnitten vom bisherigen Le-
bensumfeld war der/die RAF-KämpferIn auf die Kleingruppe der RAF verwiesen und
aufgrund der Geschlossenheit der Gruppe ohne große Möglichkeit zu Außenkontak-
ten. Die möglichst genaue, emotionslose Planung und Durchführung aller Aktivitäten
war für die RAF Voraussetzung, dem Verfolgungsdruck in der Illegalität nicht leicht-
fertig zu erliegen. Kontrolle innerhalb der Gruppe wurde nötig, um mögliche AbweichlerInnen, welche die illegale Gruppe gefährden konnten, rechtzeitig auszumachen.

* Das Prinzip **Stummheit** scheint mir an der Schnittstelle zwischen dem System Untergrund und dem Avantgarde-Denken der RAF zu liegen. Für die am Weg der RAF
Zweifelnden galt das Prinzip Stummheit, um nicht innerhalb der Gruppe (vor allem
bei denen, die keine Zweifel zeigten) in Mißkredit zu geraten und als potentielle/r
AbweichlerIn zu gelten.

* **Benutzung** und **Externalisierung** betrachte ich vor allem als Auswirkungen des
Avantgarde-Postulats der RAF. Sich selbst als Vorhut der Bewegung betrachtend,
erschien es Teilen der RAF legitim, andere Gruppen für sich zu instrumentalisieren

bzw. Gruppen in ihr selbst zur Ausführung von Aktionen zu drängen (z.b. das Verhältnis der "StammheimerInnen" zur zweiten Generation). Externalisierung, das Nicht-Infrage-Stellen der Sinnhaftigkeit des eigenen Handelns, scheint mir in der Aura der Überzeugung von der Richtigkeit der eigenen Weltsicht zu wirken.

* **Gewalt** liegt als permanente Möglichkeit in der Logik des Aktionismus. Das Primat der Praxis galt dann als erfolgreich durchgesetzt, wenn die Praxis selbst zum Erfolg führte. Da der Zweck in der RAF weitgehend die Mittel heiligte und zumindest die erste Generation der RAF sich in immer kürzeren Abständen zu Aktionen gedrängt fühlte, war der Einsatz von Gewalt für die RAF ein legitimes Mittel der Auseinandersetzung.

* **Körperferne** schließlich siedle ich im Grenzbereich zwischen Untergrund und Aktionismus an. Die immense Beanspruchung, die das Leben im Untergrund den Illegalen bereits abverlangte, wurde durch den Aktionismus der RAF nochmals verstärkt. Die daraus möglicherweise resultierenden physischen und psychischen Beeinträchtigungen konnten für die jeweilige Person selbst wie auch für die Gruppe zum Risiko werden.

Das Schaubild zeigt, daß nicht alle drei Ursachenstränge in gleicher Weise zur Herausbildung einer männlichen Struktur der RAF führten. Bereits mit dem Abtauchen ihrer Mitglieder in die weitgehende Illegalität war eine Vorstrukturierung der RAF in Hinblick auf eine Männlichkeitsstruktur gegeben. Das Avantgarde-Bewußtsein der RAF, das nicht nur nach außen gewendet werden konnte, trug dann entscheidend vor allem zum Aufbau einer heimlichen internen Rangordnung bei. Erst aber mit dem Primat der Praxis und dem unbedingten Willen zur Aktion konnte das Prinzip "Gewalt" Einzug in die RAF halten.

Untergrund, Avantgarde und Aktionismus bildeten, so meine weitere These, in der RAF ein explosives Gemisch, das sich nicht nur in Form von Anschlägen und Entführungen nach außen richtete, sondern auch nach innen wirkte und dort zur Zerstörung des ursprünglichen Kollektivitätspostulats beitrugen.

4.4 Zerstörung des Kollektivitätspostulats durch das Strukturprinzip "Verdeckte Männlichkeit" und Aufbau einer informellen Hierarchie

4.4.1 "Das befreite Gebiet ist noch nicht die Kollektivität selbst..."

Mit der Entscheidung für den Untergrundkampf setzte für die Baader-BefreierInnen und später auch für die meisten anderen RAF-Mitglieder ein starker Verfolgungsdruck ein. Jede/r BürgerIn war aufgerufen, sich ihre Gesichter auf Fahndungsplakaten in Banken, Postämtern, Kaufhallen einzuprägen und Verdächtiges zu melden. Die

94

RAF-Mitglieder waren schon bald zu den StaatsfeindInnen Nummer 1 geworden.[186] Es darf wohl angenommen werden, daß dieser Druck von außen bereits ein relativ starkes Zusammengehörigkeitsgefühl innerhalb der RAF entstehen ließ, gepaart mit dem Wissen, auf die Vertrauenswürdigkeit und den Nicht-Verrat des/der anderen angewiesen zu sein. Diese "äußere Kollektivität", das "Wissen um eine allen gemeinsame, irreversible Lebensentscheidung entwickelte sich für die Mehrheit der Gruppenmitglieder zu einer Art Überlebensgarantie gegen die selbstauferlegte Isolation im Untergrund."[187]

Die durch die gemeinsame Lebensentscheidung erzeugte äußere Kollektivität bedeutete aber nicht automatisch auch die Durchsetzung des Kollektivitätspostulates innerhalb der Gruppe, wie Christoph Wackernagel, Mitglied der zweiten RAF-Generation, feststellt: "Das heißt, die Illegalität ist eine (...) nicht hinreichende Bedingung, um eine Kollektivbeziehung aufzubauen. (...) Das befreite Gebiet ist noch die Kollektivität selbst. Bisher ist immer von dieser Verwechslung ausgegangen worden. Es wurde gesagt, bloß weil man den Bruch mit der Gesellschaft gemacht hat, ist man schon automatisch befreit, lebt man schon in einer befreiten Struktur. Dem ist nicht so."[188]

Meinem Eindruck nach scheinen die Frauen und Männer der RAF bei der Formulierung ihres Kollektivitätspostulates davon ausgegangen zu sein, daß bereits das Fehlen einer formellen, hierarchisch geordneten Führungsstruktur eine "innere Kollektivität" quasi von sich aus bedinge. Wenn sich z.B. Ulrike Meinhof in der RAF-Schrift "Konzept Stadtguerilla" gegen die Behauptung stellt, in der Gruppe gebe es militärische Befehlsstrukturen, macht dies deutlich, daß der Blick der RAF-Mitglieder sich wohl insbesondere auf die eigene "formale" Struktur richtete (in der es tatsächlich keine Führungspersonen gab), nicht aber darauf, was sich hinter der Bühne dieser formal nicht-hierarchischen Struktur abspielte.

4.4.2 "Die Gruppenzwänge scheinen ihre Eigendynamik zu haben..."

Als Gruppe von höchstens vierzig Leuten mit ungeheuer hohem Ziel angetreten, mit einem selbst auferlegten Avantgarde-Anspruch und der Idee des Primats der Praxis ausgestattet, von den Behörden unter starken Verfolgungsdruck gesetzt und deshalb frühzeitig gezwungen, Berlin zu verlassen und sich in kleinere, räumlich voneinander getrennte Kommandos aufzuteilen, deren konspirative Treffen nur schwer zu organi-

[186] Laut einer Umfrage des Allensbach-Institutes vom März 1971 kannten 82% der Deutschen zu dieser Zeit die Namen Baader und Meinhof, ein Bekanntheitsgrad, mit dem man/frau zu den absoluten Berühmtheiten gezählt wird (in: Bakker Schut, S.51). Die Mithilfe der Bevölkerung bei der Suche nach den RAF-Mitgliedern nahm z.T. groteske Formen an. Zahlreiche Falschmeldungen über das angebliche Auftauchen von RAF-Mitgliedern oder über vermeintlich konspirative Wohnungen hielten die Polizei im ganzen Bundesgebiet v.a. im Jahr 1971 in Atem (siehe dazu: Aust, S.158).
[187] Rosenkranz, in: Demes, S.2
[188] Wackernagel, in: Demes, S.47

sieren waren, war die Durchsetzung der postulierten kollektiven Handlungs-und Entscheidungsprozesse kaum noch möglich.
Wenn Gerd Rosenkranz schreibt, der "idealistische Anspruch, das kommunistische Gesellschaftsideal ausgerechnet in einer im Kern ´militärischen`, zudem unter einem gewaltigen Außendruck stehenden und konspirativen Gruppe vorwegzunehmen, war von vornherein illusionär"[189], glaube ich, daß der Begriff "militärisch" in dem von mir geschilderten Kontext durch den Begriff "männlich strukturiert" ersetzt werden kann.

Während auf der Bühne das Stück "Formale Gleichheit" aufgeführt wurde, tobten hinter den Kulissen Kämpfe um Macht und Anerkennung. Ausgetragen wurden diese Kämpfe im Kontext und mit den Mitteln einer männlichen Struktur, wie ich sie oben skizziert habe: Schweigend über eigene Zweifel, entfremdet von persönlichen Ängsten und Bedürfnissen, den/die andere/n kontrollierend und benutzend. Die Unfähigkeit, den Vorhang zu lüften, um hinter diesem eine "Verdeckte Männlichkeit" aufzuspüren, verhinderte meiner Ansicht nach, daß die Männer und Frauen der RAF sich der Prozesse von Macht und Ohnmacht, Anerkennung und Ausgrenzung innerhalb der RAF wirklich bewußt werden konnten.

"Kollektivität als Anspruch nach außen", heißt es in Peter-Jürgen Boocks Roman über seine Zeit in der RAF, "aber nach innen Hierarchie. Einer übertrumpft den anderen. Und dann die Kommandostruktur, wo so viel infomäßig abgeschottet wird, daß ´ne wirkliche Diskussion gar nicht mehr laufen kann. Dazu noch die privaten Animositäten (...) Du kannst sagen, was du willst, ich finde, daß wir unseren eigenen Ansprüchen an bewaffnete Politik nicht gerecht werden.".[190]

Prozesse von Macht, Deklassierung und Ausbeutung nur wahrnehmend, wenn sie auf der "anderen Seite" stattfanden ("der Imperialismus", "der faschistische Staat"...), die Kategorie "Macht" innerhalb der eigenen Gruppe aber nicht wahrnehmend, negierend oder billigend, dürfte der Blick der RAF-Mitglieder dafür verstellt gewesen sein, daß das, was sie als Kollektivität propagierten, dem eigenen Anspruch längst nicht mehr gerecht wurde. Deshalb formuliert die Autorin Uta Demes: "Die einzelnen Gruppenmitglieder mußten sich so dem gemeinsamen Ziel unterordnen, damit interne Gruppensolidarität entstehen konnte. Diese Kohärenz sollte durch Kontinuität des bewaffneten Kampfes erreicht werden."[191]
Durch die weitgehende Unumstößlichkeit der Ideologie der Gruppe, ihrer Ziele und Mittel und durch die mangelnde Thematisierung der Strukturen und Prozesse innerhalb der Gruppe wurde Kollektivität zum Zwang bzw. konnten unbemerkt Hierarchien in der Gruppe entstehen, da deren Existenz ja von vornherein geleugnet wurde. Ich

[189] Rosenkranz, in: Demes, S.2
[190] Boock, S.209
[191] Demes, S.39/40

glaube, daß dieser blinde Fleck der RAF mitentscheidend zu ihrem Scheitern beitrug, ein Scheitern, das in den Anfängen der RAF bereits angelegt war und durch die fehlende Einsicht in die eigenen undemokratisch und unsolidarisch verlaufenden Gruppenprozesse eine Eigendynamik entwickelte.

Rudi Dutschke stellte nach einem Besuch bei dem in Köln-Ossendorf inhaftierten Jan Carl Raspe 1974 deprimiert fest: "Subjektiv sich als antiimperialistische Revolutionäre fühlen schließt nicht aus, eine verhängnisvolle Rolle zu spielen. Die Gruppe will das bisher wohl noch immer nicht glauben (...) Bei Jan Raspe hatte ich (...) den Eindruck, daß er diese Gefahrenquelle richtig durchschaute (...). Aber die Gruppenzwänge scheinen da (...) ihre Eigendynamik zu haben. Die Resultate einer falschen Konzeption, einer Isolationshaft im Gefängnis u.a. treiben einen Selbstzerstörungsprozeß voran. Den zu durchbrechen sehe ich zur Zeit keine Chance."[192]

4.4.3 Kontrollstelle Männlichkeit:
"...und natürlich hat andreas die funktion von führung."

Wenn ich im folgenden die These vertrete, daß sich in der RAF der ersten Generation eine hierarchische Struktur entwickelte, die einen möglichen kollektiven Prozeß der Neuorientierung ihrer Politik verunmöglichte, möchte ich vorwegschicken, daß ich der Feststellung der meisten AutorInnen, die RAF sei quasi "faschistisch strukturiert"[193] oder eine Organisation gewesen, in der Widerspruch gegen die Befehlshabenden regelmäßig sanktioniert wurde, nicht folgen werde. Solche Feststellungen beruhen auf der von Bundesanwaltschaft und Medien aufgebauten "Rädelsführertheorie", die davon ausgeht, daß die RAF von wenigen Schwerstkriminellen geführt wurde[194], welche die ihr untergeordneten jungen politischen Schwarmgeister zu Gewalttaten verführt hätten. Ein solch starres Konzept von "Führung und Verführung" wird meiner Meinung nach den bis hierher skizzierten komplexen Gruppenprozessen nicht gerecht.

Wenn der RAF-Aussteiger Gerhard Müller als Kronzeuge gegen die RAF im Stammheim-Prozeß aussagt: "Durch besonderes Engagement war es möglich, von einer unteren in eine höhere Kategorie zu gelangen. Gleichermaßen konnte jemand in Ungnade fallen und niedriger eingestuft werden."[195], dann deutet dies an, daß es sich

---

[192] Dutschke, in: Aust, S.300/301

[193] so der RAF-Aussteiger Horst Mahler, in: "Die Zeit" vom 2.5.97, S.46

[194] In diese Richtung argumentierte z.B. die Bundesanwaltschaft im Stammheim-Prozeß, als sie in der Anklageschrift die Angeklagten als "Schwerstkriminelle Gewaltverbrecher" bezeichnete, die auf die "tiefste Stufe sittlicher Wertung" gefallen seien, im Besitz einer "Gesinnung, in der nichts Menschliches mehr ist" (Bakker Schut, S.448).

[195] Müller, in: Peters, S.145. Weiter sagte Müller aus, die Entscheidung über Auf- und Abstieg wäre Baader vorbehalten gewesen. Ich gehe davon aus, daß diese Aussage allerdings eher Müllers Kronzeugenstatus als der völligen historischen Richtigkeit geschuldet ist.

in der RAF-Hierarchie um eine flexible Struktur handelte. Beispiele für solche Abstiege in der RAF-Hierarchie wären Ulrike Meinhof und Horst Mahler (spätestens ab dem Zeitpunkt, an dem sie ihre Zweifel am Weg der RAF nicht mehr verbargen), während z.b. Jan Carl Raspe, Holger Meins oder Irmgard Möller meinem Eindruck nach erst in ihrer Gefangenschaft eine bedeutende Rolle in der RAF zu spielen begannen.

Ich vermute, daß die informelle Hierarchie der RAF immer diejenigen Männer und Frauen an die Spitze brachte, die sich an die oben skizzierte Struktur einer "Verdeckten Männlichkeit" in der RAF am besten anpassen und diese für sich nutzen konnten. Der Eintritt in Führungspositionen der RAF erfolgte deshalb vorbei an einer "Kontrollstelle Männlichkeit".

Interessant finde ich in diesem Zusammenhang vor allem, wie die RAF den Widerspruch zwischen Kollektiv und Führung zu erklären und zu rechtfertigen versuchte. In einer Erklärung der RAF von 1976 heißt es: "die guerilla ist eine kaderorganisation - das ziel ihres kollektiven lernprozesses ist die egalität der kämpfer, die kollektivierung jedes einzelnen (...) diesen prozess hat andreas in der raf initiiert und andreas war von anfang an in der raf das, was jeder kämpfer werden will und werden muss: die politik und die strategie in der person jedes einzelnen."[196]

Deutlicher wird die von der Gruppe weitgehend akzeptierte exponierte Stellung von Andreas Baader noch in einer Aussage von Brigitte Mohnhaupt, die in Anspruch und Funktion von Führung trennt: "wenn einer nen führungsanspruch gehabt hätte, dann hätte er sich nur lächerlich gemacht (...) die sache ist (...): daß führung ne funktion sein kann und in bestimmten situationen auch sicher notwendig sein kann, z.b. in aktionen, so haben wir das bestimmt, und natürlich hat andreas die funktion von führung. einfach, weil er nen unheimlich genauen begriff von situationen entwickeln kann und aus diesem begriff, aus der analyse von situationen ne taktik konzipieren kann, einen bestimmten ablauf und so linien festlegen kann, also die taktische linie und die strategie, aber das ist einfach ne sache, die niemals im alleingang oder im einsamen entschluß von einem stattfindet, sondern so ne konzeption, wenn sie einer entwirft, ist natürlich der diskussion von allen unterworfen (...)".[197]

Führung also sollte in der Bestimmung der RAF nicht an bestimmte Personen gebunden sein, sondern sollte eine, insbesondere in der Ausführung von Aktionen, notwendige Funktion sein, die prinzipiell jeder/m KämpferIn offenstehen sollte. Übersehen wurde in dieser Begriffsbestimmung, daß diese Führungsfunktion, wie sie die RAF definierte, an Voraussetzungen gebunden war, die eben nur Personen mit einer dementsprechenden Disposition den Aufstieg erlaubte. In der von der RAF übernomme-

---

[196] in: Demes, S.48
[197] Mohnhaupt, in: Bakker Schut, S.360

98

nen Definition des brasilianischen Guerillaführers Marighella lautete diese Disposition kurz: Der/Die Stadtguerilla müsse "eine solche Entschiedenheit an den Tag legen, daß jeder auf unserer Seite mitgerissen wird und niemals zögert (...)".[198]

Die versuchte Auflösung des Widerspruchs zwischen Kollektivität und Führung durch die Bestimmung von Führung als angeblich personenungebundene Funktion wurde für die Geschichte der RAF verhängnisvoll. Zwar konnten die Personen an der Spitze der RAF teilweise wechseln, die individuellen Voraussetzungen zum Passieren der "Kontrollstelle Männlichkeit" aber blieben erhalten bzw. verschärften sich sogar, je mehr die Auseinandersetzung zwischen RAF und Staat eskalierte. Meine Vermutung ist, daß die Zuspitzung dieses Kampfes zu einem nachhaltigen Hierarchisierungsprozeß innerhalb der RAF führte.[199]

Nur diejenigen, welche - im RAF-Jargon - "die größte Entschiedenheit an den Tag legten" konnten im Zuge der Radikalisierung und Brutalisierung beider Seiten in den Augen der RAF als absolut zuverlässige KampfgefährtInnen gelten. So konnte in der RAF quasi eine Zwei-Klassen-Gesellschaft aus Führungsebene und untergeordneten Mitgliedern entstehen, welche die Führungskader als "die mit den Hüten"[200] bzw. Andreas Baader als "Generaldirektor"[201] bezeichnet haben sollen. Zusammen mit Gudrun Ensslin habe, schreibt der Autor Aust, Baader den "Stab"[202] gebildet. Neben Baader und Ensslin als ständige Mitglieder der Führungsebene der ersten Generation dürften in den Anfängen der RAF insbesondere Horst Mahler und Ulrike Meinhof, später dann Meins, Raspe, Müller führende Positionen eingenommen haben.[203] Die Tatsache, daß die "TheoretikerInnen" Meinhof und Mahler nach ihren Verhaftungen an Anerkennung und Einfluß in der RAF verloren, werte ich als Beleg dafür, daß der theoretische Bodensatz der RAF in der Logik des "Primats der Praxis" immer dünner, die Versuche der Vermittlung ihrer Politik immer geringer wurden.

Zusammenfassend bleibt festzuhalten: Dürften die Diskussionen über Wege und Ziele der RAF in ihrer Aufbauphase (1970/71) noch breiter und offener verlaufen

---

[198] Marighella, in: Peters, S.89
[199] Um diese Vermutung zu belegen, wäre eine ausführliche Sichtung des "Info-Systems" (der Nachrichten, die sich die RAF-Gefangenen zukommen ließen) nötig gewesen. Dies konnte ich im Rahmen dieser Arbeit nicht leisten.
[200] in: Demes, S.51
[201] in: Aust, S.278
[202] a.a.O., S.278. Ob diese der Militärsprache entlehnten Begriffe weitgehend einer Realität entsprachen oder die RAF-Mitglieder mit diesen Begriffen eher kokettierten, möchte ich hier nicht entscheiden.
[203] Für die Vermutung, daß gerade diese Mitglieder Führungsaufgaben hatten, spricht die Tatsache, daß Gudrun Ensslin im Gefängnis für sie Decknamen ausdachte, die sie dem Roman "Moby Dick" entlieh, um damit die PostüberwacherInnen irrezuführen. So stand z.B. "Ahab" für Baader, "der Kapitän, der sich auf der Jagd nach Moby Dick, dem weißen Wal, verzehrte" oder "Starbuck", der "erste Steuermann" für Meins (Aust, S.274-277).

sein, so engten sich diese im Zuge der sich herauskristallisierenden Hierarchisierung innerhalb der Gruppe zunehmend ein. Diesen Prozeß der Hierarchisierung sehe ich im Kontext der Radikalisierung des Kampfes zwischen RAF und Staat. Die dem Strukturprinzip "Verdeckte Männlichkeit" innewohnende Logik führte dazu, daß die Einlaßbedingungen in die entstandene Führungsebene an der "Kontrollstelle Männlichkeit" sich verschärften. So blieb den am Kurs der RAF Zweifelnden lediglich die Möglichkeit des Verstummens in der Gruppe oder des Ausstiegs aus der Gruppe. Die Durchsetzung der "Hardliner-Fraktion" in der RAF sehe ich ebenso in der Struktur der "Verdeckten Männlichkeit" wie in der Reaktion von Staat und Gesellschaft auf die RAF begründet.

4.5 Männer und Frauen in der RAF

In Kapitel 3.6 habe ich meine Annahme formuliert, daß Männer und Frauen, von den Ausgangspunkten einer geschlechterhierarchischen Welt, nicht als geschlechtslose, mit gleichen Ressourcen und Handlungsmustern ausgestattete Wesen in der RAF angekommen sind. Die RAF hingegen ging, getreu der Logik ihres Kollektivitätspostulates, von der Egalität der KämpferInnen mit ihrem Eintritt in die RAF aus. Der Widerspruch zwischen Geschlechterhierarchie und Kollektivität wurde also dadurch aufgelöst, daß er schlicht negiert und in keinster Weise thematisiert wurde.

So verwundert es nicht, daß sich in den Schriften der RAF "keinerlei Hinweis auf ein Interesse an einer Veränderung der Geschlechterrolle oder einer Veränderung der gesellschaftlichen Machtverteilung zwischen den Geschlechtern"[204] finden läßt. Wenn Inge Viett, Mitglied der "Bewegung 2.Juni", heute formuliert: "Es war für uns keine Frage Mann-Frau. Das alte Rollenverständnis hat für uns in der Illegalität keine Rolle mehr gespielt. Deshalb haben wir uns damit nicht auseinandersetzen müssen"[205], macht dies meiner Ansicht nach deutlich, daß die geschlechterhierarchische Struktur der eigenen Gruppe, wie ich sie oben skizziert habe, außerhalb des Blickwinkels dieser Frauen und Männer lag. Im folgenden möchte ich noch etwas näher auf die konkreten Auswirkungen der Struktur der "Verdeckten Männlichkeit" auf das Handeln der Männer und Frauen in der RAF eingehen.

4.5.1 Patriarchale Dividende: Die Männer in der RAF

In einer der äußerst seltenen Ausführungen mit geschlechtsspezifischem Blick auf die RAF vermutet die Publizistin Susanne von Paczensky als einen Grund für den hohen Frauenanteil in der RAF, in der Gruppe müßten die "anderen Männer" tätig gewesen sein. "Ist hier ein besonderer Faktor am Werk, der diese Männer mit einem geringe-

---

[204] von Paczensky, in: Jeschke/Malanowski, S.141
[205] Viett, in: "die tageszeitung" vom 25./26.10.97, S.XI

ren Männlichkeitsideal ausgestattet hat oder es ihnen möglich macht, ohne einen starken Selbstwertverlust zahlengleich und offenbar auch im Entscheidungsprozeß gleichberechtigt mit Frauen zusammenzuarbeiten?"[206]. Mit dieser Annahme geht sie aber in die oben bereits formulierte "Falle" einer formalen Gleichheit, wie sie sich in Anzahl und Positionen von Männern und Frauen ausdrückt, die über die tatsächliche Gruppenstruktur aber noch wenig aussagt.

Mein Eindruck ist vielmehr, daß die Männer in der RAF den hohen Anteil an Frauen "verkraften" konnten, da diese Frauen die männliche Strukturierung der RAF, die tendenziell den Lebensbewältigungsmustern von Männern entsprach und diese damit bevorteilte, nicht angriffen, sondern sich ihr weitgehend anpaßten und damit die Durchsetzung dieser Struktur forcierten. Den Männern also drohte von diesen Frauen keine Gefahr in Bezug auf die Anerkennung und das Agieren in ihrer traditionellen Männerrolle.

Als symptomatisch sehe ich die Bezeichnungen, die Gudrun Ensslin den Männern in Anlehnung an den Roman "Moby Dick" verlieh: Andreas Baader als Kapitän, Horst Mahler als Waljäger, Holger Meins als erster Steuermann, Jan Carl Raspe als Zimmermann, Gerhard Müller als Harpunier. Die Männer als Jäger und Kurshaltende - während für Gudrun Ensslin in ihrer eigenen Geschichte der Platz als Koch und für Ulrike Meinhof als Heilige übrigblieb.[207]

Für die teilweise abfälligen Bemerkungen, die insbesondere Baader gegenüber Frauen gemacht haben soll ("Ihr Fotzen, eure Emanzipation besteht darin, daß ihr eure Männer anschreit!"[208]), habe ich keine Entsprechung von Frauenseite aus gefunden.

Wenn ich in Kapitel 3 davon gesprochen habe, daß der Weg in die RAF auch als Kampf um Anerkennung gedeutet werden kann, würde ich weiter vermuten, daß Männer aufgrund der sich herauskristallisierenden männlichen Struktur der RAF mit besseren Startchancen in den Kampf um Anerkennung in der RAF gingen. Sie erhielten aufgrund ihres Mannseins quasi eine Art Vertrauensvorschuß, zum Idealtyp des unerschrockenen RAF-Kämpfers geeignet zu sein. Dies bedeutet wiederum nicht, daß Männer diesen Vertrauensvorschuß nicht sehr schnell wieder verlieren konnten. Beispiele dafür wären Thorwald Proll, der Anfang 1970 auf der Flucht in Straßburg von Baader und Ensslin als für den Untergrund untauglich stehengelassen wird oder Peter Homann, der im Jordanien-Camp nur knapp dem RAF-Gericht entkommt, weil er quer zu Baaders und Mahlers Führungsanspruch steht.
Der Kampf um Anerkennung in der RAF war für die unterschiedlichen Männer schließlich auch ein Kampf zwischen hegemonialen und untergeordneten Männlich-

---

[206] von Paczensky, in: Jeschke/Malanowski, S.141
[207] siehe auch Anmerkung 203
[208] Aust, S.149

keiten. Daß dieser Kampf kaum einmal offen eskalierte, dürfte vor allem auf die schweigende Ein- und Unterordnung der von der Gruppe geringer geschätzten Männlichkeitstypen zurückzuführen sein. Ein Beispiel für die Durchsetzung eines bestimmten Männlichkeitstypus ist die Auseinandersetzung zwischen dem "Praktiker" Baader und dem "Theoretiker" Mahler (siehe dazu Kapitel 5).

Festzuhalten bleibt also, daß die durch das "System Untergrund" vorbereitete und durch Avantgarde-Gedanken und Aktionismus beförderte männliche Strukturierung der RAF den Männern den Zugang zu Anerkennung in der RAF erleichtert haben dürfte, da bei ihnen die für den bewaffneten Kampf als notwendig erachteten Eigenschaften von vornherein als vorhanden angenommen wurden. Ihr Mannsein dürfte ihnen - nicht nur in den Augen der Öffentlichkeit, sondern auch in den Reihen der RAF selbst - zu einem "Glaubwürdigkeitsvorsprung" verholfen haben, der sie auf einer höheren Stufe der Anerkennungsleiter einsteigen ließ ("Patriarchale Dividende").

Dies dokumentiert auch die Tatsache, daß die Baader-Befreiung im Mai 1970 erst angegangen
wurde, als sich neben den beteiligten vier Frauen auch ein Mann (vermutlich Hans-Jürgen Bäcker), der zudem vorher noch nicht in die Aktion eingeweiht war, zur Beteiligung an der Aktion bereit erklärte. Um so tiefer dürfte der Fall für die Männer gewesen sein, deren Männlichkeitsformen in der RAF als kontraproduktiv bzw. die Gruppenstruktur gefährdend erachtet, denen die gesuchte Anerkennung verweigert wurde.

4.5.2 Der doppelte Kampf um Anerkennung: Die Frauen in der RAF

Mit Sicherheit waren die Frauen der RAF nicht die Spitze der zu Beginn der 70er Jahre aufkommenden feministischen Bewegung, und ihr Handeln kein "Exzeß der Frauenbefreiung", wie immer wieder in denunziatorischer Absicht behauptet wird. Vielmehr scheint es bei ihnen, wie von Paczensky feststellt, einen Zusammenhang zwischen traditioneller Frauenrolle und Märtyrerinnentum gegeben zu haben. "Die in terroristischen Untergrundorganisationen geforderte Selbstaufgabe, die Unterordnung unter höhere Ziele kann nicht als emanzipatorisches Handeln, sondern eher als ein ´Exzeß weiblicher Aufopferung` angesehen werden (...) Mir scheint eine Teilerklärung, ein Ansatzpunkt eher darin zu liegen, daß wir Frauen in unserer Gesellschaft immer noch sehr stark auf Opferbereitschaft, auf Zurückstellen eigener Interessen, auf das Sich-für-eine-große-Sache-Einsetzen, auf klagloses Dulden erzogen sind. Gerade diese Ausprägungen der traditionellen Frauenrolle haben hier sozusagen eine pervertierte Entwicklung gefunden."[209]

---

[209] von Paczensky, in: Jeschke/Malanowski, S.128/141

102

Die Vorstellung, das nach außen gerichtete, militante Handeln der Frauen in der RAF sei als emanzipatorischer Akt zu begreifen, verschweigt eben die völlige Aufopferung dieser Frauen für ein höheres Ziel sowie ihre scheinbar kritiklos erfolgte Ein- und Unterordnung in ein männliches Werte- und Lebenssystem. Dadurch hatten die Frauen in der RAF im Gegensatz zu den Männern einen doppelten Kampf um Anerkennung zu führen: Neben dem Kampf gegen den Staat um die Anerkennung ihrer politischen Überzeugung mußten sie innerhalb des patriarchalen Systems der RAF, so meine Vermutung, zunächst einen Kampf um ihre eigene Glaubwürdigkeit führen, der darin bestand, die anderen Gruppenmitglieder von der Existenz ihrer als "männlich" definierten Eigenschaften (Gewaltbereitschaft, radikale Entschlossenheit...) zu überzeugen. Gelang dies, war der Weg nach oben in der RAF-Hierarchie für die Frauen frei.

Die selten berichteten Fälle, in denen sich Frauen gegen Männer in Führungsfunktionen richteten, scheinen meist schnell mit dem Verstummen der Frauen zu enden, wie z.B. die Auseinandersetzungen Ulrike Meinhofs mit Andreas Baader belegen. Lediglich Gudrun Ensslin konnte sich im "Führungsstreit" gegen Horst Mahler durchsetzen und soll zuweilen auch Baader gegenüber das Wort ergriffen haben.

Häufiger als Auseinandersetzungen mit dem anderen Geschlecht scheinen bei den Frauen (wie auch bei den Männern) Rivalitäten innerhalb des eigenen Geschlechts geherrscht zu haben. Der Anfang 1976 eskalierende Streit zwischen Ensslin und Meinhof, dem eine schleichende Entfremdung der beiden ehemaligen "Führungsfrauen" der RAF vorausgegangen war, kann wohl als negativer Höhepunkt in den Binnenbeziehungen der RAF-Mitglieder bezeichnet werden. Ensslin hatte genug von den Selbstzweifeln Meinhofs. An Baader schreibt sie: "Sie ist mißtrauisch und mehr als das. Sie bezweifelt, was ich sage bzw. antworte, weil es nicht nur gelogen sein könnte, sondern ihrer Meinung nach gelogen ist (...) Der Zweck meines Erzählens (war), Ulrike zu quälen, indem ich ihr Quälerei zurückgebe. Auge um Auge."[210] Auf Meinhofs Entgegnung "Ich weiß nicht, warum Du das machst, Dich auf Fehler von mir zu stürzen und davon immer wieder anfangen. Ich halte das nicht aus" antwortet Ensslin lapidar, ihr "Wühlen in der Scheiße" komme daher, "weil Du kaputt sein willst."[211]

Mit dieser knappen Darstellung gegenseitiger Konkurrenz- und Machtkämpfe möchte ich es an dieser Stelle zunächst belassen. Eine konkretere Beschreibung geschlechtsspezifischer Lebenslagen bzw. der Beziehungen zwischen einzelnen Personen erscheint mir aufgrund der dünnen Datenlage zu spekulativ. Dazu bedürfte es der Thematisierung der Geschlechterfrage durch ehemalige RAF-Mitglieder, welche bis heute aber nicht geschieht oder der konkreten Beschreibungen einzelner Beziehungen

[210] Ensslin, in: Aust, S.371/370
[211] a.a.O., S.372

innerhalb der Gruppe. Da diese bisher fast ausschließlich von KronzeugInnen geliefert wurden, erscheinen mir diese Aussagen als zu wenig gesichert.

Evident jedoch erscheint mir, daß die Struktur einer "Verdeckten Männlichkeit" geschlechtsspezifische Lebenslagen in der RAF prägte, welche die Beziehungen innerhalb der Geschlechter und zwischen Frauen und Männern in der RAF (mit)bestimmten. Die Kämpfe um Macht und Anerkennung in der RAF müssen meines Erachtens auf dem Hintergrund dieser Struktur und mit ihr als Interpretationsfolie gesehen werden.

4.6 Dampfkessel RAF: Hegemoniale Männlichkeit und die Selbstisolierung der RAF

In Kapitel 2.4 wurde Hegemoniale Männlichkeit als "dominante Form von Männlichkeit, die sich über die Abwertung und Unterordnung sowohl von Frauen, als auch von ´untergeordneten Männlichkeiten` konstituiert" beschrieben. Weiter habe ich Hegemoniale Männlichkeit im Zusammenhang mit Macht und Gewalt wie folgt skizziert:

* Sie ist zum Erhalt ihrer Macht auf die schweigende Zustimmung untergeordneter Männer angewiesen.
* Zur Sicherung ihrer Macht versucht sie, ihre Männlichkeitsform "in Strukturen einzuschreiben".
* Auf Herausforderungen kann sie flexibel mit dem Umbau ihrer Männlichkeit reagieren, ohne damit einen Machtverlust zu erleiden.
* Sie versucht, die widerstreitenden Interessen untergeordneter Lebensformen gegeneinander auszuspielen, um nicht auf direkte Gewaltausübung zurückgreifen zu müssen.

Zumindest die ersten drei genannten Punkte lassen sich in bezug auf die RAFtypische dominante Form von Männlichkeit, die des von der eigenen Weltsicht überzeugten und deshalb zu allem entschlossenen, sich selbst opfernden Kämpfers, wiederfinden. Die "tough guys" der RAF prägten von Beginn an (mit)entscheidend die Struktur der RAF, nicht nur, weil, wie sie behaupteten, der Untergrund eine solche Lebensweise erfordere, sondern weil diese Struktur ihrem avantgardistischen Selbstverständnis und ihrer aktionistischen Handlungsweise am ehesten entsprach.

Nachdem diese Struktur einmal geschaffen war, konnten sie sich stets auf die angebliche Notwendigkeit ihrer Einhaltung berufen, vorgeblich, um das "Kollektiv RAF" nicht zu gefährden, mithin aber auch, um ihre eigene Führungsposition abzusichern.

Dies geschah um so einfacher, als der geschilderte Zwang zur Kollektivität Widerspruch erst gar nicht aufkommen ließ, den WortführerInnen wohl immer öfter schweigend zugestimmt wurde. Die Zuspitzung des Kampfes zwischen RAF und Staat schließlich führte zu einer Umformung der hegemonialen Form von Männlichkeit in der RAF in Richtung auf eine zunehmende Gewaltbereitschaft und Radikalisierung. In bezug auf den letzten Punkt vermute ich, daß das Zwangskollektiv RAF widerstreitende Interessen nur selten aufkommen ließ (bzw. diese zum Ausschluß aus der Gruppe führten), so daß sie auch kaum einmal gegeneinander ausgespielt werden mußten.

Die RAF, so würde ich als Zusammenfassung dieses Kapitels 4 resümieren, kann gekennzeichnet werden als eine Organisation, deren Struktur von einer hegemonialen Männlichkeit bestimmt wurde, welche andere Denk- und Handlungsformen von untergeordneten Männlichkeiten und von Frauen ausgrenzte. Über diese Ausgrenzungsstrategien prägte eine hegemoniale Männlichkeit die Binnenbeziehungen innerhalb der Gruppe sowie die Außenbeziehungen der Organisation, die Politik der RAF mitentscheidend und sicherte gleichzeitig ihre eigene Führungsposition.

Wenn Birgit Hogefeld darauf verweist: "In unserem Weltbild waren Widersprüche, eben die Facettenhaftigkeit, sowohl auf unserer wie auch auf der Gegenseite ausgeblendet"[212], dann deutet dies hin auf die Schwarzweißsichtweise der RAF, die klare Trennung in ein FreundIn-FeindIn-Schema, die keinen Platz für Zwischenräume lassen wollte, um so im Kollektiv RAF zum einen Verhaltenssicherheit zu erzeugen (KämpferIn oder VerräterIn), zum anderen aber auch Herrschaft über (oft vorschnelle) Ausgrenzung abzusichern.

Die in der RAF herrschende Form hegemonialer Männlichkeit war schließlich für die Destabilisierung und letztlich das Scheitern der Gruppe mitverantwortlich. W.D.Narr hat die RAF in einem eindrücklichen Bild mit einem Kessel verglichen, der unter dauerndem Hochdruckeinfluß (Verfolgungsdruck, Primat der Praxis...) stand. Aufgrund des fehlenden regelnden Ventils nach innen (Avantgarde-Gedanke, Deutung von Zweifeln als Verrat...) sah sich die RAF bei entsprechendem Außendruck zu Aktionen gezwungen, um den Druck im Kessel nicht zu groß werden zu lassen (Aktionismus). Waren diese "Gegenschläge" nicht möglich, konnte also kein Druck nach außen abgelassen werden, konnte es leicht zur Implosion, zu Machtkämpfen und Ausgrenzung innerhalb der Gruppe kommen (z.B. im Gefängnis in Stammheim).

So verbaute sich die RAF weitgehend die Selbstbestimmung ihrer Politik, indem sie durch die Verweigerung von Widersprüchen und das Nicht-Eingestehen von Fehlern eine permanente Neubestimmung ihrer politischen Strategie verhinderte und sich so

---

[212] Hogefeld, S.99

immer weiter von der legalen Linken entfremdete. Die Verhinderung emanzipatorischer Prozesse in der RAF wird schließlich auch in der Rückschau Birgit Hogefelds
auf ihre Zeit in der RAF deutlich. Sie schreibt: "Gruppenstrukturen, die keine Differenzen geschweige denn Widersprüche aushalten, müssen nicht, aber können leicht
verhindern, daß Menschen wachsen und an innerer Stärke gewinnen."[213]

---

[213] Hogefeld, in: Edition Psychosozial, S.39

5 Andreas Baader und Horst Mahler:

Zwei Männer - ein Ziel?

Zur Verdeutlichung des bisher Gesagten möchte ich in diesem Kapitel eine konkrete Binnenbeziehung in der RAF darstellen, um diese auf die im vorigen Kapitel ausgeführten Thesen ("Verdeckte Männlichkeit", "Kontrollstelle Männlichkeit", informelle Hierarchie, Machtkämpfe, Entsolidarisierungen und Ausgrenzungen, Zerstörung des Kollektivs) hin zu untersuchen.

Ich habe dazu insbesondere aus zwei Gründen die Beziehung zwischen Andreas Baader und Horst Mahler herausgegriffen. Zum einen handelt es sich um zwei der wenigen Personen aus der RAF, bei denen mir die "Datenlage" nicht nur in bezug auf ihre Biographie, sondern auch in bezug auf ihr gegenseitiges Verhältnis in der RAF einigermaßen gesichert erscheint. Zum anderen läßt sich an der unterschiedlichen Position, welche die beiden Männer, die mit sehr gegensätzlichen Lebensläufen und Erfahrungen in der RAF angekommen sind, in der RAF einnehmen, meinem Eindruck nach sehr vieles von den in der Gruppe wirkenden Strukturprinzipien ausmachen.

Problematisch erscheint mir hingegen die bereits weiter oben erwähnte mögliche "Schieflage" in der Datensammlung über die beiden Männer. Während mir kaum Quellen bekannt sind, in denen Baader sich persönlich über seinen Lebensweg, seine Zeit in der RAF bzw. die Auseinandersetzungen mit Mahler geäußert hätte, hat Mahler nach seiner Abwendung von der RAF vor allem zur Binnenstruktur der Gruppe sehr deutlich in zahlreichen Interviews Stellung bezogen. Ich versuche, einer dadurch möglichen einseitigen Betrachtungsweise durch die Hinzuziehung von Aussagen weiterer RAF-Mitglieder über beide Männer so weit wie möglich zu entgehen.

5.1 Andreas Baader

Andreas Baader wird am 6.Mai 1943 in München als Sohn des Historikers und Archivars Dr.Berndt Philipp Baader und der Sekretärin Anneliese Baader geboren. Der Vater gerät 1945 in sowjetische Kriegsgefangenschaft und bleibt vermißt, so daß Andreas Baader als Einzelkind bei seiner Mutter, einer Großmutter und einer Tante aufwächst. Von LehrerInnen und Verwandten wird er als intelligent und willensstark, bis hin zum Jähzorn, aber auch als sprunghaft beschrieben. Von klein auf scheint ein rebellischer Zug in ihm zu stecken, der ihn immer wieder in Schwierigkeiten bringt. Befehlen seiner Mutter folgt er bald nur noch selten, dennoch beschreibt die Mutter das Verhältnis als "sehr herzlich" und Andreas als Jungen, "der sich nie so schnell angepaßt hat, der immer gefragt hat, der immer nachdenklich war."[214]

Aufgrund ständiger Probleme mit LehrerInnen muß Andreas mehrmals die Schule wechseln. Vom Gymnasium geht er mit 13 Jahren auf ein Internat nach Königshofen, wo er mehrmals abhaut, so daß ihn die Mutter wieder nach München holen muß. In einer Privatschule legt er sich mit dem Religionslehrer an und muß die Oberschule endgültig abbrechen. Nach einer Stippvisite in einer privaten Kunstschule versucht er sich als Werbetexter, verkehrt in der Münchner Schickeria, entdeckt ein Faible für Motorräder[215] und gilt als "Bohemian", der mit zahlreichen Geschichten ein großes Geheimnis um seine Person macht.

Als Neunzehnjähriger ist Andreas Baader an den "Schwabinger Krawallen" beteiligt (siehe Kapitel 1.2.1). Anneliese Baader erinnert sich: "Er kam nach Hause und sagte mir: 'In einem Staat, wo Polizei mit Gummiknüppeln gegen singende junge Leute vorgeht, da ist etwas nicht in Ordnung.'"[216]

1963 entzieht sich Baader dem Wehrdienst und den ständigen Querelen mit der Münchner Polizei durch einen Umzug nach West-Berlin, wo er zunächst als Praktikant bei einer Zeitung arbeitet - und rausgeworfen wird, weil er, nach eigener Aussage, "betrunken, wie Tarzan an einem Kronleuchter schaukelnd, einem leitenden Redakteur mit den Füßen ins Gesicht getreten hätte".[217]

Ab 1964 lebt Baader in einer Art Dreiecksbeziehung mit einem Berliner Künstlerehepaar zusammen, aus der Liaison Baaders mit der Malerin Ellinor Michel geht 1965 die Tochter Suse hervor. Seine antibürgerliche Lebenseinstellung demonstriert Baader durch rauhbeiniges, aggressives und zynisches Auftreten in der Berliner Nachtwelt. Für die beginnenden studentischen Demonstrationen hat er nur ein Lächeln übrig und fühlt sich als Kulturrebell eher zur ersten Berliner Kommune (Kommune I) hingezogen.

Als er nach Verbüßung einer Jugendstrafe aus Traunstein im Sommer 1967 nach Berlin zurückkehrt, ist auch die Kulturszene vom Sog der allgemeinen Politisierung nach dem Tod Benno Ohnesorgs erfaßt. Baader lernt die Studentin Gudrun Ensslin kennen, WeggenossInnen beschreiben das Paar bald als Symbiose von Kopf und Bauch, da Ensslin Baaders Tatendrang in eine gedankliche, politische Form gebracht

---

[214] Anneliese Baader, in: Peters, S.38
[215] Aus diesem Faible heraus erwächst auch seine erste Verurteilung. Baader war ohne Führerschein auf einem gestohlenen Motorrad mit 120 km/h durch den Englischen Garten gefahren, was ihm einen dreimonatigen Jugendarrest einbrachte.
[216] Anneliese Baader, in: Krebs, S.198
[217] in: Aust, S.39

hätte. Über sie findet Baader Zugang zum SDS, in dessen Veranstaltungen er aber insbesondere durch verbale Störmanöver auffällt, in denen er dazu auffordert, die Ebene der Seminardiskussion endlich zu verlassen. Dieses Rebellentum verleiht Baader aber auch eine gewisse Autorität innerhalb der Protestbewegung, wie der Kommunarde Bommi Baumann feststellt: "Baader (...) war so ein Marlon-Brando-Typ", der immer einen "unheimlichen Vortrag drauf hatte", in dem es immer irgendwie um "Terror machen" ging. "Die Studenten aus der APO-Szene fanden das zumeist gar nicht so übel, endlich einmal erwies sich einer als Tatmensch."[218]

Als Tatmensch erweist sich Baader dann tatsächlich, als er am 2.April 1968 in Frankfurt an zwei Kaufhausbrandstiftungen beteiligt ist (siehe Kapitel 1). Im Oktober ´68 wird er dafür zu drei Jahren Zuchthaus verurteilt. In seinem Schlußwort weist er darauf hin, daß die ablehnende Reaktion des SDS und der APO auf diese Aktion ein Beleg dafür sei, daß sie vom System gefressen und verdaut worden, "daß die revolutionäre Bewegung in der Bundesrepublik tot"[219] sei. Als im Juni ´69 dem Revisionsantrag der BrandstifterInnen zunächst stattgegeben wird, engagieren sich Baader und Ensslin in einem Frankfurter Projekt für entlaufene Heimzöglinge, dessen Ziel es sein soll, Alternativen zur staatlichen Heimerziehung zu entwickeln. Die bis zu 50 Jugendlichen sind großteils von Baader begeistert, da er von geregelten Strukturen ebensowenig hält wie sie und lieber mit ihnen wilde Autofahrten veranstaltet oder, als die finanzielle Unterstützung des Projektes ausbleibt, das Büro des Frankfurter Jugendamtleiters besetzt.[220]

Als die Revision im November ´69 verworfen wird, fliehen Baader und Ensslin über Paris nach Italien, wo sie zur Jahreswende Besuch von Baaders Anwalt Horst Mahler erhalten, der ihnen vom Aufbau einer konspirativen und militanten Gruppe in Berlin berichtet. Diese Nachricht dürfte das Paar dazu veranlaßt haben, im Februar 1970 nach Berlin zurückzukehren, wo sie bei der Journalistin Ulrike Meinhof Unterschlupf finden. In der Agonie der APO scheint einem Andreas Baader wieder besondere Bedeutung zuzufallen. "Für einen Teil der Rest-´Bewegung` ist nun nicht mehr der theoretisch versierte Agitator, sondern der lautstarke Kraftmensch das Idol. Der ´ganze Mann` ist wieder gefragt."[221] Und der Verleger Klaus Wagenbach erinnert sich: "Und so ein Typus war der Baader, der ewige Muttersohn, der kraftvolle, großmäulige Pe-

[218] Baumann, in: Aust, S.57
[219] Baader, in: Peters, S.55
[220] Auch wenn dies mit Blick auf die weitere Entwicklung komisch klingen mag, stellt sich mir an dieser Stelle in Baaders Biographie die Frage, was wohl geworden wäre, wenn die BrandstifterInnen begnadigt worden wären. Wären Ensslin und Baader dann vielleicht in der Erziehungsarbeit geblieben? Herbert Faller, damals Leiter des Frankfurter Jugendamtes, meinte, er habe - bei allen Problemen, die es mit dem Projekt gab - ihr Engagement als Versuch gesehen, "an neuer Stelle die politische Arbeit sinnvoll fortzusetzen."
[221] Krebs, S.198

ripathetiker, der ja damals nicht selten war. Es gab diese Machisten, die rumliefen und sagten: jetzt muß aber die Knarre her, die Knarre ist die Lösung!"[222]

Der Aufbau einer Untergrundgruppe wird durch die neuerliche Verhaftung Baaders im April 1970 jedoch zunächst gestoppt. Nach seiner raschen Befreiung (dazu genauer Kapitel 1.5.1) fliegt Baader mit der zweiten Gruppe der Gesuchten im Juni 1970 in ein palästinensisches Ausbildungslager bei Amman. In diesem Camp scheint Baader schnell Horst Mahler als Wortführer der Gruppe abgelöst zu haben. Mahler war der Fehler unterlaufen, auf dem Beiruter Flughafen seinen richtigen Namen zu nennen, so daß die deutschen Behörden vom Aufenthaltsort der Gruppe erfahren hatten. Baader "warf ihm die Panne (...) als Beweis seiner vollständigen Unfähigkeit vor. (...) Der bisherige Guerillachef wurde schon an diesem Abend degradiert. (...) Baader konnte anderen ihre Unfähigkeit auf eine Weise vorwerfen, die sie völlig aus der Fassung brachte. Er geiferte die anderen an, bis er im wahrsten Sinne des Wortes Schaum vorm Mund hatte."[223]

Im Laufe des Jahres 1970 festigt sich Baaders Stellung in der Gruppe weiter, zumal nach der Verhaftung Mahlers im Oktober 1970. Für den beginnenden Untergrundkampf scheint er geradezu prädestiniert zu sein. Das RAF-Mitglied Ulrich Scholze schildert ihn als "intelligenten, schnell begreifenden Mann, der Situationen realistisch einschätzen konnte und über hohe psychische Reserven verfügte."[224]

Das Jahr 1971 ist gekennzeichnet vom Aufbau der Untergrundgruppe, die inzwischen in die BRD ausgewichen ist und vom zunehmenden Streit zwischen Baader/Ensslin und Meinhof. Meinhofs Kritik an der Gesamtplanung hält Baader immer wieder das Argument des individuellen Versagens entgegen. Nicht zuletzt der Streit zwischen Baader und Meinhof, die, fasziniert von der jeweils unterschiedlichen Begabung des/der anderen, eine Art Abhängigkeit voneinander schaffen, führt zur ersten Trennung der Gruppe; Meinhof geht mit mehreren GenossInnen nach Hamburg, während Baader, Ensslin und andere sich in Süddeutschland aufhalten.

In der "Mai-Offensive" ´72 ist Baader an mehreren Anschlägen beteiligt, bevor er am 1.Juni 1972 in Frankfurt zusammen mit Raspe und Meins verhaftet wird und nach Schwalmstadt gebracht wird, wo er das erste Jahr hermetisch getrennt vom übrigen Anstaltsbetrieb in Einzelhaft verbringt. Ende 1972 ist er Hauptinitiator des ersten Hungerstreiks der RAF-Gefangenen, die mit diesem Mittel versuchen, bessere Haftbedingungen und ihre Zusammenlegung zu erreichen. Auch im Gefängnis wird Andreas Baader seine Führungsrolle in der RAF beibehalten; immer wieder dringt er zur

---

[222] Wagenbach, in: Krebs, S.198
[223] Aust, S.106/107
[224] Scholze, in: Aust, S.138

Aufnahme bzw. zum Durchhalten von Hungerstreiks[225], von den anderen RAF-Gefangenen wird er, halb ernst, halb ironisch, "Generaldirektor" genannt.

An seiner radikalen Unnachgiebigkeit orientieren sich zahlreiche andere Gefangene aus der RAF, wie eine Äußerung von Gudrun Ensslin vermuten läßt: "Der Rivale, absolute Feind, Staatsfeind: das kollektive Bewußtsein, die Moral der Erniedrigten und Beleidigten, des Metropolenproletariats - das ist Andreas (...) An Andreas, über das, was er ist, konnten wir uns bestimmen, weil er das alte (erpreßbar, korrupt usw.) nicht mehr war, sondern das neue: klar, stark, unversöhnlich, entschlossen...Weil er sich über die Ziele bestimmt..."[226]

Ende 1974 wird Baader nach Stammheim verlegt, wo ihm zusammen mit den zu RädelsführerInnen erkorenen RAF-Mitgliedern der Prozeß gemacht wird. In diesem über zwei Jahre dauernden Prozeß (Mai '75 - April '77), während dem Ulrike Meinhof stirbt, versuchen die RAF-Gefangenen darzulegen, daß der deutsche Staat sie als Kriegsgefangene halte. In seinem letzten Auftritt vor Gericht fordert Baader vergeblich die Ladung der Regierungschefs Brandt und Schmidt, da diese bestätigen müßten, daß die "RAF seit 1972 nach einer grundgesetzwidrigen (...) Konzeption der antisubversiven Kriegsführung"[227] verfolgt worden sei. Wie Ensslin und Raspe wird auch Baader schließlich zu lebenslanger Haft verurteilt.

Im September '77 versuchen Mitglieder der RAF, mit der Entführung des Arbeitgeberpräsidenten Schleyer u.a. auch Baader aus der Haft freizupressen. Für den Fall des Austausches sagt Baader zu, daß die Freigelassenen nicht in die Bundesrepublik zurückkehren würden. Die folgende Entführung der Lufthansa-Maschine lehnt Baader als Form des Terrorismus gegen ZivilistInnen ab, da dies nicht die Politik der RAF sei. Zu einem Austausch aber kommt es nicht mehr. Andreas Baader stirbt in der Nacht vom 17. auf den 18.Oktober 1977 in seiner Zelle in Stammheim durch einen Kopfschuß.

5.2 Horst Mahler

Horst Mahler, am 23. Februar 1936 im schlesischen Haynau als drittes von vier Kindern des Zahnarztes Dr. Willy Mahler und dessen Frau Dorothea geboren, erlebt als Neunjähriger 1945 mit seiner Mutter und seinen Geschwistern die Flucht vor der Roten Armee nach Naumburg an der Saale. 1946 zieht die Familie um nach Roßlau

---

[225] So schreibt er zum Beispiel an Ingrid Schubert, die den 3.Hungerstreik der RAF-Gefangenen abbrach: "einfache kapitulation? so läuft es nicht: da wirst du noch ne ganze menge zu erklären haben. (...) solange bleibst du im info - schon weil du offenbar nicht weißt, was verantwortung ist + wie regressiv + absurd die vorstellung ist.", in: Demes, S.136
[226] Ensslin, in: Aust, S.288/289
[227] Baader, in: Aust, S.431

112

bei Dessau und, nach dem Tod des Vaters 1949, nach West-Berlin. In einem klein-
bürgerlichen Elternhaus antikommunistisch erzogen, in der sowjetischen Zone Re-
pressalien ausgesetzt, setzt sich Mahler "in den Kopf, den Marxismus zu widerlegen.
Daraus wurde nichts. Marx und Lenin überzeugten mich."[228]

In Berlin absolviert Mahler 1955 das Abitur und beginnt an der Freien Universität
das Studium der Rechtswissenschaft. Mit Studienbeginn wird er zunächst Mitglied in
der schlagenden Verbindung "Thuringia", wechselt aber bald die politische Seite,
setzt sich seit 1956 als Mitglied der SPD gegen die atomare Aufrüstung ein und wird
Leiter der JungsozialistInnengruppe in Charlottenburg. Im Februar 1958 heiratet er
die angehende Juristin Ruth Frehn, aus der Ehe gehen in den beiden folgenden Jahren
zwei Kinder hervor.
Nach dem "Unvereinbarkeitsbeschluß" der SPD mit dem SDS wird er 1960 aus der
SPD ausgeschlossen. Mahler selbst dazu: "Da ich im SDS blieb, war ich raus aus der
Partei. Mein Versuch, in einer noch relativ positiven Beziehung zum Staate in die
Politik zu gehen, wurde zunichte gemacht."[229]

1963 eröffnet er in Berlin eine Anwaltskanzlei und macht sich als Wirtschaftsanwalt
einen Namen. Am Beginn der StudentInnenbewegung 1966 gehört Mahler zu den
Mitbegründern des "Republikanischen Clubs", einem der späteren Zentren der APO
in Berlin und wird bald der "Starverteidiger" linker StudentInnen vor Gericht. Be-
kleidet mit Trenchcoat, Anzug, Krawatte und Schirm marschiert Mahler jetzt als eine
der zentralen Figuren der APO auf Demonstrationen mit - und ist gleichzeitig noch
Anwalt von Unternehmen der Berliner Bauwirtschaft. 1968 schließlich beendet er
seine Karriere als Wirtschaftsanwalt und gründet mit anderen Anwälten zusammen
das erste "sozialistische Anwaltskollektiv". Zum Kreis seiner MandantInnen gehören
nun die Berliner Kommunarden Fritz Teufel und Rainer Langhans, die Journalistin
Beate Klarsfeld und Peter Brandt, der Sohn des späteren Bundeskanzlers.
Im Oktober ´68 übernimmt Mahler im Kaufhausbrandstiftungsprozeß die Verteidi-
gung des angeklagten Andreas Baader. Würden die Richter versuchen, die Beweggründe der Angeklagten zu verstehen, dann, urteilt Mahler, "müßten sie ihre Roben
ausziehen und sich an die Spitze der Protestbewegung setzen."[230] Immer mehr wird
Mahler zu einer Kultfigur der APO. Als ihm im November ´68 in einem Ehrenge-
richtsverfahren das Berufsverbot droht, schließlich aber abgewendet wird, kommt es
zur "Schlacht am Tegeler Weg" zwischen Mahler-SympathisantInnen und der Polizei
(siehe Kapitel 1.3.2).

Die Staatsanwaltschaft läßt Mahler fortan nicht mehr aus dem Blick. Ohne daß ihm
eine konkrete Tatbeteiligung nachgewiesen werden kann, wird Mahler im März 1969

---
[228] Mahler, in: "Die Zeit" vom 2.5.97, S.45
[229] Mahler, in: Backes, S.135
[230] Mahler, in: Backes, S.135

für schuldig erklärt, bei den Osterunruhen ´68 die Schäden auf dem Gelände des Springer-Konzerns mitverursacht zu haben; später wird er dafür zu zehn Monaten Gefängnis auf Bewährung und einer Geldstrafe von 250000 DM verurteilt.

Mahlers politische Einstellung radikalisiert sich zusehends. Gegen Ende des Jahres 1969 sammelt er einen kleinen Kreis von AnhängerInnen um sich, welche sich militante Auseinandersetzungen mit dem Staat zumindest vorstellen können. Anfang 1970 reist er nach Italien, um die gesuchten Baader und Ensslin zur Teilnahme an seiner Gruppe zu überreden, was auch gelingt. Nach der erneuten Festnahme Baaders in Berlin setzt sich Mahler bei der Anstaltsleitung für die zeitweilige Ausführung seines Mandanten ein und bereitet so die Befreiung Baaders mit vor (siehe Kapitel 1.5.1). Da seine Einweihung in den Befreiungsplan von den Behörden zu Recht angenommen wird, setzt sich Mahler mit der ersten der beiden Gruppen der jetzt Gesuchten im Juni ´70 in das palästinensische Ausbildungslager ab.

Der Autor Mayer beschreibt Mahler als "die Gestalt jener Jahre, an deren Werdegang sich am kontinuierlichsten der Weg von der Rebellion über die Eruption in Gewalt zum Terror ablesen läßt: Reden - Marschieren - ´Gewalt gegen Sachen` - Terror unter Einschließung des Tötungsrisikos. Mahler hat diese Stationen in führender Position durchlaufen, als einziges Mitglied der späteren RAF."[231]

Mahler selbst sieht seinen Weg in die RAF als einen aus der Not geborenen Akt: "Das war im Grunde genommen eben diese Enttäuschung unseres Optimismus, durch politisches Handeln in herkömmlichen Formen Änderungen im Sinne von Gerechtigkeit durchsetzen zu können in dieser Gesellschaft. (...) Wir haben den gesellschaftlichen Prozeß damals so analysiert, daß wir uns sagten: nichts geht mehr, es hilft nur noch Gewalt."[232]

Für kurze Zeit ist Mahler als Ältester und Prominentester der führende Kopf der Gruppe. Noch im Ausbildungslager aber ändert sich Mahlers Position in der Gruppe: Aust bemerkt hierzu: "Mahler sah mit seinem Bart und der grünen Militärmütze aus wie Fidel Castro (...). Er strahlte und war ganz Chef einer Guerilla-Einheit, von seinen Leuten akzeptiert und von den Palästinensern anerkannt. Nach Baaders Ankunft sollte sich das innerhalb weniger Stunden ändern. (...) Der bisherige Guerilla-Chef wurde schon an diesem Abend degradiert. Horst Mahler, der brillante Anwalt, der vor Gericht so geschliffen argumentieren konnte, war dem aggressiven, höhnischen Andreas Baader nicht gewachsen."[233]

---

[231] Mayer, S. 43
[232] Mahler, in: Jeschke/Malanowski, S.23
[233] Aust, S.106/107

Nach der Rückkehr aus dem Ausbildungslager geht Mahler zusammen mit Baader zunächst nach Hamburg und ist wenig später an einem Banküberfall in Berlin mitbeteiligt ("Dreierschlag"). Am 8.Oktober 1970 wird Mahler zusammen mit anderen RAF-Mitgliedern in einer Berliner Wohnung festgenommen.

Im Gefängnis, wo er dreieinhalb Jahre in Einzelhaft sitzen wird, verfaßt er ein Positionspapier, in dem er versucht, die Position der RAF aus seiner Sicht zu verdeutlichen. Diese Schrift jedoch stößt bei den draußen lebenden GenossInnen, die Mahlers eigenmächtiges Handeln kritisieren, auf keinerlei Zustimmung. Bereits hier, im Frühjahr 1971, scheint sich der Graben zwischen Mahler und den anderen Führungspersonen der RAF immer weiter zu vertiefen. Als er 1972, noch ganz auf RAF-Linie, ein weiteres Strategiepapier verfaßt, bekommt er von der inzwischen ebenfalls inhaftierten Gudrun Ensslin zu hören: "Und - halt Dich fest - daß ich tatsächlich denke, daß es jemand gibt, der Dich für einen ´Rädelsführer` hält: Du selbst."[234]

Zunächst vom Vorwurf der Teilnahme an der Baader-Befreiung noch freigesprochen, wird Mahler Anfang 1973 wegen "Gründung einer kriminellen Vereinigung und Teilnahme an drei Banküberfällen" zu einer zwölfjährigen Freiheitsstrafe verurteilt. Sein Strafkonto wird in einem weiteren Prozeß 1974 wegen einer nunmehr bejahten Beteiligung an der Baader-Befreiung auf 14 Jahre erhöht.

Immer mehr gerät Mahler innerhalb der RAF unter Druck, da ihm, ob berechtigt oder nicht, vorgehalten wird, aus Geltungssucht Alleingänge zu starten, die nicht im Sinne des Kollektivs seien. Mahler revidiert im Laufe der Jahre 1973/74 zahlreiche eigene Positionen. So kritisiert er, zu Beginn noch Verfechter des Avantgarde-Gedankens, nun die mangelnde Nähe der RAF zu gesellschaftlichen Prozessen und weist den Terminus "Politischer Gefangener" für die RAF-Häftlinge aufgrund der damit verbundenen Privilegierung gegenüber anderen Gefangenen zurück. Als Mahler schließlich auch noch das Mittel der Hungerstreiks in den Gefängnissen als "Ohnmachtsstrategie" ablehnt, wird er aus der RAF ausgeschlossen. Die RAF-Frau Monika Berberich wird später dazu erklären, Mahler sei wegen seines Dünkels, seiner Allüren und seines Herrschaftsanspruches "einstimmig aus der RAF rausgeflogen". Er sei lediglich ein belangloser "Schwätzer und eine lächerliche Figur".[235]

Im Laufe des Jahres 1974 wendet sich Mahler endgültig von der RAF ab. Sichtbarstes Zeichen seiner Loslösung von der RAF wird seine Verweigerung eines Gefangenenaustausches; als die EntführerInnen des CDU-Politikers Lorenz Anfang 1975 die Freilassung mehrerer Gefangener fordern und auch erreichen, lehnt Horst Mahler seine Freilassung von sich aus ab. Zu seiner Loslösung von der RAF wird Mahler später sagen: "Diese Selbstreflexion verdanke ich auch unzähligen Gesprächen mit

---

[234] Ensslin, in: Aust, S.262
[235] Berberich, in: Aust, S.285

Mitgefangenen. (...) Die Wahrnehmung der Wirklichkeit war nicht mehr so verzerrt wie vordem. (...) Die Versuche der Gruppe, gegen die aufkommende Kritik die alten Schuldgefühle (...) zu mobilisieren, etwa, man solle gefälligst an die gefallenen Genossen denken, verfingen nicht mehr. Sie förderten sogar noch die Lockerung der emotionalen Bindungen. Die allmählich wachsenden Differenzen mit den Wortführern der Gruppe wandelten sich (...) zu einem prinzipiellen Dissens (...). Es folgte zwangsläufig die Exkommunikation seitens der Gruppe. Diese Exkommunikation bedingte wiederum zwangsläufig das Interesse, die theoretischen Prämissen des Konzepts Stadt-Guerilla einer umfassenden Kritik und Revision zu unterziehen."[236]

Zunächst noch der "Roten Hilfe" und der KPD nahestehend, wendet er sich politisch immer mehr reformerischen Positionen zu. Bisweilen klingen seine Überzeugungen nunmehr geradezu staatstragend, so, wenn er die gesellschaftlichen Gegensätze als "durchaus nicht mehr unversöhnlich, sondern überbrückbar angesichts der gemeinsamen Bedrohung durch jene Sachzwänge, welche die Lebensmöglichkeiten der Gattung ruinieren"[237] erachtet. Seine politische Aufgabe sieht er jetzt vor allem darin, weitere Menschen vom Weg in die RAF abzuhalten oder zum Aussteigen aus der RAF zu bewegen.

Aufgrund der Verbüßung von zwei Dritteln der Haftstrafe wird einem Entlassungsantrag Mahlers aus dem Gefängnis im August 1980 stattgegeben. Anfang der 80er Jahre Geschäftsführer eines juristischen Dienstleistungsunternehmens, beantragt er 1986 seine Wiederzulassung als Rechtsanwalt, die vom Berliner Justizsenator Rupert Scholz zunächst abgelehnt wird. Nach einer Entscheidung des Bundesgerichtshofes 1987 darf Mahler jedoch seinen Anwaltsberuf wieder ausüben. Mit Hilfe seines Anwaltes, des heutigen niedersächsischen Ministerpräsidenten Gerhard Schröder, erstreitet er 1988 seine Wiederzulassung an Berliner Gerichten. Horst Mahler arbeitet heute wieder als Rechtsanwalt in Berlin.

5.3 Primat der Praxis: Ein stiller Machtwechsel

Mit dem Aufbau der Untergrundorganisation 1970 verengt sich das Verhältnis zwischen Andreas Baader und Horst Mahler sehr rasch auf die unausgesprochene Frage nach der Führungsposition innerhalb der RAF. Die Frage nach der Legitimation zur Führung der RAF läßt sich meiner Ansicht nach auch interpretieren als die Frage nach der in der RAF anerkannten Verhaltens- und Handlungsmuster. Ich vermute nämlich, daß es sich in der Auseinandersetzung zwischen dem "Tatmenschen" Baader und dem "Theoretiker" Mahler weniger um einen Streit um das politische Ziel

---

[236] Mahler, in: Jeschke/Malanowski, S.48
[237] Mahler, in: Jeschke/Malanowski, S.96

bzw. dessen Verwirklichung handelte[238] als vielmehr um die Frage, welcher der beiden Männer aufgrund seiner physischen, psychischen, intellektuellen Kompetenzen für den Kampf der RAF besser geeignet wäre.

Über äußerst unterschiedliche Lebenswege und deshalb ausgestattet mit sehr gegensätzlichen Erfahrungen und Kompetenzen waren Baader und Mahler in der RAF angekommen. Dem geübten Autoknacker Andreas Baader stand ein Horst Mahler gegenüber, der sich noch heute daran erinnert, wie froh er gewesen sei, als es ihm 1970 erstmals gelang, ein Auto kurzzuschließen, um es für einen geplanten Banküberfall zu stehlen.[239] Der aggressiv und rauhbeinig auftretende Baader und der studierte, rhetorisch versierte Bürgersohn Mahler versuchten, mit den unterschiedlichen ihnen zur Verfügung stehenden Mitteln einen exponierten Platz innerhalb der Gruppe zu erlangen. Daß sich in diesem Streit um die Führung der RAF schließlich Andreas Baader durchsetzte, lag, wie ich im weiteren zeigen will, an der Logik der Struktur der RAF bzw. den Erwartungen und Ansprüchen, die über diese Struktur an die KämpferInnen der RAF gestellt wurden.

Meine These auf dem Hintergrund der Struktur einer "Verdeckten Männlichkeit" in der RAF lautet deshalb: Die Durchsetzung Baaders gegenüber Mahler, die mit Mahlers Ausschluß aus der RAF endete, läßt sich kennzeichnen als Durchsetzung einer hegemonialen Form von Männlichkeit gegenüber einer als untergeordnet definierten Männlichkeit innerhalb des sozialen Kontextes RAF.

Baader galt in der RAF von Beginn an als der ideale Untergrundkämpfer, der zudem aufgrund seines durch die Kaufhausbrandstiftungen bewiesenen "Mutes" zur Tat (ebenso wie Ensslin) einen Glaubwürdigkeitsvorsprung gegenüber den anderen Gruppenmitgliedern besaß. Nicht zuletzt deshalb wurden nach seiner Verhaftung im April 1970 sofort Pläne für seine Befreiung gesponnen, da er zum Aufbau der Gruppe als unentbehrlich erachtet wurde. Baader war in den Augen der anderen "der Mann,

---

[238] Zwar stellt Mahler heute seinen politischen Dissens mit Baader immer wieder in den Vordergrund, so z.B., daß er selbst im Unterschied zu Baader für einen engeren Kontakt zur legalen Linken plädierte oder gegen die geplante Liquidation Homanns gewesen sei. Mein Eindruck ist aber eher, daß Mahler damit im nachhinein seine eigene Rolle bzw. sein Handeln in der RAF "beschönigt". So steht Mahler noch 1971, zu einer Zeit, als der Streit mit Baader schon entbrannt war, fest auf dem Boden des Avantgarde-Gedankens. Er schreibt in seiner Schrift "Über den bewaffneten Kampf in Westeuropa": "Falsch wäre es, das Mittel des bewaffneten Kampfes erst einzusetzen, wenn die Zustimmung der Massen sicher ist (...)" (in: Mayer, S.25). Homann selbst hat, wie erwähnt, berichtet, daß Mahler ganz entschieden für seine Ermordung eingetreten sei. Insofern vermute ich, daß unterschiedliche politische Meinungen nicht der entscheidende Faktor in der Auseinandersetzung zwischen Baader und Mahler waren. Weniger das gemeinsame Ziel dürfte also Streitpunkt der Diskussionen gewesen sein als vielmehr die Frage, ob der jeweils andere fähig wäre, die RAF zu diesem Ziel zu führen.

[239] so Mahler in der am 9.11.97 in der ARD ausgestrahlten Fernsehsendung "Im Fadenkreuz: Deutschland und die RAF"

der Situationen realistisch einschätzen konnte und über hohe psychische Reserven verfügte" (siehe Anmerkung 224) bzw. der Mann, bei dem "das alte (erpreßbar, korrupt usw.) nicht mehr war, sondern das neue: klar, stark, unversöhnlich, entschlossen..." (siehe Anmerkung 226). Sein Avantgarde-Bewußtsein und der Drang zur Tat, die sich schon vor 1970 wie ein roter Faden durch sein Leben ziehen, scheinen ihn zum zu allem entschlossenen, nicht zögernden Idealtypus des RAF-Kämpfers geradezu zu prädestinieren.

Dabei ging es in der Bewertung der Wichtigkeit Baaders für die Gruppe gar nicht einmal um dessen reale Verhaltensweisen und Handlungen, sondern um die Aura des Stellvertreters der in der Gesellschaft Erniedrigten und Beleidigten, der "revolutionären Subjekte", die insbesondere durch Gudrun Ensslin um ihn herum aufgebaut wurde. Wäre der Blick darauf gerichtet worden, wie sich Baader im Untergrund tatsächlich verhielt, hätten die anderen Gruppenmitglieder eigentlich rasch sehen müssen, daß Baader mit seinem teilweise dilettantischen Vorgehen für ein Leben im Untergrund eher ungeeignet war und sich und andere Gruppenmitglieder dadurch mehrmals gefährdete. Nur ein kurzer Auszug aus der Liste der Verstöße Baaders gegen die "revolutionäre Disziplin" belegt dies:

* Nach der Kaufhausbrandstiftung im April '68 werden im Auto der BrandstifterInnen mehrere Utensilien gefunden, die eindeutig auf den Bau der Brandbomben schließen lassen.
* Bei der seiner erneuten Festnahme im April '70 vorausgehenden Verkehrskontrolle stellt sich heraus, daß Baader sich die in seinem gefälschten Ausweis eingetragene Zahl seiner Kinder nicht gemerkt hat.

* Im Dezember 1970 verursacht Baader, zu dieser Zeit der meistgesuchte Mann der Republik, mit seinem Auto in der Nähe von Frankfurt einen Unfall infolge überhöhter Geschwindigkeit.

* Unmittelbar vor seiner letzten Festnahme im Juni '72 registrieren Polizeibeamte, wie Baader mit Raspe und Meins in falscher Richtung eine Einbahnstraße befährt.

Der um Andreas Baader aufgebaute Mythos des erfahrenen Kämpfers verhinderte weitgehend eine Kritik an seiner Vormachtstellung. Wurde dennoch einmal Kritik an ihm laut, verlor Baader scheinbar urplötzlich seine Selbstbeherrschung und Rationalität, die für den Untergrundkampf doch eigentlich als unerläßlich erachtet wurden. Beate Sturm berichtet beispielsweise: "Ulrike wollte dann die Fehler der einzelnen diskutieren, da hat Baader natürlich Schiß gehabt und seine altbewährte Masche aufgenommen: Er hat geschrien."[240]

---

[240] Sturm, in: Mayer, S.111

An anderer Stelle wird davon berichtet, wie Baader auf Meinhofs laute Kritik am Vorgehen der Gruppe reagierte: "Ihr Fotzen, eure Emanzipation besteht darin, daß ihr eure Männer anschreit."[241] Solche Ausbrüche Baaders, so wird berichtet, endeten meist damit, daß er sich mit seiner Meinung durchsetzen konnte.

Ganz anders hingegen Horst Mahler. Der Anwalt war zwar als Kultfigur der APO in Berlin bei zahlreichen Demonstrationen mit vorneweg marschiert und hatte sich durch verbalen Radikalismus ausgezeichnet, konnte jedoch kaum auf "Praxiserfahrung" zurückgreifen. Für den Untergrundkampf schien Mahler kaum geeignet, seine erste "praktische Tat" hatte er erst Anfang 1970 ausgeführt, als er mit anderen einen Molotowcocktail in das Verwaltungsbüro des Märkischen Viertels in Berlin warf - und daneben zielte. Seine Fähigkeiten waren denjenigen ähnlich, welche die RAF später als die "Marx-Bibelforscher" bezeichnen wird. Baaders Urteil über die Theoretikerin Meinhof: "Die taugt eigentlich zu nichts"[242] dürfte in ähnlicher Weise auf Mahler zugetroffen haben.

Mit seinem Hintergrund und seinen Begabungen dürfte Mahler zunächst deutlich unterhalb der "Kontrollstelle Männlichkeit" in die RAF eingestiegen sein. So verwundert es nicht, daß Mahler, der immerhin für einen Großteil des Aufbaus der Gruppe Anfang 1970 verantwortlich gewesen war, genau bis zu dem Zeitpunkt Wortführer der Gruppe blieb, bis Baader und Ensslin im Ausbildungscamp eintrafen. Ab diesem Zeitpunkt war die Gruppe gemeinsam im Untergrund, ab sofort galten für die Gruppenmitglieder andere Regeln als in der Legalität, Regeln, die kaum auf einen Horst Mahler zugeschnitten zu sein schienen.

Es scheint, als habe Mahler seine Einordnung ins Glied der RAF relativ kritiklos akzeptiert. Insofern ist es wohl überzogen, von einem Führungsstreit in der RAF zu sprechen, da es sich eher um einen recht abrupt und dennoch weitgehend still verlaufenen Machtwechsel gehandelt haben dürfte. Die Nicht-Austragung eines Machtkampfes ist meiner Meinung nach in der klaren Zuweisung einer hegemonialen Männlichkeit an Andreas Baader durch die Gruppe begründet. Eine Kritik an dessen Stellung hätte leicht als Kritik am Kollektiv gedeutet werden können.

So dürfte sich also das Abhängigkeitsverhältnis zwischen Baader und Mahler innerhalb weniger Wochen gedreht haben. In der Legalität war der Mandant Baader noch auf das Geschick seines Anwaltes Mahler angewiesen gewesen und vertraute Anfang 1970 in Berlin darauf, daß Mahler ihm konspirative Wohnungen beschaffte, in denen er sich vor der Polizei verstecken konnte. Als Baader schließlich doch wieder verhaftet wird, ist es wiederum Mahler, der entscheidend an den Vorbereitungen zu seiner Befreiung beteiligt ist und dadurch nach der Befreiung selbst zum Gesuchten wird.

---

[241] Baader, in: Aust, S.149
[242] Baader, in: Aust, S.105

Mit dem Sprung in die Illegalität vertauschen sich die Rollen. Aufgrund der ihm zugeschriebenen Kampfeserfahrung gerät Baader schnell in das Zentrum von Macht und Anerkennung in der RAF, Mahler hingegen wird an die Peripherie gedrängt, er hat den Beweis seiner Befähigung für einen Aufstieg innerhalb der RAF erst noch zu erbringen.

Bevor er dies leisten kann (was er z.b. durch seine Beteiligung an den Berliner Banküberfällen im September '70 versucht), wird Mahler im Oktober 1970 verhaftet. Nach seiner Verhaftung soll in der Gruppe zwar allgemeine Ernüchterung wegen des Ausscheidens eines führenden intellektuellen Kopfes der Gruppe geherrscht haben, über wenige unkonkrete Ideen scheinen Pläne zu seiner Befreiung aber nicht hinausgegangen zu sein. Keine Rede war davon, daß, wie noch ein halbes Jahr zuvor bei Baader, der weitere Aufbau der Logistik der Gruppe nur zusammen mit Mahler möglich sei.

Mit seinem Ausscheiden aus dem Interaktionszusammenhang der Gruppe dürfte Mahler zunehmend zu einer Randerscheinung innerhalb der RAF geworden sein. Mayer schreibt dazu: "Ende 1970 scheint der RAF die Konsolidierung der Gruppe zunächst wichtiger als die Gefangenenbefreiung. Baader selbst (...) hat sich wohl von den Gedanken der Solidarität mit den gefangenen Genossen am allerwenigsten plagen lassen. Konkurrenzangst mag dabei mitgespielt haben. Andreas Baader wußte wohl, daß der Weg der RAF mit einem befreiten Horst Mahler an der Spitze ein anderer geworden wäre."[243]

Mahler selbst scheint zu diesem Zeitpunkt noch nicht realisiert zu haben, daß er für den praktischen Kampf der RAF wertlos geworden ist. Als er sich im Gefängnis auf seine eigentlichen Fähigkeiten besinnt und die Politik der RAF in der Schrift "Über den bewaffneten Kampf in Westeuropa" darzulegen versucht, wird er von den noch draußen operierenden Mitgliedern rüde abgekanzelt. Sein Alleingang wird ihm als chauvinistische Selbstdarstellung ausgelegt. Alleingänge aber, so würde ich weiter behaupten, waren in der RAF lediglich denjenigen gestattet, denen ihre Befähigung zum Kampf gegen den Staat auch geglaubt wurde, die die "Kontrollstelle Männlichkeit" erfolgreich passiert hatten.

Wurde diesen dann die "Funktion von Führung" zuerkannt, wurde anderen, wie Horst Mahler, bei vergleichbarem Verhalten Herrschaftsanspruch und Staralküren unterstellt. Die in den Jahren 1973/74 folgende, in Kapitel 5.2 beschriebene Entfremdung zwischen Mahler und den anderen RAF-Mitgliedern sehe ich letztlich, neben dem von Mahler beschriebenen zunehmenden politischen Dissens, vor allem in dieser hierarchischen Anerkennungsstruktur begründet.

---

[243] Mayer, S.111

Ich habe in diesem Kapitel versucht, zu zeigen, wie die Struktur einer "Verdeckten Männlichkeit" und der durch sie an die RAF-Mitglieder gestellten Ansprüche und Erwartungen zwei konkreten Personen, Andreas Baader und Horst Mahler, zu einem unterschiedlichen Grad der Anerkennung innerhalb der Gruppe verhalfen bzw. den einen, Baader, in eine Führungsposition brachten, den anderen, Mahler, immer mehr zu einer verblassenden Randfigur innerhalb der RAF werden ließen. Dabei war es, so vermutete ich, gar nicht einmal entscheidend, ob man/frau tatsächlich die an der "Kontrollstelle Männlichkeit" geforderten Kompetenzen besaß. Vielmehr war es wichtig, sich innerhalb der Gruppe mit der Aura des/der entschlossenen, an der Richtigkeit des eigenen Handelns nicht zweifelnden Kämpfers/in zu umgeben, um glaubwürdig zu wirken. Nur so konnte in der RAF der "Mythos Baader" entstehen, dem eine Führungsfunktion zuerkannt wurde, der mit der Art und Weise seines Handelns den Gruppenzusammenhalt aber eher gefährdet als der Gruppe tatsächlich genützt haben dürfte.

An der "Kontrollstelle Männlichkeit" schließlich kehrte sich, so habe ich weiter gesagt, das Machtverhältnis zwischen Baader und Mahler um. Der in der Legalität auf die Unterstützung Mahlers angewiesene Baader erhält innerhalb der RAF aufgrund seines Glaubwürdigkeitsvorsprungs im Gegensatz zu Mahler einen Platz im Zentrum von Macht und Anerkennung. Die Folge dieser informellen Hierarchie wird fortan die unterschiedliche Bewertung der Handlungen Baaders und Mahlers durch das "Kollektiv RAF" sein. Kritik an dieser unterschiedlichen Bewertung konnte schnell den Abstieg innerhalb der RAF-Hierarchie bedeuten. So dürfte der endgültige Ausschluß Mahlers aus der RAF spätestens festgestanden haben, als er das von Baader mitinitiierte Mittel des Hungerstreiks als "Ohnmachtsstrategie" ablehnte.

Die Beziehung Baader-Mahler stellt lediglich *ein* Beispiel von Machtgefälle und Konkurrenzverhalten innerhalb der RAF dar. Zahlreiche weitere könnten genannt werden, so z.B. als Pendant auf Frauenseite die Entfremdung zwischen Gudrun Ensslin und Ulrike Meinhof. Das Gesamt dieser (meist nicht offen ausgetragenen) Machtkämpfe und Entfremdungen führte meiner Ansicht nach zur Zerstörung des ursprünglichen Kollektivgedankens der RAF und schwächte die Binnenstruktur der Gruppe erheblich.

6 "Im Prinzip männlich": Die RAF und der deutsche Staat

Die Betrachtung der beiden vorangegangenen Kapitel, die sich vor allem mit der Binnenstruktur der RAF beschäftigten, könnte leicht zu dem Schluß verleiten, daß die zunehmende Militanz in der Auseinandersetzung zwischen RAF und Staat, die schließlich im "Deutschen Herbst '77" kulminierte, lediglich der Durchsetzung der "HardlinerInnen" in der RAF geschuldet war. Eine solche reduktionistische Betrachtungsweise findet sich auch heute noch, trotz des zeitlichen Abstandes, der eigentlich eine weitere und weniger ideologisierte Sichtweise erlauben sollte, in den meisten Werken über die RAF wieder.

Das "Phänomen RAF" wird in diesen Werken weitgehend unter Ausschluß der Frage behandelt, wie der Staat mit seinen Strafverfolgungsorganen auf die RAF reagierte bzw. präventiv gegen sie agierte. Dadurch entgehen diese Werke der Aufgabe einer Untersuchung über die Wechselwirkungen zwischen den Handlungen der RAF und des Staates, durch die die Radikalisierung und Brutalisierung des Kampfes zwischen RAF und Staat in einen größeren Gesamtzusammenhang gestellt werden könnte.[244]

Eine solche Erweiterung des Blicks will ich in diesem Kapitel versuchen. Ausgehend von der These des Soziologen Zygmunt Bauman, die Moderne könne gekennzeichnet werden durch die Angst vor Ambivalenz, weshalb dem Staat die Funktion der klaren Ordnung der Verhältnisse zufalle, will ich untersuchen, wie der deutsche Staat versuchte, sich über die Schaffung von Eindeutigkeit in der Auseinandersetzung mit der RAF in den Augen seiner BürgerInnen als "starker Staat" zu legitimieren. Die Wechselwirkungen zwischen den Handlungen der RAF und des Staates werde ich in einem weiteren Unterkapitel unter dem Aspekt des beiderseitigen Zieles, der Zerstörung der Identität des/der jeweils anderen betrachten.

Die beiderseitige Sucht nach Eindeutigkeit, so will ich weiter zeigen, machte einen gesellschaftlichen und politischen Diskurs über die RAF, der möglicherweise zu einer

---

[244] Natürlich liegt bei einer reduktionistischen Betrachtungsweise immer die Vermutung der bewußten Lenkung auf einen bestimmten Ausschnitt des Phänomens nahe. Wer den Blick des "Phänomens RAF" lediglich auf die Taten und die TäterInnen lenkt, die Zeitumstände, das gesellschaftliche Klima und die Handlungen des Staates dabei aber unberücksichtigt läßt bzw. diese keiner Kritik unterzieht (z.B. in der Bestätigung des "starken Staates"), will, so darf wohl vermutet werden, bewußt die RAF zu einer rein kriminellen Bande stempeln und sie auf eine Stufe mit anderen kriminellen Organisationen ("Organisierte Kriminalität") stellen. Auf diese Weise kann nicht nur das Handeln der RAF als völlig unpolitisch dargestellt werden, sondern kann (und wird) quasi in einem Rundumschlag die gesamte radikale Staatskritik jener Zeit entpolitisiert und denunziert werden.

122

Deeskalation hätte beitragen können, unmöglich und verschob diesen Diskurs gänzlich auf den gegenseitigen Gewaltvorwurf. Erst dieser fehlende gesellschaftliche Diskurs konnte das Gefühl der allseitigen Bedrohung der Gesellschaft durch eine verschwindend kleine Gruppe erzeugen, das Rasch als "gedämpftes Bürgerkriegsklima"[245] bezeichnet hat.

6.1 Der Staat als Gärtner: Zygmunt Bauman und der Ordnungswahn der Moderne

Die "Moderne"[246] charakterisiert der Soziologe Zygmunt Bauman in Abgrenzung zur "Vormoderne" durch ihren Drang, in allen Lebensbereichen Ordnung zu stiften. Ordnung ist nun nichts Natürliches, Gottgewolltes mehr, sondern wird mit dem Einzug der "Aufklärung" in die Philosophie und dem Aufstieg der Naturwissenschaften als etwas Künstliches, Plan- und Gestaltbares verstanden.[247] Die Moderne "wollte Ordnung schaffen, die Welt durchschaubar machen, eine Gesellschaft ohne Konflikte konstruieren, einen Staat gründen, der alle Macht an sich zieht - zum Wohle der Allgemeinheit. Sie wollte ein Universum der Eindeutigkeit, einen Garten Eden, wo das Unkraut der Zweideutigkeit nicht mehr wuchert."[248]

Die Moderne aber sei, so Bauman, bei allen Leistungen in ihrem ureigenen Anspruch, der Herstellung von Sicherheit über Ordnung und Eindeutigkeit, gescheitert. Jedes Wissen, das sie produzierte, eröffnete neue Felder des Nichtwissens, jede Ordnung, die sie herstellte, erzeugte neue Orte der Unordnung, des Chaos. Nichtwissen und Unordnung aber rufen in der Moderne ein Gefühl der Verwirrung und Beunruhigung, im schlechteren Fall der Gefahr und Bedrohung hervor. In der Vormoderne noch im Kontext einer göttlichen Sinnstiftung gesehen (und daher ein Moment der Beruhigung), wird, da prinzipiell möglich, die Nichtbeseitigung der Unordnung (die in der Moderne zu einem Moment der Beunruhigung wird) in der Moderne als Provokation und Drohung erfahren.

So definiert sich die Moderne selbst über einen permanenten Kampf der Ordnung gegen die Unordnung. Bauman schreibt: "Ordnung ist ständig im Überlebenskampf

---

[245] Rasch, in: Jeschke/Malanowski, S.132
[246] Da es keine allgemeingültige Definition dessen gibt, was "die Moderne" sei bzw. wann sie beginne, erläutert Bauman seinen Begriff der "Moderne": "(...) daß ich mit ´Moderne` eine historische Periode bezeichne, die in Westeuropa mit einer Reihe von grundlegenden sozio-strukturellen und intellektuellen Transformationen des 17.Jahrhunderts begann und ihre Reife erreichte: 1. als ein kulturelles Projekt - mit dem Entstehen der Aufklärung 2. als eine sozial vollendete Lebensform - mit dem Entstehen der industriellen (...) Gesellschaft." (in Bauman, S.348).
[247] So schreibt bspw. der Historiker Collins: "Grundlegend für die gesamte Neukonzeptualisierung der Idee der Gesellschaft war der Glaube, daß das Gemeinwohl, wie die Ordnung eine menschliche Schöpfung sei." (in: Bauman, S.18)
[248] So im Vorwort zu Baumans Buch "Moderne und Ambivalenz", VerfasserIn unbekannt

begriffen. Das Andere der Ordnung ist nicht eine andere Ordnung: Die einzige Alternative ist das Chaos. (...) Das Andere ist die Ungewißheit, jener Ursprung und Archetyp aller Furcht. Entsprechungen für das ´Andere der Ordnung` sind: Undefinierbarkeit, Inkohärenz, Widersinnigkeit, Unvereinbarkeit, Unlogik, Irrationalität, Mehrdeutigkeit, Verwirrung, Unentscheidbarkeit, Ambivalenz."[249]

Eine solche scharfe Trennung in Ordnung und Chaos, die das außerhalb der Ordnung Stehende als permanente Quelle der Angst betrachtet, trägt Züge des Totalitarismus an sich. Ihre Konsequenz ist, so Bauman, Intoleranz und Ausgrenzung: "Intoleranz ist deshalb die natürliche Neigung der modernen Praxis. Konstruktion von Ordnung setzt der Eingliederung und der Zulassung Grenzen. Sie verlangt nach der Verneinung der Rechte - und der Gründe - all dessen, was nicht assimiliert werden kann - nach der Delegitimierung des Anderen. Solange der Drang, einen Schlußstrich unter die Ambivalenz zu ziehen, das kollektive und individuelle Handeln leitet, wird Intoleranz folgen - selbst wenn sie sich verschämt hinter der Maske der Toleranz verbirgt (die oft bedeutet: du bist abscheulich, aber ich lasse dich, weil ich großzügig bin, leben)."[250]

In einer solchen Vorstellung kommt dem modernen Staat die Aufgabe eines Gärtners zu, der das Wilde, Unkultivierte, Unkraut ausreißt und an seine Stelle Nutzpflanzen einsetzt. Der Traum des modernen Staates wird die rational geplante Gesellschaft, seine Funktion wird die der Kontrolle über das zu unnützlich Erklärtem. Diese Strategie führt, folgert Bauman weiter, dazu, "automatisch alle alternativen Lebensformen und insbesondere jede Kritik an den modernen Werten als Ausfluß prämoderner, irrationaler, barbarischer Positionen zu definieren, die es nicht wert seien, ernsthaft erwogen zu werden."[251]

Der Anspruch an den modernen Staat, dem zur Herstellung von Ordnung und Sicherheit zahlreiche Aufgaben als sein ureigenes Monopol zugesprochen werden (Gewaltmonopol, Monopol der Rechtsprechung...) lautet demnach: Scharfe Grenzziehung, Ausschluß des "Mittleren" und klare Definition des "Innen" und "Außen", zum Beispiel über das Schließen von Gesetzeslücken.

Auf zwischenmenschlicher und gesellschaftspolitischer Ebene kann eine solche umfassend betriebene Vorab-Definition des Innen und Außen, des Legitimen und Nicht-Legitimen zur Verunmöglichung von Begegnungen führen. Bauman führt in diesem Zusammenhang, in Anlehnung an einen Ausdruck Bubers, den Begriff der "Vergegnung" ein, "ein Treffen, das so tut, als sei es keins. (...) Die Kunst der Vergegnung ist zuerst und vor allem eine Anzahl von Techniken, die dazu dienen, die

---

[249] Bauman, S.19
[250] a.a.O., S.21
[251] Bauman, S.35

124

Beziehung zu dem anderen zu entmoralisieren. Ihre Gesamtwirkung ist die Negation des Fremden als moralisches Objekt und als moralisches Subjekt."[252]

Diese Vergegnung, die Entsubjektivierung des/der anderen, kann dramatische Ausmaße annehmen, wie im Nationalsozialismus (den Bauman im Ggs. zum allgemeinen Verständnis als typisches Kind der Moderne bezeichnet) oder in manchen kommunistischen Gesellschaften. Vergegnung findet aber ebenso in den sich selbst als "liberale Rechtsstaaten" definierenden Gesellschaften statt. Vergegnung kommt hier einher in der Verkleidung der Toleranz, die "impliziert, daß die tolerierte Sache moralisch tadelnswert ist."[253] Bauman dazu weiter: "Toleranz schließt die Akzeptanz des Wertes des andern nicht ein; ganz im Gegenteil, sie ist eine weitere, vielleicht etwas subtilere und schlauere Methode, die Unterlegenheit des anderen noch einmal zu bekräftigen, und dient als warnende Ankündigung der Absicht, die Andersheit des anderen zu beenden."[254]

Bauman fordert deshalb am Übergang von der modernen zur postmodernen Gesellschaft die Ablösung einer ich-zentrierten und kontemplativ-desinteressierten Toleranz durch eine sozial orientierte und für die Berechtigung der Andersheit des/der anderen kämpfende Solidarität. Gesellschaftliche Emanzipation bedeute deshalb nicht, "die Demütigung der anderen zu vermeiden. Man muß sie auch respektieren - und sie genau in ihrer Andersheit respektieren, in den Wahlen, die sie getroffen haben, in ihrem Recht, sich für etwas zu entscheiden."[255]

Der Staat in der Postmoderne wäre in diesem Sinn eben nicht, wie oft gegen eine solche Konzeption vorgebracht wird, der "Laisser-Faire-Staat", sondern der Staat, der die Auseinandersetzung mit seinen BürgerInnen auf dem Hintergrund des Rechts auf Andersheit (und das heißt, ohne Androhung von Ausschluß) sucht, der die Begegnung mit dem Wissen im Hintergrund sucht, daß die eigene Wahrheit der Welt vielleicht nur eine von vielen möglichen ist. Insofern wäre die Postmoderne "die Moderne, die sich mit ihrer eigenen Unmöglichkeit abfindet."[256]

6.2 Der "starke" Staat

1969 war die erste sozialliberale Koalition in der Bundesrepublik unter Kanzler Willy Brandt mit dem Slogan "Mehr Demokratie wagen" in die Regierungsverantwortung gewählt worden. Man/Frau würde der Regierung Brandt meiner Ansicht nach mit der

---

[252] a.a.O., S.85
[253] Mendus, a.a.O., S.348
[254] Bauman, a.a.O., S.348. Erinnert sei in diesem Zusammenhang an Marcuses Begriff der "Repressiven Toleranz"
[255] Bauman, S.286
[256] a.a.O., S.333

(oft geäußerten) Behauptung nicht gerecht, der Umgang mit sozialen, kulturellen oder politischen AbweichlerInnen sei unter ihrer Verantwortung repressiver geworden. Vielmehr scheint mir das Spektrum des prinzipiell Möglichen in diesen Jahren eher ausgeweitet worden zu sein, nicht zuletzt aufgrund der Mitwirkung zahlreicher Menschen aus der StudentInnenbewegung in der SPD. Auf diesem Hintergrund ist wohl auch das Amnestiegesetz von 1969 zu sehen (siehe Kapitel 1.4.2). Während auf der einen Seite also das demokratische Spektrum (zumindest vorerst) ausgeweitet wurde, sollte an dem außerhalb dieser Ordnung Stehenden die Grenze zwischen gesellschaftlich noch Toleriertem und nicht mehr Akzeptablem scharf markiert werden.

Mit dieser scharfen Grenzziehung, so meine These, machte sich der Staat mitverantwortlich für die Verunmöglichung eines gesellschaftlichen Dialoges mit der bzw. über die RAF und verschob somit einen dezidiert politischen Konflikt auf eine rein kriminelle Ebene, auf der zu agieren nicht mehr Aufgabe der Politik, sondern der Justiz war. Zu Recht spricht deshalb Narr von einer "Gesellschaft der Ausgeschlossenen" und schreibt weiter: "Von vornherein ausgefallen waren aber alle die Reformen, die tatsächlich - und das heißt doch ´mehr Demokratie wagen` - die Willensbildungsprozesse, die Prozesse der Artikulation von Interessen betrafen. Oder sie wurden schnell zurückgenommen - wie die Mitbestimmungsregeln an den Hochschulen."[257]

Eingrenzung und Ausgrenzung, die klare Trennung von Ordnung und Chaos und der verzweifelte Versuch der permanenten Herstellung von Eindeutigkeit - nirgendwo kam der bundesdeutsche "Staat als Gärtner" im oben skizzierten Verständnis Baumans deutlicher zum Vorschein als in seinem Kampf gegen die RAF.

Im folgenden möchte ich der Frage nach den Motivationen nachgehen, welchen den bundesdeutschen Staat veranlaßten, im Kampf gegen die RAF als vermeintlich "starker", nicht dialogbereiter, ordnungswütiger Staat aufzutreten.

* Eine erste Ursache für das Handeln des Staates dürfte in der **Neuheit des Phänomens RAF** gelegen haben. Geplante militante Aktionen waren in der noch jungen Bundesrepublik bis dahin unbekannt gewesen. Von vereinzelten, eher spontanen gewalttätigen Ausschreitungen abgesehen hatte das Land eine über zwanzigjährige Ruhephase erlebt.
Nach den Osterunruhen ´68 kam es relativ plötzlich zu einer Welle von Brandanschlägen vor allem gegen amerikanische Institutionen. Mit der RAF aber trat erstmals eine Gruppe auf den Plan, welche in ihrer ersten Erklärung auch Gewalt gegen Personen bewußt befürwortete. Im Duktus Ulrike Meinhofs hieß das: "(...) wir sagen, der Typ in Uniform ist ein Schwein, das ist kein Mensch, und so haben wir uns mit ihm

---

[257] Narr, in: Bundesinnenministerium, S.139

auseinanderzusetzen. Das heißt, wir haben nicht mit ihm zu reden, und es ist falsch, überhaupt mit diesen Leuten zu reden, und natürlich kann geschossen werden."[258] Die **Unsicherheit über das tatsächliche Maß und die Richtung der von der RAF ausgehenden Gefahr** dürfte bei den staatlichen RepräsentantInnen (nicht ganz zu Unrecht, wie der weitere Verlauf der Geschichte der RAF zeigt) ein starkes Gefühl der eigenen Bedrohung ausgelöst haben. Diese Bedrohungsgefühle aber mußten externalisiert und, wie ich vermute, in einem System von Übertragung und Gegenübertragung in ihrer Intensität auf die RAF gewendet werden, da sich der Staat andernfalls im allgemeinen Verständnis als überraschter, ambivalenter, schwacher Staat delegitimiert hätte.

* Durch ihre Neuheit und ihr radikales Auftreten wurde die RAF zu einem gefundenen Fressen für die **Sensationspresse.** Die Bilder der Gesuchten gingen regelmäßig durch Zeitungen, verbunden mit neuen (und meist erlogenen) Details aus ihren Biographien. Den Familien oder ehemaligen Bekannten der RAF-Mitglieder wurden zum Teil hohe Geldbeträge für Interviews oder Kinder- und Jugendfotos der Gesuchten geboten, was offensichtlich nicht dem Versuch der Erklärung der Gewalt der RAF dienen sollte, sondern bewußt eingesetzt wurde, um das **"Faszinosum RAF"** am **Leben** zu **erhalten.**[259]
Nur so scheint erklärbar, daß die zu RädelsführerInnen hochstilisierten RAF-Mitglieder bereits ein Jahr nach Gründung der Gruppe vier von fünf BundesbürgerInnen bekannt waren. Beinahe jedes größere Vergehen, jeder Banküberfall oder Anschlag wurde jetzt schon wenige Minuten nach Bekanntwerden der RAF zugerechnet, egal, ob es dafür Indizien gab oder nicht. Diese Form der Vorverurteilung bzw. der anschließend nicht erfolgten Zurücknahme von Falschmeldungen dürfte dazu geführt haben, daß der RAF ein völlig überhöhter Aktionsradius zugerechnet wurde bzw. daß das von ihr tatsächlich ausgehende Gefährdungspotential drastisch überzogen dargestellt wurde.

* Dieses ungeheuer aufgebauschte und diffuse Gefühl einer allgemeinen Bedrohung ließ **in der Öffentlichkeit** den **Ruf nach drakonischen Strafen** laut werden. Die durch die StudentInnenbewegung ausgelöste und verstärkt durch militante Aktionen (auch wenn diese sich bewußt nur gegen einen äußerst kleinen Kreis der Bevölkerung richteten) verunsicherte deutsche Bevölkerung forderte von ihrem Staat - in der Terminologie Baumans - die Auslöschung des Chaos und die Wiederherstellung von Ordnung und eindeutigen Verhältnissen. Gerade an diesem Verhalten der Bevölkerung wird die völlige Fehleinschätzung der politischen Lage durch die RAF deutlich:

---

[258] Ulrike Meinhof in einem konspirativen Gespräch mit der französischen Journalistin Michèle Ray, das, unmittelbar nach der Baader-Befreiung geführt, in Auszügen im "Spiegel" abgedruckt wurde. In: Aust, S.24
[259] Sehr eindrücklich wurde das Verhalten der Sensationspresse in Heinrich Bölls Roman "Die verlorene Ehre der Katharina Blum" beleuchtet

Die "Massen" wurden durch die Aktionen der RAF eben nicht zu einem anspringenden Motor der Bewegung, sondern zu einem Faktor der Stabilisierung der bestehenden Verhältnisse.

Zwar konnte die RAF in Umfragen immer wieder überraschende Sympathiewerte erreichen, diese blieben in ihrem politischen Gehalt aber auf das "linksintellektuelle", akademische Milieu beschränkt. Für die breite Mehrheit der Bevölkerung dürfte eine Einschätzung gelten, die Horst Herold, Präsident des Bundeskriminalamtes, im Rückblick auf eine bundesweite Fahndungsaktion der Polizei während der "Mai-Offensive" 1972 der RAF traf: "Ich habe nie wieder einen so hohen Grad an Identifikation zwischen Bürger und Polizei erlebt wie an diesem Tag."[260]

* Dieses diffuse Bedrohungsgefühl wurde von **"Law-and-Order"-PolitikerInnen** genutzt, um über das Thema RAF die **Regierung auf dem Feld der Inneren Sicherheit unter Handlungsdruck** zu setzen. Diese konservativen Kräfte besaßen auf den Sektoren der Rechtspolitik, Strafverfolgung und Strafvorbeugung durch ihre harte Linie gegenüber GesetzesbrecherInnen in der Bevölkerung mehrheitlich einen Legitimationsvorsprung. Anfang der 70er Jahre gerade erstmals auf die Oppositionsbank gedrückt, dürften diese mit dem Auftreten der RAF und dem Bedeutungsgewinn der Innenpolitik für sich ein mehrheitsfähiges Handlungsfeld entdeckt haben, auf dem es, zumal mit Hilfe bewußt geschürter Emotionen, relativ einfach gelingen konnte, konservative Positionen durchzusetzen bzw. der neu gewählten Regierung Handlungsunfähigkeit vorzuwerfen.
Wie vortrefflich ihnen dies gelang, läßt sich unter anderem am "Radikalenerlaß" (1972) oder am ungeheuren Ausbau des Bundeskriminalamtes verfolgen.[261] Nur wenige extreme Forderungen scharfer RechtspolitikerInnen wurden in den folgenden Jahren nicht in die Gesetzgebung aufgenommen, so z.B. die Forderung von Franz Josef Strauß, für jede tote Geisel einen verhafteten Terroristen zu erschießen.[262]

* Ein **scharfes Vorgehen** gegen die RAF-Mitglieder **dürften** aber auch **die verbündeten NATO-Staaten**, insbesondere die USA, deren Einrichtungen ja bevorzugtes Ziel der RAF-Anschläge bis 1972 waren, von der bundesdeutschen Regierung **gefordert haben**. Die kompromißlose Bekämpfung des Linksextremismus wurde, so vermute ich, in weiten Teilen des Auslands als Probefall der Wehrhaftigkeit der deutschen Demokratie gesehen.
Aufgrund der eingeläuteten Normalisierung der Beziehungen zu den Ländern Osteuropas ("Moskauer Vertrag" im August 1970, "Warschauer Vertrag" im Dezember 1970) im Ausland kritisch beäugt, dürfte die sozialliberale Regierung ihr scharfes

---

[260] Herold, in: Aust, S.238
[261] Der Etat des BKA wuchs von 1971 bis 1981 auf das Fünffache, von 54 Millionen auf 290 Millionen Mark. Die Zahl der Beschäftigten stieg um mehr als das Dreifache, von 1113 auf 3536 Personen. In: Peters, S.106
[262] in: Aust, S.472

Vorgehen gegen die RAF auch selbst als Beweis der festen Verortung im Block der westeuropäischen Staaten verstanden haben.

* Schließlich aber **diente die Hochstilisierung der RAF-Mitglieder** zu StaatsfeindInnen Nummer 1 auch **der Regierung selbst immer wieder zu Ablenkungsmanövern.** Eine Grundstimmung, "als stehe eine veritable 'Rote Armee' vor den Toren Bonns"[263] konnte von Staatsseite aus immer wieder dazu genutzt werden, um ungelöste Probleme von der Tagesordnung zu nehmen.

So hat der Soziologe Heinz Steinert darauf hingewiesen, daß sich im "Terrorismus" lediglich die Spitze eines Eisberges "von realen gesellschaftlichen Problemen und Bewegungen, die man auf Dauer nicht nur polizeiförmig niederhalten können wird"[264] zeige. Der Pädagoge Klaus Mollenhauer konkretisiert dies: "Selbstzerstörerische Tendenzen (Drogen, psychische Störungen, Resignation, hohe Selbstmordrate unter Jugendlichen) übertreffen dem Umfang (...) nach den Terrorismus bei weitem: eine Gewalt nach innen, für die wir niemand verantwortlich machen können als uns selbst. Der Terrorismus dagegen bietet die Chance eines großartigen pädagogischen Ablenkungs- und Verdrängungsmanövers."[265]

Aufgrund dieser genannten Faktoren läßt sich vermuten, wie sehr sich die Regierung selbst in ihrer Auseinandersetzung mit der RAF unter einem Zwang der Selbstdarstellung sah. Offen bleiben soll an dieser Stelle, wie sehr die Regierungen Brandt und später Schmidt tatsächlich unter dem Handlungszwang standen, auf den sie verwiesen bzw. in welchem Maß sie sich diesen Zwang auch selbst auferlegten. De facto aber definierte der Staat seine Stärke im Kampf gegen die RAF selbst als Kompromißlosigkeit gegenüber einer in seinen Augen nicht politisch motivierten, sondern rein kriminellen Bande.

So spielte die Frage nach Alternativen zum harten Vorgehen gegen die RAF zu keiner Zeit auf politischer Ebene eine Rolle, im Gegenteil. Wer wagte, durch die Idee einer möglichen Auseinandersetzung zwischen Staat und RAF auf politischer Ebene zu versuchen, zu einer Deeskalation des Konflikts beizutragen, machte sich der Unterstützung des "Terrorismus" verdächtig. So wurde auch von Staatsseite aus permanent versucht, den Diskurs über die RAF von Sachfragen auf Gesinnungsfragen zu verschieben. Die Frage lautete fortan nicht mehr: "Was passiert in Vietnam und wie unterstützt die BRD die amerikanische Militärpolitik?", sondern: "Bist Du für oder gegen die RAF?".

Im Zusammenhang mit dieser gewollten und vorangetriebenen Polarisierung des Diskurses war es in den folgenden Jahren für den Gesetzgeber auch ein Leichtes, ver-

---

[263] Rosenkranz, in: Demes, S.1

[264] Steinert, in: Bundesjugendkuratorium, S.60

[265] Mollenhauer, in: Bundesjugendkuratorium, S.37

schiedenste Gesetzesänderungen, vor allem im Bereich des Strafverfahrensrechtes einzuführen, die der Bekämpfung des "Terrorismus" dienen sollten, so z.b. das Verbot der Mehrfachverteidigung, die Möglichkeit des Ausschlusses von VerteidigerInnen und Angeklagten aus einer Verhandlung, die Beschränkung der Zahl der WahlverteidigerInnen auf drei Personen, die Einführung des § 129a in das Strafgesetzbuch (der bereits z.b. die verbale Werbung für eine als kriminell definierte Vereinigung als Straftatbestand sieht) oder die Einführung des "Kontaktsperregesetzes", mit dessen Hilfe jeder Kontakt des/der Inhaftierten zur Außenwelt unterbunden werden kann.[266] Der Strafrechtler Giehring zieht daraus das Fazit, "daß (...) eine Fülle gesetzgeberischer Maßnahmen getroffen worden sind, die die Eingriffsbefugnisse der staatlichen Organe zu Lasten der Freiheitssphäre verdächtiger oder auch unbeteiligter Bürger zum Teil erheblich erweitern."[267]

Zusammenfassend läßt sich also meiner Ansicht nach sagen, daß sich der Staat in seinem Kampf gegen die RAF selbst als "starker Staat" im Sinne von Überlegenheit, Kompromißlosigkeit und deutlicher Grenzziehung mit dem Ziel der Herstellung von Eindeutigkeit definierte. Steinert hat diese Definition des Staatswesens folgendermaßen skizziert: "Unlösbare Probleme darf es für den Staat nicht geben, nicht einmal Unsicherheit in der Reaktion, für manche genügt es nicht einmal, wenn er sich mit Geschick und Schläue aus der Affäre zieht; Überlegenheit allein genügt manchen nicht, es muß schon überlegene Gewalt sein."[268]

In diesem Zusammenhang will ich an dieser Stelle nur kurz andeuten, daß dies eine Sichtweise auf den Aufbau und das Funktionieren einer Organisation ist, die in der Logik männlichen Bewältigungsverhaltens liegt: Das Schweigen über und die Externalisierung ambivalenter Gefühle und deren Projektion auf das Gegenüber, die ständige Kontrolle über sich und andere oder die als produktiv erlebte Drohung mit Gewalt wurden bereits im Zusammenhang mit der RAF als Elemente eines männlichen Systems genannt. Auch wenn dies in der Pauschalität der Aussage verkürzend klingt, so gilt meiner Ansicht nach auch für das Staatswesen, daß es eben nicht nur von konkreten Männern beherrscht wird, sondern daß seine Struktur, seine Denk-und Handlungslogiken der patriarchalen Zuschreibung der Welt weitgehend entsprechen. Dieses patriarchale System hatte auch Auswirkungen für den Umgang des Staates mit der RAF.

---

[266] Die Kontaktsperre wurde bereits mit Beginn der Schleyer-Entführung von den Behörden gegenüber den in Stammheim inhaftierten RAF-Häftlingen angewandt. Diese waren fortan von jedem Kontakt mit AnwältInnen, FreundInnen, Angehörigen abgeschnitten. So sollte ihnen die Möglichkeit genommen werden, die Entführung aus den Zellen heraus zu "steuern". Diese Maßnahme wurde über drei Wochen im rechtsfreien Raum ausgeführt, bevor sie Ende September in der damals hochemotionalen Situation vom Bundestag bestätigt wurde. Das Kontaktsperregesetz ist, wie übrigens auch alle anderen Ausnahmegesetze aus jener Zeit (die "lex RAF"), bis heute in Kraft.
[267] Giehring, in: Bundesjugendkuratorium, S.78
[268] Steinert, in:, Bundesjugendkuratorium, S.45

6.3 "...eine Gesinnung, in der nichts Menschliches mehr ist": Wechselwirkungen zwischen RAF und Staat

Zweifellos kann in der Auseinandersetzung zwischen der RAF und dem Staat zumindest bis 1977, in Teilen aber auch darüber hinaus, von einer Spirale der Gewalt, einer zunehmenden Radikalisierung und Brutalisierung von beiden Seiten aus gesprochen werden. Es macht den Anschein, als habe es in der Handlungslogik beider Organisationen gelegen, auf jede Aktion der anderen Seite mit einem noch härteren Gegenschlag zu reagieren, nachdem der vorherige noch nicht ausgereicht hatte, die andere Seite ihrer Identität zu berauben und in ihrer Struktur zu zerstören.

Dabei gleicht die Frage nach den Ausgangspunkten jeder neuen Eskalation der Frage nach Henne oder Ei. Deshalb soll es hier nicht darum gehen, diese oder jenen Verantwortliche/n für bestimmte Entwicklungen auszumachen, sondern ich will versuchen, zu zeigen, daß in der Handlungslogik der RAF und des Staates Alternativen zum Ordnungswahn und der Zerstörung der Identität des/der anderen nicht vorgesehen waren und daß aufgrund dieser Logik Momente der Deeskalation immer nur von sehr kurzer Dauer waren.[269] Das Handlungsprinzip "Sieg oder Untergang" verbaute Mittelwege in den gegenseitigen Aktionen und Reaktionen fast vollständig.

Bereits das harte Urteil im Kaufhausbrandprozeß und die Ablehnung der Revision 1969 erzeugte bei zahlreichen Linken und Liberalen eine Art Mitleidseffekt und provozierte beinahe eine gewisse Sympathisierung mit den BrandstifterInnen. Als nach der Baader-Befreiung 1970 erstmals in der BRD ein bundesweit verteilter Steckbrief veröffentlicht wurde, wurde deutlich, daß der Staat in den Mitgliedern der RAF eben keine gewöhnlichen Kriminellen sah, sondern eine Organisation, die aufgrund ihres Zieles und ihres erklärten Willens zur unbedingten Durchsetzung dieses Zieles, zumindest Teile des Staates gefährden könnte. So wie die RAF-Mitglieder schon bald als StaatsfeindInnen Nummer 1 betrachtet wurden, so waren TrägerInnen oder Ausführende staatlicher Entscheidungen (PolitikerInnen, RichterInnen, PolizistInnen) für die RAF wahlweise "Schweine", "Hunde" oder "Fotzen".

Im "Konzept Stadtguerilla" schreibt Ulrike Meinhof: "Wenn der Feind uns bekämpft, ist das gut und nicht schlecht. Wenn uns der Feind energisch entgegentritt, uns in den schwärzesten Farben malt und gar nichts bei uns gelten läßt, dann ist das noch besser; denn es zeugt davon, daß wir nicht nur zwischen uns und dem Feind eine klare Trennungslinie gezogen haben, sondern daß unsere Arbeit auch glänzende Erfolge gezeitigt hat."[270]

---

[269] Ein Versuch zur Deeskalation war z.B. die Freilassung von fünf Gefangenen der "Bewegung 2.Juni" im Austausch gegen den entführten CDU-Politiker Lorenz im Jahr 1975 (siehe Kapitel 1.8.3, Anmerkung 46)

[270] Meinhof, in: Aust, S.160/161

Der Staat indes reagierte genau so, wie die RAF sich dies gewünscht hatte. Wenn es im Rückblick einen Erfolg der RAF gibt, dann liegt dieser meiner Ansicht nach in der Umsetzung ihrer Strategie, Überreaktionen des Staates zu provozieren. Dazu Birgit Hogefeld: "Es ging der RAF darum, den Staat zu zwingen, sein wahres Gesicht zu zeigen. Alle sollten sehen können, was sich hinter der demokratischen Maske verbirgt; und es ist ja auch eine Tatsache, daß durch unseren Kampf vieles davon an die Oberfläche befördert worden ist."[271]

Unzählige Hausdurchsuchungen, das Einschleusen von VerfassungsschutzagentInnen in linke Gruppen, insbesondere aber die Sondermaßnahmen gegen Gefangene aus der RAF legten zahlreichen jungen Männern und Frauen aus dem linken Spektrum in jenen Jahren den Schritt in die Illegalität geradezu nahe. So berichtet Irmgard Möller, sie sei 1970 zur RAF gekommen, weil "wir (...) die dauernden Hausdurchsuchungen und Verfolgungen satt" hatten, "auch wenn der Apparat im Vergleich zu heute ziemlich harmlos war."[272]

Auf den zunehmenden Verfolgungsdruck reagierte die RAF mit der als "Befreiungsschlag" angelegten "Mai-Offensive" 1972, die vier amerikanische Soldaten das Leben kostete. Nach der Verhaftung der meisten Kernmitglieder der ersten Generation im Juni '72 wurden zahlreiche Sondermaßnahmen für Gefangene aus der RAF beschlossen, wie ein Auszug aus dem Maßnahmenkatalog gegen Holger Meins in Wittlich dokumentiert: "Besuche bei dem Untersuchungsgefangenen Meins werden nur in Gegenwart von zwei Beamten durchgeführt. Der Gefangene wird unmittelbar nach jedem Besuch körperlich durchsucht und neu eingekleidet. (...) Meins wird (...) in strenger Einzelhaft gehalten. Die unmittelbar rechts und links und die unter und über der Zelle des U-Gefangenen Meins liegenden Zellen dürfen nicht mit Gefangenen belegt werden. (...) Der U-Gefangene ist bei der Bewegung im Freien ab Austritt aus der Zelle bis zu seiner Rückkehr zu fesseln. Ausschluß von allen Gemeinschaftsveranstaltungen einschließlich Kirchgang."[273] Selbst der konservative Autor Peters spricht von Haftbedingungen, "die es vorher so in bundesdeutschen Haftanstalten noch nicht für eine Gruppe gegeben hatte."[274]

Während die Reaktionen des Staates die RAF-KämpferInnen in ihrer Auffassung von den faschistischen Verhältnissen im deutschen Staat bestätigten und der RAF insbesondere aufgrund des Vorwurfs der "Isolationsfolter" neue Mitglieder zuführten, tat aber auch die RAF das Ihrige zur Ausweitung und Verschärfung der Auseinandersetzung, so z.B. durch den Sturm auf die Deutsche Botschaft in Stockholm im April 1975 (siehe Kapitel 1.8.3) oder durch ihren Vorwurf des staatlichen Mordes an Hol-

---

[271] Hogefeld, S.102
[272] Möller, in: "Die Beute", S.12
[273] in: Aust, S.272/273
[274] in: Peters, S.150

ger Meins und an Ulrike Meinhof. Die Bundesanwaltschaft wiederum versuchte, an den Angeklagten im Stammheim-Prozeß ein Exempel zu statuieren und sie jeglicher menschlicher Züge zu berauben. In der Anklageschrift heißt es deshalb, die Angeklagten seien "schwerstkriminelle Gewaltverbrecher", die "auf die tiefste Stufe sittlicher Wertung" gefallen seien, da sie eine "Gesinnung, in der nichts Menschliches mehr ist" besäßen.[275] Die Morde an Buback, Ponto und Schleyer im Jahr 1977 wiederum dürften dieses von der RAF gezeichnete Bild der kaltblütigen, gewissenlosen Killertruppe in den Augen der Öffentlichkeit bestätigt haben.

Das gegenseitige Hochdrehen der Gewaltspirale dürfte schließlich auch mitentscheidend dazu beigetragen haben, daß nur äußerst wenige der gesuchten RAF-Mitglieder freiwillig ausstiegen und sich den Behörden stellten, wie z.B. Peter Homann. Die Autorin Rossi begründet dies mit den hohen Haftstrafen, welche die Gesuchten bereits allein für ihre Mitgliedschaft in der RAF erwarteten, auch ohne daß eine direkte Beteiligung an Straftaten nachgewiesen werden konnte. "(...) diese Dynamik bestand darin, daß der weitere Einsatz in der Organisation als 'billiger' empfunden wurde als die Aufkündigung der Mitgliedschaft (...). Aus dieser Spirale entstand das von Beteiligten oft angesprochene Gefühl des no-return."[276]

Ich denke, aus dem Angeführten wird deutlich, wie sehr sowohl die RAF als auch der Staat in ihren Extremen, welche das Gegenüber nur als absoluten Feind oder Gegnerin sehen konnten, verhaftet blieben. Der Versuch der Vernichtung der Persönlichkeit des/der anderen war, wenngleich mit den unterschiedlichen ihnen zur Verfügung stehenden Methoden, beiderseitiges Ziel. In dieser Atmosphäre von Unversöhnlichkeit und Unerbittlichkeit war an ein auch nur punktuelles Nachgeben, das im Selbstverständnis beider Organisationen als unverzeihliche Schwäche gegolten hätte, nicht zu denken.

6.4 Die Verunmöglichung eines gesellschaftlichen Diskurses

Es war bereits die Rede von der durch die RAF und den Staat vorangetriebenen Polarisierung der Auseinandersetzung, die auf eine fast vollständige Entpersonalisierung des/der Gegners/in zielte. Als Gründe hierfür wurden auf Seite der RAF die Struktur einer "Verdeckten Männlichkeit", insbesondere ihr Avantgarde-Gedanke, auf Seite des Staates eine Law-and-Order-Politik, die von verschiedensten Seiten auch eingefordert wurde (Medien, Öffentlichkeit...) genannt.

Weiter habe ich gesagt, daß die völlige Polarisierung und Moralisierung dieses Kampfes die Auseinandersetzung von der Ebene der Sachfragen auf die Ebene reiner

---

[275] in: Bakker Schut, S.448
[276] Rossi, S.133

Gesinnungsfragen drückte. Dies führte meinem Eindruck nach dazu, daß eine größere Diskussion über die Entstehung, die Mittel und die Ziele der RAF unmöglich gemacht und von beiden Seiten auch gar nicht gewollt wurde. Eine solche Diskussion, für die zum Beispiel Teile der legalen Linken als VermittlerInnen hätten dienen können, hätte womöglich eine Korrektur des Bildes ergeben, das vom/von der anderen gezeichnet wurde - und nichts fürchteten RAF und Staat mehr.

Eine solche Korrektur wäre von beiden Seiten als Auflösung von Ordnung und Gewißheit, als Verunsicherung empfunden worden. Eine solche Verunsicherung nicht als Schwäche zu begreifen, sondern die Möglichkeit ihrer produktiven Wendung zu sehen, lag aber außerhalb der Handlungslogik beider Organisationen.

RAF und Staat also verboten sich geradezu die Verunsicherung ihrer eigenen Position und forderten von ihren potentiellen Verbündeten ("der Linken", "der deutschen Bevölkerung") weitgehend Linientreue ein (dies werde ich im Kapitel 7 noch weiter ausführen). So entstand ein ständiger Bekenntniszwang, der dort, wo er nicht erfolgte, persönliche Diskriminierungen und teilweise gar Bedrohung nach sich zog.

Wenn Steinert die Bundesrepublik als "gesellschaftliches und politisches System" bezeichnet, "das von Anfang an sich besonders stark über Ausschluß-Reaktionen konstituierte"[277], dann wird dieser Unwille zur Auseinandersetzung, zum Disput mit dem Befremdenden, Angstmachenden besonders deutlich am Beispiel der Reaktionen des Staates auf die RAF. Interessant erscheint mir die weitere Behauptung Steinerts, daß im Kampf zwischen Staat und RAF eine typisch deutsche Form der Konfliktregelung erkennbar sei. "Während z.B. in Frankreich Polizei und Studentenbewegung (bei aller Härte des Konflikts) um die politischen Fragen als eigentliches Konfliktmotiv wußten, bewegten sich in der Bundesrepublik wahrscheinlich beide Seiten viel enger im Rahmen des Legalen, aber es wurde stärker versucht, aus Illegalität Illegitimität zu machen. Anders gesagt: In der Bundesrepublik wurde (und wird) versucht, politische Auseinandersetzungen rechtlich zu entscheiden, oder genauer: so zu tun, als sei eine Frage auch politisch erledigt, wenn sie rechtlich entschieden ist."[278]

Die deutsche Politik, so läßt sich daraus folgern, entzog sich also selbst einen Großteil ihres Handlungsspielraums, indem sie sich des Problems RAF durch die Verweisung an die Gerichte und deren vorgegebenen engen Handlungsrahmen entledigte.

Ein möglicher produktiver Diskurs über die RAF wurde somit von der Straße in die Gerichtssäle verbannt und dadurch entpolitisiert. Der "Justizalptraum von Stammheim" steht für diesen Versuch der justizialen Verwertbarkeit der RAF. Der politischen Ursachenforschung der AnwältInnen stand in Stammheim immer wieder die

---

[277] Steinert, in: Hess u.a., S.43
[278] Steinert, in: Hess u.a., S.47

Eigenlogik eines Gerichtsprozesses entgegen, der sich auf die Fokussierung auf die kriminelle Tat beschränkte. So argumentierte Anwalt Otto Schily in der Beweisaufnahme auf dem Hintergrund des Krieges in Vietnam: "Ob man solche Mordaktionen dulden oder verschweigen durfte oder ob es gerechtfertigt war, gegen die Mechanismen und gegen die Apparatur, mit der solche Mordaktionen durchgeführt wurden, vorzugehen. Darum geht es." und erhielt dafür vom Gericht die logische Abfuhr: "Die benannten Beweisthemen sind unter keinem rechtlichen Gesichtspunkt (...) von Belang. Der Vietnam-Krieg ist nicht Gegenstand dieses Verfahrens."[279]

Das wohl prominenteste Opfer dieser Verunmöglichung eines gesellschaftlichen Diskurses wurde Heinrich Böll. Um Entspannung und Dialog zwischen RAF und Staat bemüht, schrieb Böll Anfang 1972 im "Spiegel" einen Artikel unter der Überschrift: "Will Ulrike Gnade oder freies Geleit?". Darin heißt es in bezug auf Ulrike Meinhof: "Will sie Gnade oder freies Geleit? Selbst wenn sie keines von beiden will, einer muß es ihr anbieten. Dieser Prozeß muß stattfinden, er muß der lebenden Ulrike Meinhof gemacht werden, in Gegenwart der Weltöffentlichkeit. Sonst ist nicht nur sie und der Rest ihrer Gruppe verloren, es wird auch weiter stinken in der deutschen Publizistik, es wird weiter stinken in der deutschen Rechtsgeschichte."

Bölls Artikel führte zu einem Sturm der Entrüstung, von "bewaffneter Meinungsfreiheit", "gefährlicher Verharmlosung" und "unsachlicher Polemik" war die Rede. Böll erwiderte hierauf, er habe "das Ausmaß der Demagogie, die ich heraufbeschwören würde, nicht ermessen (...). Möglicherweise habe ich mehr demokratisches Selbstbewußtsein vorausgesetzt, als ich hätte voraussetzen dürfen." Aust bemerkt hierzu: "Seit dieser Zeit galt Heinrich Böll als Baader-Meinhof-Sympathisant, wie viele andere auch, die versuchten, sich in der allgemein ausbreitenden Hysterie einen Sinn für Proportionen zu wahren."[280]

Bis 1992 blieb die Kommunikation zwischen RAF und Staat und somit auch die Chance zur Vermittlung völlig versperrt. Die "Kinkel-Initiative" und der Gewaltverzicht gegen Personen durch die RAF (siehe Kapitel 1.9.2) haben zumindest eine Form der Entspannung gebracht, an die angeknüpft werden könnte. Diese Aktivitäten blieben jedoch auf die Ebene des Rechts beschränkt. Eine gesellschaftspolitische Auseinandersetzung über die bzw. mit der RAF steht heute noch genauso aus wie vor zwanzig Jahren. Aufgrund der abnehmenden Brisanz der Thematik bleibt zu befürchten, daß es zu diesem Diskurs auch nicht mehr kommen wird.

---

[279] in: Aust, S.389/390
[280] Dieses und die vorangegangenen Zitate in: Aust, S.212/213

6.5 Kaserniert in den Gefangenenlagern des Extrems: Der einsame Kampf von RAF und Staat

RAF und Staat handelten beide aus der Überzeugung heraus, den (unausge-sprochenen) Willen einer Mehrheit zu vertreten. War dies auf Seiten der RAF die vermeintliche Mehrheit der "Revolutionären Subjekte" (wobei meist nur sehr vage definiert werden konnte, wer dies genau sein sollte) oder der "Ausgebeuteten in der Dritten Welt" (StellvertreterInnen-Krieg), so war dies auf Seiten des Staates eine vermutlich real vorhandene Bevölkerungsmehrheit in der Bundesrepublik, die sich mit dem Handeln ihrer Regierung identifizierte oder zum Teil sogar einen noch härte-ren Kurs einforderte. Anders gesagt: Der moralischen Legitimation, welche die RAF für sich beanspruchte, stand eine politische Legitimation der gewählten bundesdeut-schen Regierung gegenüber.

Mein Eindruck ist, daß sowohl die RAF wie der Staat glaubten, da ja bereits vorab in ihrem Handeln legitimiert, sowohl auf gegenseitige Kommunikation wie auf die Aus-einandersetzung mit möglichen BündnispartnerInnen verzichten zu können. So blieb sowohl "die Linke" wie die bundesrepublikanische Gesellschaft insgesamt vom Kampf zwischen RAF und Staat ausgeschlossen. Ihnen fiel lediglich die Rolle der ZuschauerInnen zu - fasziniert, ungläubig staunend, erschüttert, wütend, gleichgültig. Wie zwei Boxer zogen sich RAF und Staat immer wieder in die Ecken ihres Rings zurück, um wenig später wieder aufeinander einzuprügeln, ohne von den Reaktionen des Publikums am Rande des Rings etwas aufnehmen zu können.

So produzierten die RAF und der Staat ihre eigene Isolation und kämpften ihren ein-samen Kampf. Eindrücklich hat Heinrich Breloer diese Einsamkeit auf Seiten der Regierungsverantwortlichen während der Schleyer-Entführung im Herbst 1977 in seinem Fernsehfilm "Todesspiel" dokumentiert. Letztlich aber war die Tatsache, daß die wenigen im Krisenstab versammelten Männer eigenverantwortlich über das Le-ben Schleyers entscheiden mußten, auch und gerade eine Folge der zuvor nicht er-folgten gesellschaftlichen Auseinandersetzung über die RAF.

Die permanenten "Vergegnungen" zwischen RAF und Staat wurden meiner Ansicht nach auch mitentscheidend dafür, daß der Versuch einer offen militanten Umwälzung des Staates in Deutschland zwar auf einem quantitativ deutlich geringeren Niveau als in vielen anderen Ländern ablief, daß dort, wo Aktionen stattfanden, diese sich aber auf einem im Vergleich qualitativ ungeheuer hohen Gewaltniveau ereigneten, wie Rossi konstatiert: "In der BRD richteten sich zwar nur 4% der gesamten Aktionen gegen Menschen, doch sie hatten praktisch alle das Ziel der Ermordung."[281] "Halbe Sachen", sogenannte "Strafexpeditionen" (Körperverletzungen wie z.B. Beinschüs-

---

[281] Rossi, S.144

se...), wie sie für andere militante Untergrundorganisationen typisch wurden, waren nie Sache der RAF.

In diesen Gefangenenlagern ihrer Extreme verweigerten sich RAF und Staat gegenseitig Chancen zu Reflexion und Annäherung. Peter Brückner und Barbara Sichtermann haben dies in bezug auf die von Staatsseite aus verhängte Isolationshaft gegenüber den RAF-Gefangenen beschrieben: "Man muß (...) bedenken, daß Lernen Identität auch voraussetzt, daß Erfahrung Kommunikation zur Bedingung hat, und daß insofern nun wieder Staatsgewalt und Strafvollzug für die Gefangenen der RAF Bedingungen stiften, die, weil sie Identität und Kommunikation nur um den Preis einer ebenso rigiden wie totalen Normenkontrolle zulassen wollen, ihnen die Chance des Lernens, Erfahrens, Sich-Veränderns, auch im Sinne von Einsicht in das eigene Scheitern, vorenthalten oder erschweren."[282]

Die Externalisierung von Verunsicherung, der permanente Versuch der Herstellung eindeutiger Machtverhältnisse, die gegenseitige Nicht-Kommunikation als Mittel, die andere Seite zu entpersonalisieren, die gewollte Vergegnung um den Preis der Einsamkeit - die patriarchalen Handlungsmuster von RAF und Staat machten ein gegenseitiges Aushandeln und damit eine zumindest partielle Eindämmung des Konflikts aus meiner Sicht nicht mehr möglich. Die Forderung, die der Autor Rosenkranz an das Staatswesen stellt, es zeichne sich dadurch aus, "daß es mit militanten Gegnern rechnet, sie aushält und sich im besten Fall mit ihnen über die Form der Konfliktaustragung einigt"[283] wurde von beiden Seiten zu keinem Zeitpunkt erfüllt.

Da in der Logik beider Organisationen als Antwort auf die als gewaltsam erlebten Aktionen der anderen Seite nur die jeweilige Überbietung dieser Aktionen zum Zweck der Klärung der Machtverhältnisse lag, veränderten sich RAF und Staat im Rahmen ihrer Auseinandersetzung in Richtung des Bildes, das die andere Seite schon immer von ihnen selbst gezeichnet hatte: Die RAF wurde zur mordenden Truppe, deren politische Motivation immer weniger erkennbar wurde, der Staat reagierte als Rächerstaat, der in den Hochzeiten der Eskalation gern auch mal seine demokratischen Grundlagen über Bord warf. In diesem Sinn verstehe ich auch den Satz Birgit Hogefelds: "Wir waren denen, die wir bekämpfen wollten, sehr ähnlich und sind ihnen wohl immer ähnlicher geworden."[284]

---

[282] in: Brückner: "Über die Gewalt", S.70
[283] Rosenkranz, in: Demes, S.3
[284] Hogefeld, in: "Der Spiegel" Nr.17/97, S.77

7 "RAF-Verpißt euch!":

Die legale Linke im Schraubstock zwischen RAF und Staat

Ich denke, daß im bisher Gesagten das Dilemma, in dem sich die deutsche Linke[285] in der Auseinandersetzung zwischen RAF und Staat befand, bereits mehrfach angerissen wurde. Deshalb möchte ich in diesem Kapitel nur noch einmal kurz unterschiedliche Stränge zusammenführen, um zu zeigen, daß es durch die im vorigen Kapitel beschriebene, sowohl von der RAF wie vom Staat aus betriebene Polarisierung und Entmenschlichung des/der Gegners/in, in dieser Auseinandersetzung für die legale Linke keinen Platz mehr gab. Wäre ihr von beiden Seiten dieser Platz eingeräumt worden, so vermute ich, dann hätte sie eine Vermittlungsfunktion in diesem Konflikt einnehmen und womöglich die Gewaltspirale wenn nicht stoppen, so doch zumindest herunterschrauben können.

War die legale Linke also das Opfer von RAF und Staat, gelähmt durch die Solidarisierungszwänge der RAF und den Bekenntniszwang des Staates? Zu einem großen Teil würde ich dieser Einschätzung, mit der viele zu dieser Zeit in legalen linken Organisationen Arbeitende ihr damaliges Gefühl beschreiben, teilen. Die Beispiele Heinrich Böll, Rudi Dutschke oder Ernst Bloch, die versuchten, dieser Paralysierung zu entgehen und deutlich zu machen, daß sie weder völlig auf der einen noch auf der anderen Seite stehen und die deshalb von beiden Seiten angegriffen wurden, machen deutlich, wie schwer es für Linke war, sich aus dem von RAF und Staat angezogenen Schraubstock herauszuwinden. Spätestens an der Frage: "Würdest Du ein RAF-Mitglied in Deiner Wohnung verstecken?" schieden sich die Geister.

---

[285] Natürlich stellt sich spätestens zu diesem Zeitpunkt die Frage, was der Begriff "Linke" eigentlich bezeichnen soll. Jenseits aller Parteigrenzen möchte ich "die Linke" in diesem Zusammenhang als Begriff einführen, der eine äußerst heterogene (und in sich gespaltene) Bewegung kennzeichnet, die auf eine Aufhebung kapitalistischer Ausbeutungsverhältnisse und daraus resultierender Entfremdungsstrukturen hin zielt und demgegenüber die Gleichwertigkeit aller Menschen betont, welche in einer möglichst gleichen Verteilung von Anerkennung und Ressourcen zum Ausdruck kommen soll.

Dennoch möchte ich hier auch die Frage anreißen, ob und inwieweit sich die Linke
nicht auch selbst in diesen Konflikt hineinzwängen ließ und wenig selbstbewußt versuchte, sich aus den Geschehnissen selbst herauszunehmen. Dabei geht es mir nicht
um Schuldzuweisung, sondern um den Gedanken, ob eine selbstbewußter auftretende
Linke die Chance gehabt hätte, sich von der RAF oder vom Staat nicht in der Weise
vereinnahmen zu lassen, wie dies meinem Eindruck nach geschehen ist.

7.1 Das Verhältnis der RAF zur Linken

In den Kapiteln 4.2 und 4.3 habe ich bereits beschrieben, daß das Verhältnis der RAF
zur legalen Linken meinem Eindruck nach stark von ihrem Avantgarde-Bewußtsein
bzw. dem Prinzip "Benutzung" geprägt war.

Nachdem der ursprüngliche Plan zum Aufbau einer sozialrevolutionären Kampftrup-
pe, die in den Stadtteilen verankert sein sollte, gescheitert war, isolierte sich die RAF
zusehends von der legalen Linken und "kommunizierte" mit dieser fast nur noch über
Kampfschriften. Aus diesen ist immer wieder die Rechtfertigung für den Weg und
die Mittel der RAF herauszulesen, immer stärker verbunden mit einer in hämischen
Tönen erfolgten Abwertung der Linken, von deren Verhalten die RAF insgesamt sehr
enttäuscht gewesen sein dürfte.

Diese Abgrenzungsbewegung deutete sich bereits in der ersten Schrift der RAF, dem
"Konzept Stadtguerilla" an, in deren 4.Kapitel die RAF gegen die "Papierproduktion"
linker Gruppen wettert und darin einen "Konkurrenzkampf von Intellektuellen sieht",
welche sich lediglich den Rang der besseren Marx-Rezeption streitig machen wollten.[286] Nach den Aufrufen zur Solidarität innerhalb der radikalen Linken in der zweiten Kampfschrift ("Alle Menschen in den Reihen der Revolution müssen füreinander
sorgen") ändert sich der sprachliche Duktus gegenüber der Linken spätestens mit der
dritten, von Ulrike Meinhof im November 1972 bereits im Gefängnis verfaßten
Schrift.

In einem eigenen, mit "Opportunismus" überschriebenen Kapitel attackiert sie Oskar
Negt, der sich ablehnend zur RAF geäußert hatte ("Negt-das Schwein") und erklärt,
daß die "Marx-Bibelforscher" an der Ermordung eines Teils der israelischen Olym-
piamannschaft in München durch ein palästinensisches Kommando ihre "politische
Identität wiederfinden"[287] könnten. Dieser Stil der bewußten Markierung der Diffe-
renz verschärfte sich von RAF-Seite aus in den folgenden Jahren und bis weit in die
80er Jahre hinein weiter. Dazu Birgit Hogefeld: "Freunden und Freundinnen aus der
Zeit vorher, mit denen uns der gemeinsame Aufbruch, gemeinsame Initiativen und

[286] Bakker Schut, S. 23
[287] in: Peters, S. 138

Erfahrungen verbanden, die aber andere politische Wege eingeschlagen hatten, traten wir - genauso wie der gesamten Linken - stur und rechthaberisch gegenüber. Vorwürfe wie der, sie wollten die Schärfe der gesamten Entwicklung nicht sehen und würden persönlichen Konsequenzen ausweichen (...) haben jede auch nur ansatzweise kritische Auseinandersetzung abgewürgt und sollten das im Grunde auch."[288]

Von dem hohen Roß der Avantgarde aus, die jeden planlosen Aktionismus als bereits vorab moralisch legitimierte Praxis definierte, wird das Verhalten der RAF gegenüber der großen Mehrheit der Linken, die sich nicht mit der RAF solidarisierte, verständlich. Von diesem Standpunkt aus gab es nur noch "die Bölls, für die der Tod eines Schreibtischtäters schwerer wiegt als der Tod eines Revolutionärs"[289] und die heroischen KämpferInnen, die ihren Weg mit der notwendigen Konsequenz gingen. Letztlich verbirgt sich hinter dieser Haltung der RAF gegenüber der Linken das Bild einer weitgehend amorphen und willenlosen gesellschaftlichen Gruppe.

7.2 Das Verhältnis des Staates zur Linken

Die Hysterie, die, gewollt oder ungewollt, um die RAF herum von Staatsseite aus entfacht wurde, bewirkte rasch eine wundersame Vergrößerung des "Phänomens RAF". Es ist wohl eher der durch das Bundeskriminalamt erfolgten Konstruktion der angeblich direkt aufeinander bezogenen vier Ebenen der RAF (Kommandoebene, RAF-Gefangene, illegale Militante, SympathisantInnen) als einer exorbitant gestiegenen Bedrohung durch die RAF zuzuschreiben, daß nach der weitgehenden Verhaftung der ersten Generation 1972 immer mehr Personen aus dem linken Spektrum in die RAF-Fahndung gerieten.

Die Observation und Durchsuchung ihrer Wohnungen gehörte für manche Linke bald schon fast zur Tagesordnung. Mit am härtesten traf es die vom "Radikalenerlaß"[290] 1972 betroffenen Personen, die daraufhin ihre Arbeit verloren. Nicht nur bei diesen, sondern auch bei vielen anderen politisch Engagierten entstand dadurch der Eindruck, daß der Staat dort, wo er "RAF" schrie eigentlich die radikale Linke meinte.

Die Aktionen der RAF wurden immer wieder dazu genutzt, radikale linke Staatskritik generell obsolet zu machen und es als jenes Gedankengut dastehen zu lassen, welches die Morde der RAF erst möglich machte. Die Kritik z.B. an den Haftbedingungen der

---

[288] Hogefeld, S.100
[289] in: Aust, S.294
[290] Die am 28.1.1972 beschlossenen "Grundsätze über die Mitgliedschaft von Beamten in extremistischen Organisationen" regelten u.a. die Überprüfung von BewerberInnen für den öffentlichen Dienst. Durch diesen als "Radikalenerlaß" in die Diskussion geratene Beschluß wurden zahlreiche Mitglieder linker Parteien (insbesondere der DKP) oder Organisationen aus dem öffentlichen Dienst entfernt.

RAF-Gefangenen wurde regelmäßig durch den Vorwurf der "Terror-Sympathisanz" übertönt, egal, wie abstrus dieser Vorwurf auch war. Daß der Staat in seiner harten Haltung gegenüber der RAF auch die Linke als solche verunsichern und manche Organisationen in ihren Strukturen angreifen wollte, dokumentieren die zahlreichen in den siebziger Jahren entstandenen Sondergesetze, insbesondere der bereits erwähnte § 129a.

Peter Brückner stellt in seinem Essay "Über die Gewalt" die These auf, daß die RAF dem Staat fast wie ein willkommener Anlaß war, als Reaktion auf die "antiautoritäre Bewegung" bürgerliche Freiheitsrechte einzuschränken. Er schreibt: "Die Erörterung der RAF in der Bundesrepublik war - innerhalb der Linken - lange Zeit hindurch von der Frage beherrscht, ob sie, die RAF, nicht bestimmte gewaltförmige und administrative Maßnahmen der Regierungsgewalt ausgelöst, provoziert habe, die leicht die gesamte sozialistische Politik in der BRD gefährden können. (...) so wird alsbald deutlich, daß längst eingerichtete Apparate außerökonomischer Zwangsgewalt anläßlich der RAF-Fahndung nur öffentlich sichtbar geworden sind; daß der Druck der Staatsgewalt auf die Linke in der BRD ganz andere Ursachen hat als den Entschluß einiger Genossen, sich zu illegalisieren. Der Vorwurf, die RAF sei als Provokateur ´objektiv konterrevolutionär`, ist entweder von Angst diktiert oder töricht..."[291]

Mit welcher Intention die staatlichen Institutionen ihre Strategie der präventiven Strafverfolgung einsetzten, möchte ich an dieser Stelle nicht weiter erörtern. Evident aber erscheint mir, daß durch Gesetzgebung und Verfolgungspraxis des Staates, die angeblich auf eine effektive Bekämpfung der RAF zielen sollten, die gesamte Linke an den Pranger gestellt werden konnte - und teilweise auch wurde.

Das Verhältnis des Staates zur Linken kann, aufgrund der Einschränkung dessen, was noch als demokratisch legitime Meinungsäußerung oder Verhaltensweise galt, meiner Ansicht nach als Zustand der permanenten Verdächtigung beschrieben werden. Deshalb sahen sich staatliche Institutionen oder RepräsentantInnen, die entschlossen waren, sich in der Auseinandersetzung mit der RAF als autonom und "handlungsfähig" zu erweisen, zu keinem Zeitpunkt veranlaßt, Personen aus dem linken Spektrum als mögliche Vermittlungsinstanzen gegenüber der RAF zu begreifen. Die Kommunikation des Staates mit der Linken reduzierte sich auf die simple Frage: "Bist Du für oder gegen den Terror?".

7.3 Das Verhältnis der Linken zum Staat

Wenn ich oben davon gesprochen habe, daß der Staat die legale Linke nicht als Vermittlungsinstanz begriff, sondern ganz im Gegenteil unter Verfolgungsdruck setzte,

---

[291] Brückner, S.28

scheint verständlich, daß die Haltung vieler Linker gegenüber dem Staat von Ablehnung und Feindseligkeit geprägt war. Dem jedoch, glaube ich, muß hier hinzugefügt werden, daß selbst bei einem um Vermittlung bemühten Handeln des Staates fraglich geblieben wäre, ob Personen oder Organisationen aus dem linken Spektrum bereit gewesen wären, die Kommunikation mit beiden Seiten aufzunehmen.

Zumindest bei der radikalen Linken saß der Stachel der Ereignisse und der Nachwehen von '68 so stark, daß sie an diesem Staat kaum noch ein gutes Haar lassen konnte. Die Sicht auch auf das Beerbbare in einer bürgerlichen Gesellschaft wich innerhalb von Teilen der Linken bald einer völligen Ablehnung des Status Quo. Diese Linke wich der Frage Peter Brückners, ob der nicht erfolgende Automatismus von Unzufriedenheit zu Revolte auch etwas mit einer Stärke des Staates zu tun haben könnte, aus: "(...) Und viele, die meisten, leben trotz Unzufriedenheit sogar gern. Wenn das 'System` nicht Chancen von Leben, ja sogar von Glück, Befriedigung böte, hätte es diese seine Integrationskraft (...) nicht."[292]

Die völlige Verneinung des Status Quo korrespondierte in (wenn auch zahlenmäßig wohl eher geringen) Teilen der Linken auch mit einer, wie es im "Mescalero-Aufruf" hieß, "klammheimlichen Freude" über die Taten der RAF.[293] Hier fiel das "Prinzip Benutzung" auf diejenige Linke selbst zurück, welche die RAF quasi als Vehikel ihrer eigenen Auseinandersetzung mit dem Staat sah. Die Vermutung liegt dabei nahe, daß einige Personen aus dem linken Spektrum sich auch gerne im "Ruhm" der RAF sonnten. So berichtet Irmgard Möller über Hans-Peter Konieczny, der 1972 zu ihrer Verhaftung beitrug: "Er war ein Großmaul und lebte in einer kleinen Stadt. Er hat sich überall gebrüstet, daß er Kontakte zur RAF hat."[294]

Dort, wo der gemeinsame Nenner der legalen Linken und der RAF, eine radikale Staatskritik und der Versuch, gegen eine schleichende Entdemokratisierung und Faschisierung der Bundesrepublik zu arbeiten, verlassen wurde in Richtung einer Rechtfertigung auch der Mittel der RAF, brachten sich Teile der Linken auch selbst um die Möglichkeit, aktiv in die Auseinandersetzung zwischen Staat und RAF eingreifen zu können. Die schwierige Gratwanderung zwischen Verstehen und Rechtfertigen des Weges der RAF gelang dieser Linken nicht immer.

Wie ein politisches Handeln zwischen den Fronten von RAF und Staat vielleicht hätte aussehen können, dokumentiert ein Interview der Tübinger StudentInnenzeitung

---

[292] Brückner, S.88

[293] Der "Mescalero-Aufruf" wurde nach dem Attentat auf Buback im April '77 vom Göttinger AStA verbreitet. Darin bezog ein unbekannter Student als Verfasser zwar nicht eindeutig Stellung für die RAF, sprach aber von seiner "klammheimlichen Freude" über die Ermordung Bubacks. Der Aufruf, den auch 43 ProfessorInnen als "öffentliche Diskussionsgrundlage" veröffentlichten, schlug danach hohe Wellen in den deutschen Medien. Er wurde insbesondere als angeblicher Beweis für eine hohe Sympathisanz der RAF an den deutschen Hochschulen angesehen. In: Peters, S.224-227

[294] Möller, in: "Die Beute", S.16

"Widerspruch" mit Ernst Bloch 1975. Darin äußert sich Bloch folgendermaßen: "Jedenfalls setzt sich der Staat selber in ein großes Unrecht, das im Fall der Baader-Meinhof-Gruppe gekennzeichnet ist durch Isolationsfolter, durch Vernichtung der Persönlichkeit (...) und wir leben dann, hervorgerufen durch den Rechtsstaat, in einem zweifellos sich anbahnenden Unrechtsstaat, in einer Aufhebung der liberalen Partien der Verfassung (...)." Bloch macht aber auch klar, daß "wir nicht auf der Seite der Baader-Meinhof-Gruppe stehen (...) Es ist abscheulich, Bomben in ein Warenhaus zu werfen, unadressiert Attentate zu machen, wobei man die eigenen Genossen hätte mittreffen können."[295]

7.4 Das Verhältnis der Linken zur RAF

Bereits kurz nach der Gründung der RAF entbrannte innerhalb der Linken der Streit über das richtige Verhalten gegenüber den Gesuchten. Die Meinungen darüber waren so vielfältig und reichten von einer völligen Identifikation mit der RAF über manchmal recht diffuse Formen der teilweisen Solidarisierung bis hin zu vehementer Ablehnung, so daß kaum vom Verhältnis *der* Linken zur RAF gesprochen werden kann. Insgesamt kann wohl die Feststellung getroffen werden, daß der Grad der Solidarisierung, wenn nicht mit den Mitteln, so doch zumindest mit den Ideen der RAF, innerhalb der Linken Anfang der 70er Jahre noch wesentlich höher war und durch die zunehmende Brutalisierung des Kampfes der RAF immer mehr einer ablehnenden Haltung wich.

Meinungsumfragen scheinen zu belegen, daß die Linke sich immer dann mit der RAF am ehesten identifizieren konnte, wenn diese weniger militante oder gewaltlose Formen des Widerstandes übte (so z.B. bis zur "Mai-Offensive" '72 oder während der Hungerstreikaktionen), während sie in Zeiten der Eskalation des Kampfes von der RAF wieder Abstand nahm (so z.B. nach den ersten gezielten Tötungen 1972 oder während der "Offensive '77"). Dazu der Autor Backes: "Solange die Gruppe noch keine Menschen getötet hatte, hielten manche ihre Mitglieder für eine neue Art von Robin-Hood-Tätern, denen man Unterstützung nicht versagen dürfe. Später änderte sich jedoch das Bild. In linken Organen wurde schließlich deutliche Kritik am Terrorismus laut - sei es aus prinzipiellen (die Verwerflichkeit der Tötung von Menschen), sei es aus taktischen (die Gefährdung Unschuldiger) oder strategischen Gründen (die Aussichtslosigkeit individuellen Terrors)."[296]

Hätte eine selbstbewußter auftretende, um eine eigenständige Position bemühte Linke zur Kursänderung der RAF beitragen können? Die Frage bleibt Spekulation und ist angesichts der frühzeitigen Isolierungstendenzen der RAF wohl eher negativ zu be-

---

[295] Bloch, in: Zudeik, S.280/281
[296] Backes, S.69

antworten. Von den Solidarisierungszwängen der RAF terrorisiert, scheinen sich Teile der Linken aber immer wieder auch der geborgten RAF-Identität bedient und die Aufforderung Oskar Negts, sich mit aller Kraft dagegen zu wehren, "uns die fatale Alternative von Bombenlegen und Anpassung aufzwingen zu lassen"[297] wenig beherzigt zu haben.

Anders gesagt: Die Linke tat insgesamt wenig dazu, den minimalen Handlungsspielraum, den sie zwischen RAF und Staat überhaupt hatte, eigenständig zu erweitern. Mit am deutlichsten ist die Kritik am Verhalten der Linken gegenüber der RAF von Daniel Cohn-Bendit formuliert worden, der selbst dieser Szene entstammte. Er schreibt in der Rückschau: "Doch spätestens nach dem Anschlag auf das Springer-Haus in Hamburg war vielen von uns klar, daß das Experiment Stadt-Guerilla moralisch gescheitert war. Dennoch waren zu diesem Zeitpunkt die meisten Genossen bereit, den verfolgten Stadt-Guerilleros beim Untertauchen zu helfen, aus Solidarität ebenso wie aus Schuldgefühlen. Je mehr sich die Politik der Stadt-Guerilla-Gruppen verselbständigte, um so mehr verbreitete sich innerhalb der Linken das Gefühl ohnmächtigen Zusehenmüssens bei dem scheinbaren Räuber-und-Gendarm-Spiel zwischen Staat und Guerilla, dem das Verhalten des amüsiert-wohlwollenden Konsumierens der Aktionen der Guerilla entsprach, das auf eine solidarische Kritik verzichtete, die eine radikale, aber nicht denunziatorische hätte sein müssen."[298]

Mein Eindruck ist, daß eine radikale und zugleich solidarische Kritik von großen Teilen der Linken nicht frühzeitig genug kam. So beschreibt Klaus Jünschke die Situation, wenn er als gesuchtes RAF-Mitglied bei früheren GenossInnen auftauchte: "(...) keiner hat sich vor mich hingestellt und gesagt: 'Jetzt komm mal wieder zu dir, auf den Boden der Realitäten, was machst du für 'ne Scheiße, bleib ein paar Tage hier und schlaf dich mal aus!' Wir waren eben eine Autorität, wir waren bei der kämpfenden Truppe."[299]

Als sich, spätestens nach dem "Deutschen Herbst 1977", innerhalb des allergrößten Teils der Linken eine dezidiert kritisch-ablehnende Haltung gegenüber der RAF durchsetzte, war diese dann geprägt von den Verletzungen, welche die RAF der Linken durch ihre Avantgarde-Dünkel zugefügt hatte. Symptomatisch dafür erscheint mir die Reaktion eines Lesers in der "tageszeitung" auf das "Mai-Papier" der RAF 1982: "Die Sprache strotzt nur so von militärischen Ausdrücken wie Front, Offensive, Mobilisierung, daß mir bei der Vorstellung, diese Herrschaften könnten wirklich einmal Macht erlangen, angst und bange wird." Er verwehre sich gegen "die Bevormundung von ein paar Polit-Intellektuellen, die sich besonders revolutionär vorkommen, weil sie ein Maschinengewehr im Schrank haben. RAF - verpißt euch."[300] Daß

[297] Negt, S.215
[298] Cohn-Bendit, in: Klein, S.229
[299] Jünschke, in: Aust, S.180
[300] in: Peters, S.297

eine solche Form der Kritik die RAF nicht mehr erreichen konnte und dies auch gar nicht mehr wollte, erscheint evident.

Insgesamt erweckt es den Eindruck, daß eine paralysierte Linke erst das offensichtliche Scheitern der RAF brauchte, um sich aus deren Umklammerung zu lösen. Zu spät erst bemerkte sie, daß eine Nicht-Identifikation mit dem Handeln der RAF nicht die Aufkündigung jeglicher Solidarität mit den Menschen in der RAF und deren Motiven und Zielen bedeutet hätte.

Rudi Dutschke versuchte diesen Balanceakt zwischen Solidarität mit den RAF-Mitgliedern und der Ablehnung individuellen Terrors in einem Leserbrief im "Spiegel" nach dem Tod von Holger Meins und der darauf folgenden Ermordung des Berliner Richters von Drenkmann im November 1974. Er schrieb: "Holger, der Kampf geht weiter, das heißt für mich, daß der Kampf der Ausgebeuteten und Beleidigten um die soziale Befreiung die alleinige Grundlage unseres politischen Handelns als revolutionäre Sozialisten und Kommunisten ausmacht. Der politische Kampf gegen die Isolationshaft hat einen klaren Sinn, darum unsere Solidarität. Die Ermordung eines antifaschistischen und sozialdemokratischen Kammer-Präsidenten ist aber als Mord in der reaktionären deutschen Tradition zu begreifen."[301]

7.5 Vom Elend mit der Solidarität: Die Linke, die RAF und der Staat

Ich habe in diesem Kapitel zu zeigen versucht, daß bzw. wie die Struktur und Handlungslogik von RAF und Staat, die ich in den vorangegangenen Kapiteln als "im Prinzip männlich" beschrieben hatte, Freiräume zerstörte, in welche die deutsche Linke hätte stoßen und, wäre dies gewollt gewesen, in denen sie zwischen RAF und Staat hätte vermitteln können. Daß es dazu nicht kam, so meine weitere Einschätzung, hatte aber nicht ausschließlich mit dem bewußt polarisierenden Konfliktverhalten von RAF und Staat zu tun.

Vielmehr zeigt sich an der marginalisierten Position der Linken in dieser Auseinandersetzung auch eine der deutschen Linken in den siebziger Jahren (und darüber hinaus) eigentümliche Schwäche. Zahlenmäßig durchaus eine einflußreiche gesellschaftliche Bewegung, war diese Linke nach ´68 zersplittert in unzählige kleine Organisationen, die auf verschiedensten Politikfeldern tätig waren (Hochschulgruppen, Dritte-Welt-Gruppen, Frauenbewegung, Kommunen, Genossenschaftsprojekte...) und weitgehend unabhängig voneinander arbeiteten. Der in linken Kreisen scheinbar unvermeidliche Wahrheitsfetischismus dürfte dazu beigetragen haben, daß diese Gruppen nur lose untereinander kooperierten, sich z.T. sogar ablehnend gegenüberstanden.

---

[301] Dutschke, in: Aust, S.299/300

So war (und ist) es leicht, die Linke auseinanderzudividieren, je nachdem, wofür sie gerade gebraucht wurde.

Die RAF konnte mit Hinweis auf sozialreformerische Positionen in der Linken die "Schreibtischtäter", "Papierproduzenten" und die "Perspektivlosigkeit der Szene" verdammen, während der Staat RAF-nahe SympathisantInnengruppen relativ mühelos zum Anlaß nehmen konnte, weite Teile der Linken mit einem Netz der Verfolgung zu überziehen. Um hier nicht in falsches Fahrwasser zu geraten: Nicht die unterschiedlichen Positionen innerhalb der Linken im Konflikt zwischen RAF und Staat trugen zu ihrer Schwäche bei, im Gegenteil. Vielmehr konnte die Linke von beiden Seiten benutzt werden, weil sie sich der Polarisierung der Auseinandersetzung nicht widersetzte und, bei aller Verschiedenheit der Positionen, kein Minimalkonsens zustande kam, der beiden Konfliktparteien hätte klar machen müssen, daß ein überzogener Angriff einer der beiden Parteien auf Teile der Linken von der gesamten Linken nicht hingenommen werden würde.

So aber konnte die RAF ungeniert linke Kritik als "unverschämt", "Lumpenfetischismus" oder "Emanzengepiß"[302] denunzieren - und bekam dafür noch Beifall aus der militanten Szene. Demgegenüber fanden die zahlreichen in den siebziger Jahren erlassenen Sondergesetze und Zusatzparagraphen, die eindeutig gegen die radikale Linke gerichtet waren, auch den fast einhelligen Beifall und parlamentarische Zustimmung innerhalb des linken Flügels in der SPD. Durch das Nicht-Zustande-Kommen dieses Minimalkonsenses, möchte ich behaupten, verbaute sich die deutsche Linke auch noch das letzte Stück Freiraum, das ihr zwischen RAF und Staat geblieben war.

Der Theologe Helmut Gollwitzer stellte am Grab Ulrike Meinhofs die Frage, ob Ulrike Meinhof einen anderen Weg gegangen wäre, wenn sich "mehr Menschen gefunden hätten, bereit mitzukämpfen für eine menschlichere Gesellschaft."[303]. Daran anschließend möchte ich fragen, ob die Gründung der RAF oder zumindest die Eskalation des Kampfes vermeidbar gewesen wäre, wenn sich mehr Menschen innerhalb der Linken zu solidarischem Verhalten bereit gefunden hätten. Damit meine ich nicht eine Übereinstimmung in den Positionen, sondern die gemeinsame Definition einer Grenze, bei deren Überschreiten durch moralische, physische oder psychische Verletzungen von RAF oder Staat aus sich diese Linke zur Wehr gesetzt hätte. Ob dadurch eine Chance zur Deeskalation gegeben gewesen wäre, können aber, denke ich, nur die beantworten, die damals dabei waren.

---

[302] so Augustin bzw. Dellwo, in: Jeschke/Malanowski, S.9
[303] Gollwitzer, in: Aust, S.384

8 Von Männern, Politik, Macht und Emanzipation

In diesem Schlußkapitel möchte ich den Bogen wieder etwas von der RAF weg schlagen. Am Beispiel der RAF habe ich zu zeigen versucht, wie eine bestimmte Form einer Hegemonialen Männlichkeit die Struktur einer Organisation, das Handlungsrepertoire innerhalb dieser Organisation, interne Gruppenbeziehungen und die Außenwirkung der Gruppe mitentscheidend prägte. Ich habe weiter gesagt, daß diese Hegemonial- und Dominanzstruktur für das Scheitern der Gruppe mitverantwortlich war.

Vor diesem Hintergrund möchte ich mich in diesem Schlußkapitel dem Zusammenhang von Macht und Männlichkeit in politischen Organisationen widmen. Daß Männer, allen Veränderungen zum Trotz, auch weiterhin die Schlüsselpositionen in fast allen gesellschaftspolitischen Organisationen innehaben, ist eine Binsenweisheit. Macht scheint auf viele Männer eine fast magische Anziehungskraft auszuüben. Gleichzeitig definieren sie Macht auf eine ganz bestimmte Weise, nämlich als Durchsetzung der eigenen Interessen.

Um dem Begriff und der Funktion von "Macht" auf die Spur zu kommen, gilt es, diese in ihrer Struktur und Wirkung zu analysieren. Hierzu werde ich einige Überlegungen Michel Foucaults zu spezifischen Aspekten von "Macht" und "Machtverhältnissen" aufgreifen. Im Unterschied zum Gewaltverhältnis hält Foucault Machtverhältnisse für gestalt- und damit veränderbar. Durch die Heraushebung einzelner Punkte, welche Machtverhältnisse prägen, will ich darauf hinweisen, daß "Macht" kein monolithischer Block sein muß, sondern an konkreten Punkten verändert werden kann.

Eine solche positive Reformulierung des Machtbegriffes hat Hannah Arendt versucht. Ihre Abkehr vom herrschenden Verständnis, Macht bedeute, Überlegenheit über andere zu besitzen, eröffnet ihr einen neuen Blickwinkel, der Machtverhältnisse nicht mehr unbedingt in einer vertikalen, sondern in einer horizontalen Sichtweise sieht. In dieser Sichtweise geht es nicht mehr um ein System von "Befehl und Gehorsam", sondern um die Kunst der Machtgestaltung als Ausgleich widerstreitender Interessen. Schließlich möchte ich nach diesen Überlegungen zur Definition von Machverhältnissen die Frage nach den Chancen einer politischen Praxis aufwerfen, welche sich eine gleichberechtigtere Verteilung von Macht zwischen den Geschlechtern sowie eine Gestaltung von Macht im Sinne Arendts als Aufgabe stellt. Aus Sicht einer kritischen Männerforschung stellt sich in meinen Augen hier eine dreifache Aufgabe.

148

Männer werden sich, deutlich stärker als bisher, verändern müssen in Hinblick auf ihren Umgang mit Macht, ihr Verhalten sich selbst und ihr Handeln anderen gegenüber. Gleichzeitig werden sie um einen quantitativen Verlust ihrer Macht (Stichwort "Quotenregelung") nicht umhin kommen, wenn sie es mit der Gleichberechtigung von Mann und Frau ernst meinen. Dies aber reicht in meinen Augen nicht. Hinzukommen muß die Veränderung der Organisations- und Handlungsstrukturen von Parteien, Verbänden, Wirtschaftsorganisationen, staatlichen, kirchlichen und privaten Institutionen mit dem Ziel einer "Entmännlichung" dieser Systeme. Nur durch die Abkehr von einer männlichen Organisations- und Handlungslogik, so meine Schlußthese, werden sich Strukturen schaffen lassen, die nicht den Prinzipien männlicher Lebensbewältigung entsprechen, die nicht immer wieder die in ihr lebenden und arbeitenden Frauen und Männer unter Konkurrenz- und Handlungsdruck setzen.

8.1 Zur Analyse von Machtverhältnissen bei Michel Foucault

Michel Foucault geht in seinen Arbeiten davon aus, daß der Aspekt der Macht zum einen interpersonalen Beziehungen immanent ist, zum anderen aber nicht als etwas Statisches, Unveränderbares begriffen werden darf, sondern als gestaltbar bestimmt werden kann.

Machtausübung, so Foucault, bestehe darin, das Feld möglichen Handelns der anderen zu strukturieren. "Machtausübung bezeichnet nicht einfach ein Verhältnis zwischen individuellen und kollektiven Partnern, sondern die Wirkungsweise gewisser Handlungen, die andere verändern. Es gibt also nicht etwas wie *die* Macht (...); es gibt Macht nur als von den ´einen` auf die ´anderen` ausgeübte. Macht existiert nur *in actu*, auch wenn sie sich (...) auf permanente Strukturen stützt."[304]

Deshalb spricht Foucault in seinen Analysen anstatt von *der* Macht von "Machtverhältnissen", um damit den wechselseitigen Prozeß der Ausübung von Macht und der Antworten und Reaktionen der von dieser Macht betroffenen Subjekte zu kennzeichnen. Im Unterschied zum Gewaltverhältnis, das auf die Zerstörung des/der anderen zielt, ist Macht als Form des Regierens und Führens auf die permanente Existenz von "Subjekten" (Unterlegenen) angewiesen. Macht schließt zwar den Gebrauch von Gewalt keineswegs aus, sie muß aber eine zumindest partielle Übereinkunft mit den Machtlosen erreichen, ein Machtverhältnis aufbauen, in dem der/die andere "als Subjekt des Handelns bis zuletzt anerkannt und erhalten bleibt und sich vor dem Machtverhältnis ein ganzes Feld von möglichen Antworten, Reaktionen, Wirkungen, Erfindungen eröffnet."[305]

---

[304] Foucault: "Das Subjekt und die Macht", S.254
[305] a.a.O., S.254

149

In diesem Sinn folgert Foucault, "daß Macht und Freiheit (...) sich also nicht in einem Ausschließungsverhältnis gegenüber" stehen, "sondern innerhalb eines sehr viel komplexeren Spiels: in diesem Spiel erscheint die Freiheit sehr wohl als die Existenzbedingung von Macht."[306] Oder, noch pointierter formuliert: "Macht wird nur auf ´freie Subjekte` ausgeübt und nur sofern diese ´frei` sind."[307] Während also auf Gewalt nur mit Passivität oder verzweifelter Gegenwehr reagiert werden kann, steckt in Machtverhältnissen für die Machtlosen die Möglichkeit des Widerstandes. Die Macht kann unter Druck gesetzt werden, indem ihr mit der Aufkündigung des gegenseitigen Verhältnisses gedroht wird, wenn sie sich nicht bereit erklärt, ihre Gestaltbarkeit zu nutzen und sich zu verändern.

In dieser Gestaltbarkeit liegt die Stärke der Macht und zugleich eine große Gefahr für die von dieser Macht Betroffenen. Macht ist im Gegensatz zur Gewalt fähig, abzugeben, einzulenken, auszuhandeln, unter Umständen sogar zu teilen, das ihr zugrunde liegende hierarchische Verhältnis zeitweilig so weit aufzulösen, daß es nur noch diffus erkennbar erscheint. Da der gegen sie gerichtete Widerstand meist nur punktuell ansetzt, kann Macht sich partiell zu Kompromissen bereit finden, um an anderen Punkten gegenläufige Entwicklungen in Gang zu bringen. Ebenso kann sie Zeiten schwachen Widerstandes dazu nutzen, weitgehend unbemerkt ihre Machtposition zu festigen. So kann im Moment des Widerstandes bei den Widerständigen der subjektive (und durchaus richtige) Eindruck entstehen, eine Verbesserung des gegenseitigen Verhältnisses erzielt zu haben, ohne daß die weitere Hierarchisierung der gegenseitigen Beziehung entdeckt werden würde.

Wenn ich also davon ausgehe, daß Macht sich beständig neu legitimieren muß und der dauerhaften Rechtfertigung gegenüber den ihr unterstellten "freien Subjekten" bedarf, braucht es ein "Setting" von Analysemustern, anhand derer Machtverhältnisse untersucht werden können. Foucault nennt fünf für die Analyse von Machtverhältnissen erforderliche Punkte:[308]

1. *Das System der Differenzierungen.* Aufgrund welcher Bedingungen entstehen Machtverhältnisse? Sind sie traditionell-historischen Ursprungs, entstehen sie durch ökonomische Unterschiede, sprachliche oder kulturelle Unterschiede, durch Verschiedenheit im Können und in den Kompetenzen usw.? Diese unterschiedlichen Entstehungsbedingungen begründen mannigfaltige Argumentationsmuster für die Legitimation von Machtpositionen.

2. *Die Typen von Zielen*, die mit Machtausübung verfolgt werden. Dies können zum Beispiel die offene Aufrechterhaltung von Vorrechten sein, die Akkumulation von

[306] a.a.O., S.256
[307] a.a.O., S.255
[308] Foucault, S.257/258

Profiten, aber auch die (aufgrund einer bestimmten Kompetenz) für legitim erachtete Ausübung einer bestimmten Funktion.

3. *Die instrumentellen Modalitäten* sind die Frage nach dem Wie der Machtausübung. Droht Macht mit Waffengewalt oder versucht sie, mit Worten zu überzeugen? Bedient sie sich komplexer Kontrollmechanismen (Gesetze, feststehende Regeln...) oder läßt sie das Gegenüber am jeweiligen Gegenstand innerhalb des Machtverhältnisses mitgestalten?

4. *Die Formen der Institutionalisierung* lenken den Blick auf die konkrete Ausgestaltung der Struktur des Machtverhältnisses. Existiert dieses Machtverhältnis in Form klarer (oft festgeschriebener) hierarchischer Strukturen oder sind in ihm unterschiedliche Formen funktionaler Autonomie erkennbar, die bis zu einer weitgehenden Verdeckung des Machtverhältnisses führen können? Wird das Netz unterschiedlicher Regelungen durch eine umfassende Kontrollinstanz bestimmt (totalitäre Macht) oder ist dieses Netz von unten her gestaltbar (relative Macht)?

5. *Die Grade der Rationalisierung.* Hier sollen die Instrumente der Machtausübung (Punkt 3) auf ihre Wirksamkeit hin untersucht und der Frage nachgegangen werden, was sich Machtausübende von dem Einsatz gerade dieses oder jenes Machtinstrumentes versprechen. Weshalb benutzt Macht einmal die Form roher Gewalt (oder ihrer Androhung), um im nächsten Moment sich wieder gesprächs- und kompromißbereit zu zeigen?

Foucault ist davon überzeugt, daß der anarchistische Traum einer vollständigen Auflösung von Machtverhältnissen eine Illusion bleiben muß. Er schreibt: "Das heißt, daß die Machtverhältnisse tief im gesellschaftlichen Nexus wurzeln, und nicht über der 'Gesellschaft' eine zusätzliche Struktur bilden, von deren radikaler Austilgung man träumen könnte. In Gesellschaft leben heißt jedenfalls so leben, daß man gegenseitig auf sein Handeln einwirken kann. Eine Gesellschaft 'ohne Machtverhältnisse' kann nur eine Abstraktion sein."[309]

Wenn er diese nüchterne Feststellung trifft, dann bedeutet dies für Foucault aber eben nicht den Verzicht auf ein Mehr an Demokratie, gemeinsamer Willensbildung und gleichberechtigteren Lebens. Vielmehr soll eine beständige Analyse von Machtverhältnissen den Blick dafür schärfen, woher diese ihre Sinnhaftigkeit beziehen bzw. wo sie aufgehoben werden müssen. Dazu Foucault: "Denn die Aussage, es könne Gesellschaft nicht ohne Machtverhältnisse geben, heißt weder, daß die jeweils gegebenen auch notwendig sind, noch daß auf alle Fälle *die* MACHT im Herzen der Gesellschaft ein unvermeidliches Geschick darstellt, sondern daß die Analyse, die Heraus-

---

[309] Foucault, S.257

arbeitung, die Infragestellung der Machtverhältnisse (...) eine beständige politische Aufgabe ist (...)."[310]

Um diese politische Aufgabe zu leisten, so will ich hinzufügen, bedarf es aber deutlich mehr als der in bestimmten Zeiträumen wiederkehrenden (Nicht-) Bestätigung der jeweiligen Machthabenden. So wie Machtverhältnisse in ganz alltägliche Situationen eingeschrieben sind, ist ihre Infragestellung eine kontinuierliche Aufgabe, der sich die Machthabenden zu stellen haben, wo Macht von den davon Betroffenen als unverständlich oder bedrohlich erlebt wird.

Männer haben Macht. Und Männer gestalten Macht. Durch das Festschreiben von Parteiprogrammen, den Gang ihres Unternehmens an die Börse, die Entwicklung eines neuen Produkts, das Leben ihrer Sexualität oder die Form ihrer Beziehung zu anderen Menschen. Daran ist zunächst einmal nichts Negatives.

Männer aber gestalten diese Macht weitgehend so, wie es der Logik männlichen Bewältigungsverhaltens entspricht: Externalisiert (der Mächtige als der stets Zuversichtliche und vom Erfolg seines Handelns Überzeugte), stumm (der Mächtige behält sein Wissen für sich), allein (der Mächtige ist fähig, seine Entscheidungen selbständig zu treffen), kontrolliert (der Mächtige, der es als Verantwortungsbewußtsein deklariert, über allem die Hand zu haben) und potentiell gewalttätig (der Mächtige als legitimer Herrscher über den Körper des/der anderen).

Diese Form der Machtausübung, der Nicht-Kommunikation mit dem jeweiligen Gegenüber, führt nicht nur zur Entpersonalisierung des/der anderen, sondern kann, wie ich am Beispiel der RAF aufzuzeigen versucht habe, schließlich auch selbstzerstörerische Ausmaße annehmen. Wie also wäre, in Abgrenzung zu dieser Form männlichen Machthandelns, eine Form des Umgangs von Männern mit Macht denkbar, die nicht im Ausschluß anderer Männer und Frauen aus diesen Machtverhältnissen begründet wäre? Ein Schlüssel zur Beantwortung dieser Frage könnte in der Definition von "Macht" liegen, wie sie Hannah Arendt einmal vorgelegt hat.

8.2 Der Begriff der "Macht" bei Hannah Arendt

Heide Funk geht in ihrer Arbeit über "Männer und Macht" von einer geschlechterhierarchischen Zweiteilung des Begriffs "Macht" aus, die sie in der geschlechterhierarchischen Arbeitsteilung in Haus- und Erwerbsarbeit begründet sieht. Die in der Öffentlichkeit (Politik, Wirtschaft, Militär...) angewandte Macht funktioniere nach einer

---

[310] Foucault, S.257

152

Logik, wie sie Max Weber einmal definierte, als Chance, bei einem/einer anderen gegen dessen/deren erklärten Willen Gehorsam zu finden.[311]

Macht also zum Zweck der weitestgehenden Ausschaltung des Gegenüber, das vorab als die eigenen Interessen gefährdend definiert wird. Macht als "herrschaftliche Macht über die Dinge, die Natur, die Menschen. Sie verzehrt, benutzt, verbraucht, empfängt, stülpt sich also über die Natur, steht außerhalb von ihr. (...) Die herrschaftliche Macht ist die Ordnung, Mann-Weib, stark-schwach, aktiv-passiv, die Fronten sind klar, das System ist hierarchisch.[312]

Demgegenüber setzt Funk einen Begriff von Macht als "ein Verständnis, das nicht unbedingt oder gerade explizit *nicht* gegen den Willen eines anderen gerichtet ist oder die Unterlegenheit des anderen voraussetzt."[313]

Diese Logik der Machtgestaltung finde sich vornehmlich im Privatbereich, zum Beispiel in der Beziehungsarbeit von Müttern oder in der Reproduktionsarbeit, als Form von Macht, die um ihr Angewiesensein auf ein Gegenüber weiß. Sie versucht weder, gegen die Interessen anderer zu handeln noch sich lediglich über deren Interessen zu definieren, sondern sieht ihre Macht in der Möglichkeit einer Regelung widerstreitender Interessen, in der beide Seiten in ihren Interessen zumindest ernstgenommen werden.

Macht bedeutet hier zum einen das Wissen um die eigenen Interessen, zum anderen aber auch das Eingehen-Können auf andere, das Zurücknehmen-Können, die Fähigkeit, gemeinsam mit anderen etwas zustande bringen zu können. Dies sei "die tätige, lebendige Macht, die innerhalb der lebendigen Dinge sich bewegt, also auch sich einläßt auf die Erfordernisse der selbständigen Dinge, sie ernstnimmt um sie zu entfalten."[314]

Folgen diese beiden unterschiedlichen Definitionen von Macht der Eigengesetzlichkeit öffentlicher und privater Sphären? Kann Politik gar nichts anderes sein als die Durchsetzung der Interessen der einen, im besten Fall einer Mehrheit, gegen die Interessen der anderen? Können Männer nicht anders, als diesen Machtbegriff zu übernehmen, nicht nur, weil er in der Logik männlichen Bewältigungsverhaltens steckt, sondern auch, weil er im öffentlich-gesellschaftlichen Bereich gefordert wird?

---

[311] (abgewandelt von Max Weber) Funk, in: Willems/Winter, S.58
[312] Rendtdorff, a.a., S.58
[313] Funk, a.a., S.58
[314] Rendtdorff, in: Funk, in: Willems/Winter, S.58

Die politische Philosophin Hannah Arendt definierte Politik als "Sorge um die Welt"[315], deren Sinn in der Vergrößerung von Freiheit bestehe. Ebenso wie Foucault grenzt sie Macht positiv ab von Gewalt und bindet den Begriff der "Macht" zurück an seine ursprüngliche Wortbedeutung des "mögen", das sich von "vermögen" und nicht von "machen" herleite. Arendt sieht in der modernen Politik eine Überformung dieser ursprünglichen Wortbedeutung mit der Konsequenz, daß das Verständnis von Politik sich hin zur "Durchsetzung des Machbaren" entwickelt habe. Arendts Machtbegriff hingegen zielt auf das Vermögen, die Kompetenz, sich immer wieder der Zustimmung der Beteiligten zu versichern, ein Miteinanderhandeln zu ermöglichen. Macht ist hier "assoziiert mit Motivation (andere motivieren können und sich motivieren lassen können)", die "durch Auseinandersetzung der Beteiligten (Betroffenen) im wörtlichen Sinn, nämlich über die Sprache"[316] ausgeübt wird.

Die Differenzierung von Macht und Gewalt bei Hannah Arendt, so die Autorin Paul-Horn, eröffne eine horizontale Perspektive des Machtbegriffs, "während in der Einsetzung von Macht und Gewalt nur die vertikale Sicht des oben und unten angelegt ist."[317] Damit wird ein System von Befehl und Gehorsam aufgebrochen, und ein Raum entsteht, in dem sich Gehorsam zu aktiver Unterstützung der als gemeinsam definierten Interessen wandeln kann.

In diesem Raum relativiert sich die Bedeutung der Macht. Sie bedeutet nun das gemeinsame "Sorge-Tragen um die Welt", Politik wird hier zum Prozeß kontinuierlicher kollektiver Gestaltung.

Ein solcher Machtbegriff impliziert auch Rückwirkungen auf den Begriff der "politischen Verantwortung". Verantwortung kann in einem solchen Rahmen nicht von wenigen übernommen und darf nicht an wenige delegiert werden. Dies bedeutet nicht, daß die Ausführung bestimmter Aufgaben nicht an "ExpertInnen" übertragen werden könnte. Die inhaltliche Ausgestaltung dieser Aufgaben aber unterliegt so weitgehend wie möglich der gemeinsamen Verantwortung der am politischen Prozeß Beteiligten. So entsteht auf der Seite der ExpertInnen (wörtlich: der "Erfahrenen") die Pflicht zur Rücksichtnahme auf und zur Einbindung widerstreitender Interessen. Die politische Verantwortung auf der Seite der Betroffenen liegt demgegenüber in der Artikulation des eigenen Willens, der Kontrolle und, wo nötig, dem Widerstand gegenüber den ExpertInnen.

Rücksicht der Regierenden auf den Willen der Betroffenen, Interessenartikulation und Kontrolle der Regierenden scheinen Allgemeingut im herrschenden Verständnis von politischer Demokratie zu sein. Meinem Eindruck nach geht aber Hannah

---

[315] Arendt, in: Paul-Horn, S.98
[316] Paul-Horn, S.104
[317] a.a.O., S.104

Arendts Politikbegriff deutlich weiter. Bei ihr macht sich Demokratie nicht fest an der Durchsetzung des Willens einer Mehrheit gegenüber einer Minderheit. Die Qualität einer Demokratie entscheidet sich bei ihr (auch) an der Frage: Wie geht die Mehrheit mit der Minderheit um? Wie, mit welchen "Techniken", wird versucht, gerade auch die (in sich oft heterogenen) Interessen von Minderheiten in Entscheidungsprozessen zu berücksichtigen? Und wenn dies nicht möglich ist: Wie wird denen, deren Interesse bei Entscheidungen nicht oder nicht ausreichend berücksichtigt wurde, deutlich gemacht, daß zumindest versucht wurde, sie in ihrem Willen zu verstehen und in ihren Anliegen ernst zu nehmen?

Ein solches Demokratieverständnis muß durchaus nicht hinauslaufen auf die oft beschworene "Diktatur von Minderheiten" (gegen die sich Hannah Arendt auch immer verwahrte), da es eben nicht der Durchsetzung des Willens einer Mehrheit entgegenläuft. Vielmehr richtet ein solches Demokratieverständnis seinen Blick gerade auf die in einer Entscheidung Nicht-Berücksichtigten und versucht, diese in weiteren anstehenden Entscheidungsprozessen wieder in das Machtspektrum einzubinden.
"Macht" ist also nicht gleich "Regieren", sondern kann auch verstanden werden als die Kunst des "Moderierens". In seiner ursprünglichen Bedeutung meint "moderatio" neben "Leitung" und "Herrschaft" auch "Mäßigung", "Milde", "Schonung" und "Harmonie" oder, moderner formuliert, den Ausgleich entgegengesetzter Interessen.

Ein männliches Verständnis von Macht ist dieser Ansatz wohl nicht. Gleichzeitig abhängig von den Wünschen und Interessen anderer zu sein und dennoch autonom und souverän zu handeln, wird von Männern in der Regel als miteinander unvereinbarer Dualismus empfunden. Macht als Moderation liegt nicht in der Logik männlicher Lebensbewältigung. Ist es also überhaupt noch vertretbar, Männern Machtpositionen zukommen zu lassen?

8.3 Zwischen Selbstveränderung und Strukturveränderung: Braucht Politik noch Männer?

Eine Thematisierung der Frage, ob Männer derzeit überhaupt noch in leitende politische Funktionen gewählt werden sollten, würde genau in die biologisch-naturalistisch strukturierte Geschlechterfalle tappen, welche davon ausgeht, daß bestimmte Tätigkeiten ausschließlich von Männern bzw. ausschließlich von Frauen ausgeübt werden können (siehe Kapitel 2.2.1). Prinzipiell glaube ich, daß Männer zum Beispiel auch Frauenbeauftragte werden und Frauen Männerberatungsstellen leiten könnten. Wenn ich mich dennoch derzeit gegen solche Modelle aussprechen würde, dann deshalb, weil ich weiß, welche Macht die "Kategorie Geschlecht" in unserem Bewußtsein und in unserer Lebenspraxis besitzt, wie weit wir von androgynen Lebensweisen entfernt sind und welche Vorbildfunktion Männer und Frauen in leitenden Positionen für andere Männer und Frauen, Jungen und Mädchen haben.

Insofern sollte die Frage also nicht lauten, *ob* Politik Männer braucht, sondern *welche* Männer Politik braucht. Gleichzeitig aber erscheint mir die Frage nach dem "Neuen Mann" in Hinsicht auf politische Praktiken unendlich kurz gegriffen. Daß Selbstveränderung von Männern auch und gerade im Bereich politischer Arbeit notwendig ist, erscheint mir so evident wie banal.

Eine Politik, welche die "Kategorie Männlichkeit" zum Gegenstand hat, muß meines Erachtens darüber hinaus gehen. Sie kann sich nicht auf Selbsterfahrungskurse für die in politischen Organisationen arbeitenden Männer beschränken (so wichtig diese sind), sondern muß ihren Blick auch auf die Strukturen dieser Organisationen lenken. Deshalb möchte ich am Schluß dieser Arbeit versuchen, zu skizzieren, in welche Richtung die politische Arbeit von Männern meines Erachtens gehen sollte. Sie sollte den Zusammenhang zwischen

* der Notwendigkeit der Selbstveränderung politisch arbeitender Männer
* dem quantitativen Umbau politischer Strukturen (Zahlenmäßiges Geschlechterverhältnis, Quotenregelung...) und
* dem qualitativen Umbau politischer Strukturen (Strukturen offener und verdeckter Männlichkeit)

thematisieren und bearbeiten. Nur in dieser Triade, glaube ich, wird eine Veränderung politischer Praktiken im Hinblick auf eine emanzipatorische Geschlechterpolitik möglich sein.

8.3.1 Selbstveränderung politisch arbeitender Männer

Daß viele Männer in politischen Funktionen bislang wenig verantwortungsbewußt mit der ihnen zufallenden Macht umgegangen sind, ist hinlänglich bekannt. Männer haben Atombomben gebaut, Kriege angezettelt und in der StudentInnenbewegung das große Wort geführt (ich weiß, der Vergleich hinkt - und auch wiederum nicht). Selbstveränderung tut also Not. Wie diese aussehen könnte, müssen die an unterschiedlichen Punkten ihrer Biographie stehenden, in unterschiedlich strukturierten politischen Organisationen arbeitenden Männer in der gemeinsamen Diskussion für sich herausfinden. Eine (wie auch immer geartete) Handlungsanleitung kann es dafür nicht geben, da diese dem Ansatz einer "subjektiven Betroffenheit" widerspräche.

Wenn es überhaupt so etwas wie eine Grobrichtung dieser Veränderung gibt, dann vielleicht dahingehend, was Dieter Duhm einmal die Einbringung des "subjektiven Faktor (den individuellen Menschen mit seinen Konflikten, Ängsten und Befreiungsbedürfnissen) als legitimes und praxisrelevantes Moment"[318] in die politische Arbeit genannt hat. Duhm meint damit, politische Arbeit nicht nur über die Ziele und Ver-

---

[318] Duhm: "Revolution ohne Emanzipation ist Konterrevolution", S.6

wirklichungsmöglichkeiten zu definieren, sondern auch und gerade über die Kräfte, Wünsche und Ängste der an dieser Arbeit Beteiligten. Allgemein gesagt: Es geht darum, nicht länger Menschen in politischen Gruppen über die Ziele oder Programme dieser Gruppen zu definieren (und damit das Handlungsrepertoire in zum Teil hohem Maß zu reglementieren), sondern die Ziele über die Menschen, deren Ressourcen, Erfahrungen und Grenzen zu bestimmen und auch kurzfristig zu verändern.

Ein Gespür für die eigene Emotionalität im politischen Prozeß zu entwickeln, wäre ebenso ein Ziel dieser Entdeckung des subjektiven Faktors wie ein geschärfter Blick für das Handeln, die Möglichkeiten und Grenzen der anderen Beteiligten. Diese Entdeckung kann ein auf Kommunikation (und nicht auf Monolog) angelegtes Gesprächsverhalten ebenso nach sich ziehen wie sie einen Blick für konfliktreiche Gruppenstrukturen und für die Möglichkeit der Bearbeitung dieser Konflikte eröffnen kann. Die für Männer ungewohnte Zurücknahme der eigenen Person und Position muß in einem solchen Konzept nicht mehr als individuelle Niederlage, sondern kann als produktiv für die Struktur und Arbeit der Gruppe begriffen werden. In einem solchen Konzept können "subjektive Emanzipationsbedürfnisse wie das Bedürfnis nach Kontakt, nach sinnvoller Arbeit, nach Abbau zwischenmenschlicher Konflikte und Ängste" ernst genommen und "in der organisierten politischen Praxis ein attraktives menschliches Gegenmilieu"[319] geschaffen werden.

Ein solches auf Selbstveränderung des politischen Handelns von Männern zielendes Konzept enthält aber auch eine Gefahr. Diese Gefahr besteht im Typus des "Neuen Mannes", der gleichzeitig ein Gespür für eigene Bedürfnisse wie für die Bedürfnisse anderer entwickelt hat, der neben seinen männlichen auch seine weiblichen Anteile entdeckt hat, der Macht nicht als "Herrschaft", sondern als "Moderation" begreift - und der sich gerade aufgrund seiner allumfassenden Kompetenz auserwählt sieht, Machtpositionen einzunehmen.

Norbert Copray hat diese Form des "Neuen Mannes", der lediglich auf Selbst-, nicht aber auf Strukturveränderung aus ist, einmal als "Matriarchen" bezeichnet. "Der Matriarch liest Frauenbücher und -zeitschriften, spitzt die Ohren in Frauengesprächen über Weiblichkeit und Gefühle, lernt Kochen und Wäschewaschen, berät Frauen in ihren Angelegenheiten, einfühlsam und gekonnt. Was sich allerdings nicht ändert, ist seine Machtposition. Vielmehr reformiert er die Ausstattung seiner Macht. Und wo Frauen in verantwortungsvolle Posten gewählt werden sollen, gibt er zum Besten, deren Wahrnehmung könne er inzwischen auch leisten. Der perfekte Mann."[320] Har-

---

[319] Duhm, S.18
[320] Copray, in: Mitschnitt/Rundfunksendung (siehe: Literatur)

vey Hornstein spricht in diesem Zusammenhang von der "Tyrannei der edlen Ritter".[321]

Es muß also schon mehr passieren als ein wenig Selbstveränderung politisch arbeitender Männer. Eine wirkliche Veränderung politischer Praktiken wird meines Erachtens erst erreicht, wenn der partielle Machtverzicht von Männern auch festgeschrieben und Organisationen qualitativ verändert werden.

8.3.2 Die Dringlichkeit von Quotenregelungen

Die politischen Diskussionen der vergangenen Jahre haben gezeigt, wie schwer Männern der Verzicht auf Positionen fällt, die mit hoher sozialer und finanzieller Anerkennung verbunden sind. Nach fast 30 Jahren zweite Frauenbewegung sind die Schlüsselpositionen in den allermeisten gesellschaftspolitischen Bereichen immer noch fest in Männerhand. Der Fortschritt ist eine Schnecke, und manchmal weniger als das.

Der Anerkennung der Befähigung von Frauen für alle gesellschaftspolitischen Tätigkeiten stehen nach wie vor (heute subtiler als früher) frauendiskriminierende Argumentationsstrukturen ("Haben Sie vor, in nächster Zeit Kinder zu bekommen?") und Männerseilschaften entgegen. Diese können und sollten natürlich auch weiterhin in jahre- und jahrzehntelanger Kleinarbeit zerlegt und aufgebrochen werden. Dies beantwortet aber noch nicht die Frage, wie lange für heute lebende Frauen eigentlich noch höhere Hürden auf dem Weg in bestimmte Führungspositionen aufgestellt bleiben sollen.

Um eine gleichberechtigtere Verteilung von Machtpositionen zu forcieren, halte ich eine Quotenregelung in allen Bereichen, in denen Frauen heute unterrepräsentiert sind, für sinnvoll und dringend geboten. Das von Männern und teilweise auch von Frauen vorgebrachte Argument, Frauen sollten sich aufgrund ihrer Leistungen und nicht über Quoten für Führungsaufgaben qualifizieren, halte ich in seiner Argumentationslogik wiederum für frauendiskriminierend. Ich denke, daß Frauen selbst entscheiden können, ob sie sich für bestimmte Aufgaben befähigt fühlen oder nicht. Tun sie dies nicht, dann werden sie sich auch nicht für Quotenplätze bewerben.

Auch in bezug auf eine Quotenregelung gilt: Keine Handlungsanleitung, wie diese aussehen soll. Über das genaue Prozedere, über Prozentzahlen, die Möglichkeit der Erreichung höherer Frauenanteile, den gesteckten Zeitraum zur Erreichung der Ziele müssen Männer und Frauen in den jeweiligen Institutionen und Organisationen sich

---

[321] Harvey A.Hornstein: "Die Tyrannei der edlen Ritter. Männer, die Frauen retten wollen", Reinbek bei Hamburg, 1994

untereinander verständigen. Wichtig erscheint mir nur, daß sie anfangen, konkrete, erreichbare Ziele in Hinblick auf eine Gleichverteilung der Geschlechter festzuschreiben.

Quotenregelungen aber können meiner Ansicht nach nur ein erster Schritt im Rahmen einer emanzipatorischen Geschlechterpolitik sein. Gerade das Beispiel RAF zeigt, daß Frauen in Organisationen zwar durchaus in gleicher Zahl wie die Männer vertreten sein können, die Struktur und Handlungslogik dieser Organisation aber dennoch männlich bleibt, weil bestimmte Männer der Gruppe ihren "Stempel aufdrücken" und/oder weil Frauen die männliche Struktur innerhalb der Organisation und die damit verbundenen Handlungsformen (oft unbemerkt) für sich übernehmen. Männliche Organisationsstrukturen sind meines Erachtens oft auch ein Grund dafür, daß selbst in Gruppen, die um einen höheren Frauenanteil ernsthaft bemüht sind, die Frauen ausbleiben oder nach kurzer Zeit wieder abspringen.

Neben den Blick auf reine Zahlen sollte also eine "Qualitätsanalyse" der Strukturen, Regeln, Handlungen und Ziele gesellschaftlicher und politischer Organisationen treten, die das Ziel verfolgt, diese Organisationen für Frauen attraktiver zu machen.

8.3.3 Die "Entmännlichung" politischer Organisationen

Im Gegensatz zur festschreibbaren Quotenregelung ist der qualitative Umbau von Organisationen ein wesentlich langwierigerer und komplizierterer Prozeß. Mit dem unschönen Ausdruck der "Entmännlichung" von Organisationen meine ich die Abkehr von den einer männlichen Lebensbewältigung entsprechenden Prinzipien (siehe Kapitel 2.5), auf der die Strukturen der meisten Organisationen beruhen. Diese Strukturen sind durchzogen von einem schwer durchdringbaren Gewirr expliziter und impliziter, ausgesprochener und unausgesprochener Regeln, Normen und Erwartungen an die Mitglieder in diesen Organisationen.

Die Prinzipien Externalisierung, Stummheit und Rationalität verhindern weitgehend die oben angemahnte Einführung des "subjektiven Faktors", emotionaler Momente in die politische Arbeit. Ein von oben nach unten gerichtetes Kontroll- und Benutzungsprinzip schafft eine Atmosphäre des Mißtrauens und läßt im Grunde den Gruppenmitgliedern keinen Platz für Autonomie und Kreativität (im Sinne der Möglichkeit selbständigen Experimentierens). Das Prinzip Körperferne verweigert Männern und Frauen, die nicht zu einem 14 Stundentag und zu einer ständigen Ausbeutung ihrer physischen und psychischen Ressourcen bereit sind, den Aufstieg in Führungspositionen. Gewalt, und sei es "nur" in Form verbaler Gewalt (z.B. die Androhung der Entlassung aus der Organisation/Gruppe) soll gefügig machen und Hierarchien festschreiben. Die Erwartung, daß Gruppenmitglieder Arbeitsaufträge möglichst ohne fremde Hilfe erledigen, schwächt die Beziehungen der Gruppenmitglieder untereinander bzw. läßt solche Beziehungen erst gar nicht entstehen.

Am Beispiel der RAF habe ich versucht, zu verdeutlichen, wie eine solche männliche Organisations- und Handlungsstruktur nicht nur negative Auswirkungen auf die Beziehungen innerhalb der Organisation zur Folge hat (Leistungsdruck, Konkurrenzverhalten...), sondern auch, wie durch diese Struktur die Ziele bzw. die Wege und Mittel zur Verwirklichung dieser Ziele, also die Außenwirkung der Organisation beeinflußt wird. Im Fall der RAF war diese Struktur, so war meine These, mitverantwortlich für das Scheitern dieser Gruppe.

Erst mit dem Aufbrechen männlicher Organisations- und Handlungsstrukturen wird meines Erachtens der Weg zu einer gleichberechtigteren Geschlechterpolitik geebnet. So wichtig Selbstveränderung von Männern und der Aufstieg von Frauen in Führungspositionen ist - Frauen und Männer werden zunehmend unter den männlichen Strukturen von Konkurrenz, Ausgrenzung und Ausbeutung ihrer Ressourcen zu leiden haben, wenn es nicht gelingt, das hierarchische Verhältnis zwischen Produktion und Reproduktion zu durchbrechen und zu verändern. Der Möglichkeit einer solchen Veränderung wird stets das Argument der Sachzwänge, zum Beispiel der Wettbewerbsfähigkeit im Zeichen der Globalisierung entgegengehalten.

Rudi Dutschke hätte darauf wohl erwidert, daß Geschichte machbar sei. Er hat einmal gesagt: "Es gibt keine Notwendigkeit des Sieges der Revolution in der Geschichte. Es ist eine Chance, eine Möglichkeit."[322]

---

[322] Dutschke, in: Dutschke-Klotz u.a.: "Rudi Dutschke/Die Revolte", S.336

9 Zum Schluß

Während der Erstellung dieser Arbeit bin ich hin und wieder von FreundInnen, mit denen ich mich über Gedanken aus meiner Arbeit austauschte, gefragt worden, ob ich meine Gedanken, Ideen und Thesen nicht doch zu sehr auf die Geschlechterthematik fokussieren würde, ob das, was ich als "männlich" bezeichnete nicht eher ein "allgemein menschliches" Verhaltens- oder Handlungsmuster darstelle. Diese Fragen waren für mich irritierend und wichtig zugleich. Die längere Beschäftigung mit einer bestimmten Thematik verführt ja leicht dazu, bestimmte Auffälligkeiten, Fragestellungen und Erkenntnisse nur noch im Rahmen der eigenen Thematik zu sehen und sie in diesen Rahmen zu pressen, auch wenn sie dort vielleicht gar nicht hingehören - das Phänomen der Betriebsblindheit.

Der Blickwinkel der Geschlechterforschung ist ein bewußt fokussierender und zuweilen auch selektierender, subjektiv-parteilicher Blickwinkel. Darin liegt eine Gefahr, der meines Erachtens manche Männerforscher immer wieder erliegen. Mann nimmt sich selbst und seine Thematik zu wichtig, führt das Erkenntnisinteresse zu eng und jagt der "Kategorie Geschlecht" hinterher, andere wichtige Auffälligkeiten und Problemstellungen dabei haarscharf verpassend. Natürlich kommt Mann mit Hilfe einer solchen Fokussierung auch immer zu gewissen Erkenntnissen, die er auf geschlechtsspezifische Unterschiede oder Hierarchien zurückführen kann. Es fragt sich nur, ob die "Kategorie Geschlecht" dann in jedem Fall die Bedeutung besitzt, die er ihr aufgrund seines Erkenntnisinteresses zumißt.

Wenn ich dies sage, dann plädiere ich nicht für eine Entdramatisierung der Geschlechterfrage. Ich glaube aber, daß die Geschlechterforschung ebenso die Existenz anderer, vielleicht ebenso mächtiger "Kategorien" im Blick behalten muß, um differenziert und genau arbeiten zu können. Zuteilung und Verweigerung von Lebenschancen entscheiden sich nicht nur an der Schnittstelle Mann-Frau, sondern auch an Hierarchieverhältnissen wie Oberschicht-Unterschicht, Reich-Arm, Gebildet-Nichtgebildet, Einheimisch-Fremd, Weiß-Schwarz, Alt-Jung, Erfahrung-Nichterfahrung, Öffentlichkeit-Privatheit. Die Geschlechterforschung muß diese und andere Kategorien im Blick behalten, um die Relevanz ihrer Thematik an jedem Punkt neu verorten zu können.
In der Literatur und in Diskussionen während meines Studiums habe ich immer wieder Engführungen komplexer Thematiken durch die Fokussierung auf die Geschlechterthematik erlebt. Plötzlich war jegliches Verhalten von Männern "wieder mal typisch männlich", dominant und ausgrenzend, ungeachtet der Möglichkeit, daß es auch noch andere Erklärungsversuche für gewisse Handlungsweisen geben könnte. Mit einer solchen Strategie des Ausschlusses anderer möglicher Kategorien sind na-

türlich auch Aktivität und Passivität, Täter- und Opferrollen klar und unumstößlich auf die Geschlechter verteilt. Eine solche Methodik der Geschlechterforschung würde meiner Ansicht nach aber einen Rückfall hinter ein bereits überwunden geglaubtes Stadium bedeuten.

Ob ich mit meiner Arbeit, und dahin gingen die Anfragen dieser FreundInnen, auch hin und wieder auf dieser Schiene mangelnder Differenzierung gegangen bin, weiß ich derzeit noch nicht. Vielleicht wird sich manches aus der Distanz wieder in etwas anderem Licht präsentieren. Manchmal hatte ich das Gefühl, auf relativ unsicherem Untergrund zu gehen und zu argumentieren. Dies habe ich mit Aussagen wie "ich vermute" oder "meinem Eindruck nach", die sich an zahlreichen Stellen dieser Arbeit finden, deutlich zu machen versucht.

Trotz dieser Unsicherheiten aber möchte ich die Hauptaussage meiner Arbeit vehement verteidigen. Die Struktur einer "Verdeckten Männlichkeit" prägte die Beziehungen innerhalb der Geschlechter und zwischen Männern und Frauen in der RAF ganz entscheidend und war maßgeblich für die Zerstörung des ursprünglichen Kollektivitätspostulates und den Aufbau einer informellen Hierarchie innerhalb der RAF verantwortlich. Diese Hierarchie ließ sich mit der ursprünglich geplanten demokratischen Gruppenstruktur nicht mehr vereinbaren. Die Auflösung der Gruppenstrukturen war ebenso eine Folge dieser Männlichkeitsstruktur wie das Nicht-Infragestellen und die Brutalisierung des Kampfes zwischen RAF und Staat. Das Handeln des Staates, das ebenso den Prinzipien männlichen Bewältigungsverhaltens entsprach, trug schließlich das Seinige zur Gewaltspirale in diesem Kampf bei.
17 tote Menschen auf Seiten der RAF, vermutlich 32 durch Mitglieder der RAF ermordete Menschen[323] - Folgen einer männlichen Politik der RAF und des Staates.

Diese Arbeit war, wie in der Einleitung geschildert, für mich ein Experiment mit offenem Ausgang, das ich mit äußerst dürftigen Vorannahmen und Ideen begonnen habe. Die Lust, mit der ich während fast der ganzen Zeit dieses Thema bearbeitet habe und die Gespräche mit anderen Menschen über "mein" Thema haben die Zeit der Erstellung dieser Arbeit für mich zur produktivsten Zeit in meinem Studium werden lassen. Von diesem Blickwinkel aus betrachte ich dieses Experiment als geglückt. Es hat Lust gemacht auf mehr: Mehr an Nachstöbern der eigenen Geschichte, Mehr an Auseinandersetzung mit anderen Männern über eigene Handlungsweisen und unsere gesellschaftlichen Stellungen und Rollen, Mehr an Blick auf Formen von Macht und Ohnmacht. Und ich glaube, daß dieses "Mehr" uns Männern gut tun kann...

---

[323] in: Peters, S.438/440

10 Literatur

Arendt, Hannah: "Fragwürdige Traditionsbestände im politischen Denken der Gegenwart", Frankfurt/Main, 1957

Aust, Stefan: "Der Baader Meinhof Komplex", Hamburg, 1985

Backes, Uwe: "Bleierne Jahre: Baader-Meinhof und danach", Erlangen-Bonn-Wien, 1991

Badinter, Elisabeth: "XY / Die Identität des Mannes", München, 1993

Bakker Schut, Pieter H.: "Stammheim - Der Prozeß gegen die Rote Armee Fraktion", Kiel,1986

BauSteineMänner (Hrsg.): "Kritische Männerforschung / Neue Ansätze in der Geschlechtertheorie", Berlin / Hamburg, 1996

Bauman, Zygmunt: "Moderne und Ambivalenz / Das Ende der Eindeutigkeit", Frankfurt am Main, 1995

Beck-Gernsheim, Elisabeth: "Starke Männer - schwache Frauen? / Zur Revision von Vorurteilen", in: Faulstich-Wieland, Hannelore (Hrsg.): "Abschied von der Koedukation", Frankfurt am Main, 1987

Bittermann, Joan: "Rettet die Männer / Frauen machen kaputt", München, 1991

Böhnisch, Lothar: "Gespaltene Normalität", Weinheim/München, 1994

Böhnisch, Lothar: "Ist Gewalt männlich?", in Thiersch/Wertheimer/Grunwald: "Überall in den Köpfen und Fäusten", Darmstadt, 1994

Böhnisch, Lothar/Winter, Reinhard: "Männliche Sozialisation", Weinheim / München, 1993

Boock, Peter-Jürgen: "Abgang", Reinbek bei Hamburg, 1990

Breloer, Heinrich: "Todesspiel / Von der Schleyer-Entführung bis Mogadischu. Eine dokumentarische Erzählung", Köln, 1997

Breucker, Hannes: "Verteidigungsfremdes Verhalten / Anträge und Erklärungen im "Baader-Meinhof-Prozeß", Berlin, 1993

Brückner, Peter / Sichtermann, Barbara: "Gewalt und Solidarität. Zur Ermordung Ulrich Schmückers durch Genossen", Berlin, 1974

Brückner, Peter: "Selbstbefreiung / Provokation und soziale Bewegungen", Berlin, 1983

Brückner, Peter: "Über die Gewalt / Sechs Aufsätze zur Rolle der Gewalt in der Entstehung und Zerstörung sozialer Systeme", Berlin, 1979

Brückner, Peter: "Zerstörung des Gehorsams / Aufsätze zur politischen Psychologie", Berlin, 1983

Bundesinnenministerium, Referat Öffentlichkeitsarbeit: "Verfassungsschutz 1969/70", Melsungen, 1971

Bundesministerium des Innern, Arbeitsstab "Öffentlichkeitsarbeit gegen Terrorismus": "Hat sich die Republik verändert? / Terrorismus im Spiegel der Presse", Oldenburg, 1978

Carrigan, Tim/Connell, Robert W./Lee, John: "Ansätze zu einer neuen Soziologie der Männlichkeit", in: BauSteineMänner (Hrsg.): "Kritische Männerforschung / Neue Ansätze in der Geschlechtertheorie", Berlin / Hamburg, 1996
Connell, Robert W.: " 'The big picture` / Formen der Männlichkeit in der neueren Weltgeschichte", in: Sozialistisches Büro: "Widersprüche Heft 56/57: ´Männlichkeiten` ", Offenbach, 1995

Connell, Robert W.: "Zur Theorie der Geschlechterverhältnisse", in: Das Argument, 157/1986

Copray, Norbert: "Tausend Stile, Mann zu sein", unveröffentlichtes Manuskript, eigener Mitschnitt einer Hörfunksendung des Südwestfunk 2 vom 18.10.97

Dahrendorf, Ralf: "Konflikt und Freiheit", München, 1972

Demes, Uta: "Die Binnenstruktur der RAF: Divergenz zwischen postulierter und tatsächlicher Gruppenrealität", Münster / New York, 1994

Duhm, Dieter: "Revolution ohne Emanzipation ist Konterrevolution", Köln, 1973

Dutschke-Klotz, Gretchen / Miermeister, Jürgen / Treulieb, Jürgen: "Rudi Dutschke / Die Revolte", Reinbek bei Hamburg, 1983

Edition Psychosozial: "Versuche, die Geschichte der RAF zu verstehen. Das Beispiel Birgit Hogefeld", Gießen, 1996

Edschmid, Ulrike: "Frau mit Waffe / Zwei Geschichten aus terroristischen Zeiten", Berlin, 1996

Elias, Norbert: "Studien über die Deutschen", 3.Auflage, Frankfurt am Main, 1990

Evangelische Akademie Baden (Hrsg.): "Und Mann bewegt sich doch... / Auf dem Weg zu einem neuen Selbstverständnis der Männer", Karlsruhe, 1993

Fetscher, Iring / Bundesjugendkuratorium: "Jugend und Terrorismus" (mit Beiträgen von Iring Fetscher, Klaus Mollenhauer, Heinz Steinert, Heinz Giehring, Thomas Ziehe), München, 1979

Foucault, Michel: "Das Subjekt und die Macht", in: Dreyfus, Hubert L / Rabinow, Paul: "Michel Foucault / Jenseits von Strukturalismus und Hermeneutik", Weinheim, 1994

Friebel, Harry: "Die Gewalt, die Männer macht", Reinbek bei Hamburg, 1991

Funk, Heide: "Männer und Macht", in: Willems, Horst / Winter, Reinhard: "...damit du groß und stark wirst", Schwäbisch Gmünd / Tübingen, 1990

Funke, Manfred (Hrsg.:): "Untersuchungen zur Struktur und Strategie revolutionärer Gewaltpolitik", Kronberg und Düsseldorf, 1977

Gilmore, David D.: "Mythos Mann: Rollen, Rituale, Leitbilder", München / Zürich, 1991

Gruen, Arno: "Der Verrat am Selbst / Die Angst vor Autonomie bei Mann und Frau", München, 1986

Hagemann-White, Carol/Rerrich, Maria S. (Hrsg.): "FrauenMännerBilder/Männer und Männlichkeit in der feministischen Diskussion", Frankfurt / New York, 1985

Hassauer, Friederike/Roos, Peter: "Die Frauen mit Flügeln, die Männer mit Blei?", Siegen, 1986

Haug, Frigga/Hauser, Kornelia (Hrsg.): "Die andere Angst", Hamburg, 1991

Hess, Henner u.a.: "Angriff auf das Herz des Staates / Soziale Entwicklung und Terrorismus, Erster Band", Frankfurt am Main, 1988

Hogefeld, Birgit: "Ein ganz normales Verfahren...", Berlin, 1996

Hollstein, Walter: "Männerveränderung / Die männliche Rolle in der Auflösung", Luzern, 1991

Hollstein, Walter: "Die Männer: vorwärts oder zurück?", Stuttgart, 1990

Hollstein, Walter: "Nicht Herrscher, aber kräftig / Die Zukunft der Männer", Hamburg, 1988

Honneth, Axel: "Kampf um Anerkennung / Zur moralischen Grammatik sozialer Konflikte", Frankfurt am Main, 1994

Horchem, Hans Josef: "Die verlorene Revolution: Terrorismus in Deutschland", Herford, 1988

Jeschke, Axel/Malanowski, Wolfgang: "Der Minister und der Terrorist: Gespräche zwischen Gerhart Baum und Horst Mahler", Reinbek bei Hamburg, 1980

Jokisch, Rodrigo: "Mann-Sein / Identitätskrise und Rollenfindung des Mannes in der heutigen Zeit", Reinbek bei Hamburg, 1982

Kabs, Kai: "Männlichkeiten, Macht und sexuelle Gewalt", unveröffentlichte Diplomarbeit, Tübingen, 1997

Kaufmann, Michael: "Die Konstruktion von Männlichkeit und die Triade männlicher Gewalt", in: BauSteineMänner (Hrsg.): "Kritische Männerforschung / Neue Ansätze in der Geschlechtertheorie", Berlin / Hamburg, 1996

Keen, Sam: "Feuer im Bauch / Über das Mann-Sein", Hamburg, 1992

Kersten Joachim: "Feindbildkonstruktionen, Konfrontation und Konflikt als Darstellung von sozialer Geschlechtszugehörigkeit", in: Sozialistisches Büro: "Widersprüche Heft 56/57: ´Männlichkeiten` ", Offenbach, 1995

Klein, Hans-Joachim: "Rückkehr in die Menschlichkeit / Appell eines ausgestiegenen Terroristen", Reinbek bei Hamburg, 1979

Kraushaar, Wolfgang (Hrsg.): "Autonomie oder Getto? Kontroversen über die Alternativbewegung", Frankfurt am Main, 1978

Krebs, Mario: "Ulrike Meinhof - Ein Leben im Widerspruch", Reinbek bei Hamburg, 1988

Männerforschungskolloquium Tübingen: "Die patriarchale Dividende: Profit ohne Ende?", in: Sozialistisches Büro: "Widersprüche Heft 56/57: ´Männlichkeiten` ", Offenbach, 1995

Meinhof, Ulrike Marie: "Bambule / Fürsorge - Sorge für wen?", Berlin, 1994

Meyer, Thomas: "Am Ende der Gewalt? Der deutsche Terrorismus - Protokoll eines Jahrzehnts", Frankfurt am Main/Berlin/Wien, 1979

Modelmog, Ilse: "Manns-Bilder und Gewalt", in: Diekmann, Alexander u.a. (Hrsg.): "Gewohnheitstäter / Männer und Gewalt", Köln, 1994

Mündemann, Tobias: "Die 68er...und was aus ihnen geworden ist", München, 1988

Negt, Oskar: "Achtundsechzig / Politische Intellektuelle und die Macht", Göttingen, 1995

Negt, Oskar: "Sozialistische Politik und Terrorismus. Kundgebungsrede zum Kongreß ´Am Beispiel Angela Davis`", in: Sozialistisches Büro (Hrsg.:): "Für eine neue sozialistische Linke", Offenbach, 1972
Paul-Horn, Ina: "Resistenz gegen die Faszination der Gewalt. Hannah Arendts Machtbegriff", in: Kubes-Hofmann, Ursula: "Sagen, was ist. Zur Aktualität Hannah Arendts", Wien, 1994

Peters, Butz: "RAF - Terrorismus in Deutschland", München, 1993

Rabert, Bernhard: "Links-und Rechtsterrorismus in der Bundesrepublik Deutschland von 1970 bis heute", Bonn, 1995

Reiser, Rio: "König von Deutschland", Köln, 1994

Rossi, Marisa Elena: "Untergrund und Revolution / Der ungelöste Widerspruch für Brigate Rosse und Rote Armee Fraktion", Zürich, 1993

Rutter, Peter: "Verbotene Nähe / Wie Männer mit Macht das Vertrauen von Frauen mißbrauchen", Düsseldorf / Wien / New York, 1991

Schmölzer, Hilde: "Der Krieg ist männlich. Ist der Friede weiblich?", Wien, 1996

Schwind, Hans-Dieter / Steinhilper, Gernot / Kube, Edwin (Hrsg.): "Organisierte Kriminalität", Heidelberg, 1987

"Spiegel-Special": "Der deutsche Mann / Vom Macho zur Memme?", Nr. 7/1997

Tolmein, Oliver: "RAF - Das war für uns Befreiung / Ein Gespräch mit Irmgard Möller über bewaffneten Kampf, Knast und die Linke", Hamburg, 1997

Viett, Inge: "Nie war ich furchtloser / Autobiographie", Hamburg, 1996

Viett, Inge: "Einsprüche! / Briefe aus dem Gefängnis", Hamburg, 1996

Völger, Gisela/von Welck, Karin: "Männerbande, Männerbünde / Zur Rolle des Mannes im Kulturvergleich", 2 Bände, Köln, 1990
Walter, Willi: "Männer entdecken ihr Geschlecht", in: BauSteineMänner (Hrsg.): "Kritische Männerforschung / Neue Ansätze in der Geschlechtertheorie", Berlin / Hamburg 1996

Wisnewski, Gerhard/Landgraeber, Wolfgang/Sieker, Ekkehard: "Das RAF-Phantom: Wozu Politik und Wirtschaft Terroristen brauchen", München 1992

Zeitschrift "Die Beute, Politik und Verbrechen": "Mythos RAF", Nr. 9, Frühjahr 1996, Frankfurt/Main 1996

Zudeik, Peter: "Der Hintern des Teufels / Ernst Bloch, Leben und Werk", Bühl-Moos 1987

Zeitschriftenartikel

Café Nepomuk Reutlingen: "1967-1997: aufbruch & Spurensuche", Broschüre zu einer Veranstaltungsreihe des Café Nepomuk, Reutlingen, 1997

Gottschlich, Jürgen: "Eine erneute Reproduktion von Mythen der RAF", in: die tageszeitung vom 20.5.97, S.13

Gottschlich, Jürgen: "Verständigung gescheitert / Ohnesorg-Kongreß endet mit Debakel", in: die tageszeitung, 2.6.97, S.2

Gottschlich, Jürgen: "Der 2.Juni '97, einfach traurig", in: die tageszeitung, 2.6.97, S.10

Gottschlich, Jürgen / Groll, Petra: "Wir waren so unheimlich konsequent / Ein Gespräch mit Stefan Wisniewski", in: die tageszeitung, 11./12.10.97, taz-mag, S.I-V

Hartung, Klaus und Mehr, Max Thomas: "Der Schuß, der die Studenten in Bewegung setzte", in: Die Zeit, 30.5.97, S.9-11

Homann, Peter: "Volksgericht im Wüstensand", in: Spiegel Nr.21, 19.5.97, S.52-57

Horchem, Hans Josef: "Der Verfall der Roten Armee Fraktion", in: "Aus Politik und Zeitgeschichte", Beilage zur Wochenzeitung Das Parlament, Band 46-47/90, Trier, 1990

Hüetlin, Thomas: "Die Tage der Kommune", in: der Spiegel Nr.27, 30.6.97, S.100-109

Kätzel, Ute: "Die Mädchen fielen aus ihrer Rolle", in: die tageszeitung, 25./26.10.1997, S.XI

Kleine-Brockhoff, Thomas: "Wahrheit, häppchenweise", in: Die Zeit, 23.5.97, S.4

Leinemann, Jürgen: "Am Endes des langen Marsches", in: der Spiegel Nr.25, 16.6.97, S.110-119

Niroumand, Mariam: "Wer hat Angst vorm Eiermann?", in: die tageszeitung, 2.6.97, S.14

Niroumand, Mariam: "Abschied von gestern", in: die tageszeitung, 1.7.1997, S.10

Rosenkranz, Gerd: "Wir waren sehr deutsch / Spiegel-Gespräch mit Birgit Hogefeld", in: der Spiegel Nr.42, 13.10.97, S.169-174

Rosenkranz, Gerd: "Der Herbst der Erinnerung", in: die tageszeitung, 18./19.10.97, S.12

Rosenkranz, Gerd: "Kein Pardon für RAF-Gefangene", in: die tageszeitung, 19.11.97, S.5

Rulff, Dieter: "Eine Amnestie kommt nicht in Frage / Interview mit Bundesjustizminister Schmidt-Jortzig über die Rolle des Staates und die Chancen für Veränderung", in: die tageszeitung, 4.8.97, S.13

Scheub, Ute: "Der Schraubstock", in: die tageszeitung, 30.6.1997, S.10

Schmitz, Thorsten: "Talkshow für taube Terroristen", in: Süddeutsche Zeitung vom 21.5.97, S.3

Schnibben, Cordt: "Die Achtundsechziger / Vollstrecker des Weltgewissens", in: Spiegel Nr.23, 2.6.97, S.108-117

Schrep, Bruno: "Die Legende hat überlebt", in: Spiegel Nr.17 vom 21.4.97, S. 72/73

unbekannt: "Die RAF existiert nicht mehr", in: Spiegel Nr.5, 27.1.97, S.78-79

unbekannt: "Es gibt nichts zu bereuen / Spiegel-Gespräch mit Irmgard Möller", in: Spiegel Nr.17 , 21.4.97, S.74-77

unbekannt: "Ich habe dieses Land gehaßt", in: Spiegel Nr. 22, 26.5.97, S.47-49

unbekannt: "Es waren eben junge Leute / Spiegel-Gespräch mit Dutschke, Ohnesorg und Horlemann über ihre toten Väter und das Erbe der 68er", in: Spiegel Nr.23, 2.6.97, S.118-123

unbekannt: "Die schießen auf uns alle / Spiegel-Gespräch mit Bommi Baumann, Till Meyer und Anne Reiche", in: Spiegel Nr.26, 23.6.97, S.106-112

Vornbäumen, Axel: "Auf dem Podium die Fahndungsliste der 70er Jahre", in: Frankfurter Rundschau vom 20.5.97, S.3

Weis, Otto Jörg: "Unter den Pflastersteinen liegen die Träume", in: Frankfurter Rundschau, 2.6.97, S.3

Wieland, Karin: "Deutsche Dandys", in: die tageszeitung, 29.3.97, S. 13-15

Winkler, Willi: "Der Staat war das Böse / Ein Zeit-Gespräch mit Horst Mahler", in: Die Zeit, 2.5.97, S.45/46

www.ingramcontent.com/pod-product-compliance
Lightning Source LLC
Chambersburg PA
CBHW022320280326
41932CB00010B/1174